道路桥梁施工技术与管理

郝身彪 曹传国 范小虎 著

吉林科学技术出版社

图书在版编目（CIP）数据

道路桥梁施工技术与管理 / 郝身彪，曹传国，范小虎著. -- 长春：吉林科学技术出版社，2020.4
ISBN 978-7-5578-6901-4

Ⅰ. ①道… Ⅱ. ①郝… ②曹… ③范… Ⅲ. ①道路施工②桥梁施工 Ⅳ. ①U415 ②U445

中国版本图书馆CIP数据核字（2020）第050058号

道路桥梁施工技术与管理

DAOLU QIAOLIANG SHIGONG JISHU YU GUANLI

著　　者	郝身彪　曹传国　范小虎
出 版 人	宛　霞
责任编辑	朱　萌
封面设计	李　宝
制　　版	张　凤
开　　本	16
字　　数	280千字
印　　张	12.5
版　　次	2020年4月第1版
印　　次	2020年4月第1次印刷
出　　版	吉林科学技术出版社
发　　行	吉林科学技术出版社
地　　址	长春净月高新区福祉大路5788号
邮　　编	130118

发行部电话/传真　0431—81629529　　81629530　　81629531
　　　　　　　　　　　　　　　　　　　81629532　　81629533　　81629534

储运部电话　0431—86059116

编辑部电话　0431—81629520

印　　刷	北京宝莲鸿图科技有限公司
书　　号	ISBN 978-7-5578-6901-4
定　　价	50.00元

版权所有　翻印必究　举报电话：0431—81629508

前　言

　　道路桥梁建设在我国的基础设施建设中是尤为重要的，它能够促进社会经济的快速发展，同时，也能为人们的日常生活提供便利。在道路桥梁建设的施工过程中，施工技术是直接影响着工程的质量的，因此，只有不断改进和更新施工技术，才能够推动我国道路桥梁建设工程更好的发展。目前，我国的道路桥梁施工技术与目前世界上一些发达国家相比还较为落后。虽然，现阶段我国的道路桥梁施工技术能够满足我国社会发展的需求，但是，道路桥梁工程专业人员仍然需要不断地进行研究探索，完善道路桥梁施工技术，使道路桥梁施工技术能够长远发展，为我国的社会经济发展提供良好的助力。

　　本书从道路施工技术、桥梁施工技术、道路桥梁施工管理等三大章内容对我国现阶段的道路桥梁施工设计及技术管控进行详细全面的分析，希望有助于相关工作人员的项目开展。

目 录

第一章 道路施工技术 ... 1
- 第一节 路堤填筑 ... 1
- 第二节 路堑开挖 ... 5
- 第三节 路基施工质量控制 ... 8
- 第四节 路基排水 ... 12
- 第五节 路基边坡防护与支挡 ... 17
- 第六节 沥青路面施工与管理 ... 22
- 第七节 水泥混凝土路面施工与管理 ... 46
- 第八节 涵洞、隧道施工与管理 ... 60

第二章 桥梁施工技术 ... 68
- 第一节 桥梁桩基施工 ... 68
- 第二节 桥梁深水基础施工 ... 75
- 第三节 桥梁高墩施工 ... 78
- 第四节 预应力混凝土施工工艺 ... 81
- 第五节 预应力混凝土简支梁施工 ... 96
- 第六节 支架现浇连续梁施工 ... 103
- 第七节 悬臂浇筑连续梁桥施工 ... 108
- 第八节 钢管混凝土拱桥施工 ... 119
- 第九节 矮塔斜拉桥施工 ... 133
- 第十节 无背索斜拉桥施工 ... 141
- 第十一节 人行悬索桥施工 ... 159

第三章 道路桥梁施工管理 174
第一节 道路桥梁施工组织设计及施工管理 174
第二节 道路桥梁施工管理中存在的问题及优化措施 180
第三节 道路桥梁施工质量管理与控制策略 183
第四节 道路桥梁施工管理、养护及加固维修技术 186
第五节 绿色施工背景下的道路桥梁施工技术管理 189

结　语 193

第一章　道路施工技术

第一节　路堤填筑

道路主要由路面、路基构成，其中路基是指按照设计路线位置和相应的技术要求，修筑的作为路面基础的带状构造物，是路面的基础，承受曲路面传递下来的行车荷载；路面则是在路基表面上用不同材料或混合料分层铺筑而成的供汽车行驶的一种层状结构物。路面和路基共同承受着行车荷载和自然因素的作用。

一、路基基本构造

路基基本构造是指路基填挖高度、路基宽度、路肩宽度、路基边坡等。路基作为道路工程的重要组成部分，是路面的基础，是路面的支撑结构物。高于原地面的填方路基称为路堤，低于原地面的挖方路基称为路堑，路面底面以下80cm范围内的路基部分称为路床。

二、路基的基本要求

1. 路基结构物的整体必须具有足够的稳定性；
2. 路基必须具有足够的强度、刚度和水温稳定性，水温稳定性是指路基强度和刚度在自然因素影响下的变化幅度。

三、路基的基本形式及施工

一般情况下，路基的基本形式有三种：填方路基（路堤）、挖方路基（路堑）、半填半挖路基。路基施工的内容主要包括：填筑与开挖、取土与弃土，护坡道、路基综合排水修筑，路基防护与加固，特殊工程地质地区的路基修筑、冬季与雨季的施工。路基施工又分挖方路基施工与填方路基施工。路基材料为土或石料。

（一）路堤填筑

路堤填筑包括填料的选择、填筑的基本要求和填筑方案。

1. 填料的选择

(1) 路堤填料, 不得使用淤土、沼泽土、冻土、有机土、含草皮土、生活垃圾、树根和含有腐朽物质的土。钢渣、粉煤灰等材料, 可用做路堤填料, 其他工业废渣在使用前应进行有害物质的含量试验, 避免有害物质超标, 污染环境。捣碎后的种植土, 可用于路堤边坡表层。

(2) 液限大于50、塑性指数大于26的土, 以及含水量超过规定的土, 不得直接作为路堤填料。需要应用时, 必须采取满足设计要求的技术措施, 经检查合格后方可使用。

(3) 路基填方材料, 应有一定的强度。

2. 填筑的基本要求

(1) 路堤填土宽度每侧应宽于填层设计宽度, 压实宽度不得少于设计宽度, 最后削坡。

(2) 土方路堤, 必须根据设计断面, 分层填筑、分层压实。填筑路堤宜采用水平分层填筑法施工; 原地面纵坡大于12%的地段, 可采用纵向分层法施工, 沿纵坡分层, 逐层填压密实。

(3) 山坡路堤, 地面横坡不陡于1:5且基底符合规定要求时, 路堤可直接修筑在天然的土基上。地面横坡陡于1:5时, 原地面应挖成台阶 (台阶宽度不小于1m), 并用小型夯实机加以夯实。填筑应由最低一层台阶填起, 并分层夯实, 然后逐台向上填筑, 分层夯实, 所有台阶填完之后, 即可按一般填土进行。

(4) 高速公路和一级公路, 横坡陡峻地段的半填半挖路基, 必须在山坡上从填方坡脚向上挖成向内倾斜的台阶, 台阶宽度不应小于1m。

(5) 不同性质的土应分别填筑, 不得混填。每种填料层累计总厚不宜小于0.5m, 不同土质混合填筑路堤时, 以透水性较小的土填于路堤下层时, 应做成4%的双向横坡。

(6) 凡不因潮湿或冻融影响而变更其体积的优良土应填在上层, 强度较小的土应填在下层。

3. 填筑方案

施工程序: 取土→运输→推土机初平→平地机整平→压路机碾压。

(1) 水平分层填筑

水平分层填筑即按照断面全宽分成水平层次, 逐层向上填筑, 它可以将不同土质的土, 有规则地分层填筑和压实, 以获得规定的压实度, 是填筑路堤的基本方案。

(2) 竖向填筑

竖向填筑法指沿路中心线方向逐步向前深填的施工方法, 当路线跨越深谷陡坡地形, 难以用分层填筑时使用。

(3) 混合填筑

受地形限制或堤深较高, 不能用前两种方法填筑时, 可采用混合填筑法, 即路堤下层用竖向填筑, 而上层用水平分层填筑, 使上部填土经过分层压实从而获得需要的压实度。

（二）路堑开挖

1. 横挖法

以路堑整个横断面的宽度和深度，从一端或两端逐渐向前开挖的方式称为横挖法，该法适用于短而深的路堑。横挖法嫩层横向全宽挖掘法和多层横向全宽挖掘法。路堑深度不大时，可一次挖到设计标高，即采雕层横向全宽挖掘法；路堑深度较大时可以分几个台阶进行开挖，各层要有独立的运土道和临时排水设施，以免相互干扰，影响工效，即采用多层横向全宽挖掘法。

2. 纵挖法

带路堑纵向将高度分成不大的层次开挖的方法称为纵挖法，该挖法适用于较长的路堑开挖。纵挖法有分层纵挖法、通道纵挖法和分段纵挖法三种。如果路堑的宽度和深度均不大，可以按照横断面全宽纵向分层开挖，该方法称为分层纵挖法；如果路堑的宽度和深度均比较大，可以沿纵向分层，每层先挖出一条通道，然后开挖两旁，这种方法称为通道纵挖法；如果路堑很长，可以在适当位置将路堑一侧横向挖穿，将路堑分为段，各段再采用上述方法纵向开挖，称分段纵挖法，分段纵挖法适用于傍山长堑。

3. 混合挖掘法

当路堑纵向长度和挖掘深度都很时，宜采用混合挖掘法，即将横挖法和道纵挖法混合使用。先沿路堑纵向挖道，然后沿横向坡面挖掘，以增加开挖面，每一个坡面应该设一个施工小组或台机械作业。

（三）路基压实

1. 压实设备

对于公路和一级公路采用振动压路机或 35～50t 轮胎式压路压实。高填方路堤压实机械：当场地狭时，压实宜采用小型的手扶式振动压路或振动夯；场地宽广时宜采用自行式 12t 以上的振动压路机碾压。

2. 压实施工

（1）根据土质正确选择压实机具，掌握不同机具适宜的碾压土层松铺厚度及碾压遍数，土的含水量等。碾压过程中应经常检查含水量及压实度，以符合规定的密实度要求。

（2）采用的压路机应遵循先轻后重的原则，碾压速度应先慢后快。采用振动压路机碾压时，第一遍应不振动静压，然后先慢后快，由弱至强振；碾压机械的行驶速度应从慢到快，碾压机械的最大行驶速度不宜超过 4km/h。

（3）碾压时直线段由两边向中间，小半径曲线段由内侧向外侧，纵向碾压路线应先边缘后中间，超高路段则应先低后高。

（4）横向接头的轨迹应有一部分重叠，对振动式压路机一般重叠 0.4~0.5m，对三轮压路机一般相邻两次的碾压轨迹应重叠后轮宽的 1/2~1/3；前后相邻两区段（碾压区段之间）宜纵向重叠 1.0~1.5m，以保证压实均匀而不漏压，对压不到的边角辅助以人力及小型机具夯实。

3. 路基压实度标准

通常采用干密度作为表征土基密实程度的指标。在路基施工中，压实度为表征土基密实程度的重要指标。

（四）削坡修整

利用平地机对路段中的路拱坡度和超高段进行削坡作业。削坡作业分次完成，测量人员必须密切配合，勤量、勤测，每削一次测量一次。压实后再测，最后进行人工整修，以达到削坡减载，增加坡体的稳定性的目的。

（五）结构物处回填

结构物（包括桥梁、涵洞、通道、挡土墙等）处的回填，选用沙砾、碎石、碎石土等透水性材料作为回填材料，台背填土范围：顺路线长度，顶部为距翼墙尾端不小于台高加2米，底部距基础内缘不小于2米，涵洞填土长度每侧不应小于2倍孔径长度。桥台、涵身背后，锥坡和涵洞顶部的填土分层填筑，松铺厚度15cm。压实度标准，从填方基底或涵洞顶部至路床顶面均为96%，在回填压实施工中，压路机达不到的地方，使用机动夯具或小型压实机具压实紧密。施工中应回填压实并保持结构物完好无损。

（六）施工重点

准确放出线路位置，作好填料符合性试验。对于填挖交界处按设计要求挖台阶，严格控制填料松铺厚度，作好路基压实度检测。

（七）路基整修

当路基工程陆续完毕，所有排水构造物已经完成且回填后进行路基整修。按设计图纸要求，检查路基的中线位置、宽度、纵坡、横坡、边坡及相应的标高等，确定土坡准确的平面位置。根据检查结果，编制整修方案及计划，整修工作在检查结果及整修计划经监理工程师批准后进行。

土质路基用人工或机械刮土或补土整修成型。深路堑边坡按设计要求的坡度，自上而下进行刷坡，力求一次性刷坡成型，不得在边坡上以土贴补。在整修需加固坡面时，预留加固位置。当填土不足或边坡受雨水冲刷形成小冲沟，应将原边坡挖成台阶，分层填补，仔细夯实。

路基整修完毕后，将堆于路基范围内的废弃料进行清除（可利用的填料用于防护及绿化工程的种植土回填），弃料时注意环境保护，应与周围环境相协调，对路基进行维修养护，直到责任期满为止。

通过以上对道路路基施工、路堤填筑的基本要求和具体的施工方案分析，在其施工中要精细操作，提高责任心，严格把关质量，方能建设出高质量的道路。

第二节　路堑开挖

一、路堑开挖施工技术的应用意义

（一）确保工程保障路堑施工

质量在实际进行路堑开挖时，选择的开挖技术要就实际状况而定，为了确保施工能够顺利进行，则要注重人工开挖和机械开挖两者的结合。路堑开挖时要严格遵循开挖的技术要求，确保路基的稳定；同时为了防止公路路基的路堑被雨水侵蚀，务必要合理的布置好排水沟，才能更好地确保路堑施工的质量，便于继续后续的公路施工。

（二）有效提高施工效率

公路路基施工过程中要严格遵循施工的具体规范技术流程，对开挖的每个要点准确地把握，合理应用开挖技术。为了确保施工人员能够充分发挥各自的要素，提高开挖效率，务必要科学安排施工机械并合理进行施工。

二、开挖土方路堑的技艺

一定要依据施工场地的路堑的实际长度和要掩埋的深度来选择适合的公路路基施工的办法。

（一）纵向法

（1）分层法。适合于较长的路堑的施工，要求依据路堑的宽度来实施这样的施工；（2）通道法。适合于两端地面纵坡度不是很明显的路段，还适合那些较深、较小的路堑，施工开始的时候，要求依照路堑纵向去开掘一条通道，达到扩大工作面的需要，加宽通道的两个侧面以方便排水和施工材料的运输。拓宽路堑的两侧边坡时，对于下层的通道要开始施工，一直施工到开挖达到纵向路基的高度；（3）分段法。适合于路堑一侧堑壁不厚、路堑很长或者是依山路堑的施工场所。挑选纵向的路堑合适的位置，一般情况下会找到一个或者是几个合适的地方，首先沿着横的方向开挖路堑较薄的一侧，把路堑分成多个部分，在对每一段实施纵向挖掘。

（二）横向法

1. 单层全宽法。适合于那些路堑开挖较浅并且距离很近的施工路堑。依据路堑断面的整个宽度来一次性的施工，从施工开始直到施工结束一次性的完成。

2. 多层全宽法。适合于开挖较深距离很近的路堑，可以依据施工场地的实际情况来挑选施工的方法，依据设计的需要进行施工。

（三）混合法

多层横挖法和通道纵挖法共同运用，比较适合路堑施工的数量很大、挖掘的深度比较深并且纵向的施工距离很长的路堑，从而确保工程的质量。混合法施工一定要按照顺序来完成，先要纵向挖掘通道，接着挖掘横向坡面，坡面的工作由各个小组或单个机器来完成，他们共同作业又不制约彼此施工。

三、路堑开挖施工方法

路堑的挖掘大多数使用横向的方法，假如路堑开挖的深度浅并且距离较短大多数使用单层全宽法，假如路堑开挖深度大、距离又比较短的路堑使用多层全宽法。

（一）土质路堑

对于那些移挖作填的外运土方小于80米的时候，通常使用推土机作业，路堑施工的场地使用一台或者多台机器来共同施工；对于那些移挖作填的外运土方大于80米的时候，分层开挖使用自卸车来运土，每一层的厚度大约为4米；路堑挖掘深度很浅，土方的数量又少，可以使用推土机来集合土料，使用装卸车来进行装车，由自卸车来把土料运出去。

（二）石质路堑

1. 使用大型的推土机来进行软石路堑的土料松动聚堆，使用挖掘机来装车，路堑边坡的防护依据设计的要求来实施。挖掘路堑的时候，一边开挖一边整理边坡。施工的截水沟一定要和填方路段的排水沟连在一起，有的地段会出现滑塌的情况，爆破的时候一定要注意监测，注意使用的炸药的剂量。风动凿岩机在爆破时用来打眼，依据实际的状况来使用不同的爆破方法，有的地方可能机械到达不了就使用人工的方法来打眼爆破。

2. 石方爆破大多数的方法是深孔梯段微差挤压的方法，依据松动爆破等的方式来计算数据和所使用的炸药的数量；预裂爆破大多数使用在高边坡的地方，确保边坡的平整，降低对于边坡岩石层的损坏。

3. 在进行钻孔的时候让预裂层面的岩石具有很强的平整效果，可以确保路堑边坡比较整齐，由工人来清理碎渣，再进行精确的测量，标示出每一个炮孔的准确位置。可以先组织较小形式的爆炸试验，找好有效的距离和使用炸药的数量，从而确保预裂具有很好的成效。

（三）排水设施

路堑的排水包含地面水和地下水两类。排除地面水可以使路堑范围内的积水得到较快的排除，防止了路堑范围内的水流入路堑里面的可能，排除地面水的方式有很多，例如挖排水沟、修建隔离带、修建蓄水池等等；排除地下水可以使路堑范围内的地下水的水位得到较好的控制并将地下水排除到路堑的外面，影响路堑的关键因素就是水，因此路堑施工之前要挖好截水沟，依据实际的状况做好截水沟的防水工作。

（四）边坡施工

路堑边坡每个阶段施工的技艺都是不一样的，由于它们由不一样自然状况的路段开挖形成的，所以施工的时候会有不一样的技术。施工的性质也会大不相同，因此在细微的地方要进行有区别地看待，不要用相同的标准来对待。

（五）处理弃土

在施工的时候，如果不对弃土进行很好的处理就会影响道路和施工场地的车辆的正常行驶，还会给农田水利设备带来影响，使河水受到污染水流改变以前的流向，使水流速度发生变化对河岸进行冲刷，这就要求我们一定要做好弃土的处理工作。在进行弃土处理的时候，注意弃土堆积的边坡的坡度，路堑边上的弃土在进行堆积的时候要注意内侧坡脚和路堑顶的距离，做好坡脚的加固工作。

四、竣工验收与质量要求

（一）中间检查

完成一个阶段的施工以后，要依据设计和施工的要求来实施中间检查。例如在路堑地面处理完成以后，一定要检查基地的处理状况；边坡加固之前，一定要检查加固的方式与方法、边坡加固的实用性能以及边坡的坡度是不是合理。假如发觉竣工后的路堑有水泡的迹象，弃土的堆积超出设计要求，这就需要随时进行中间检查。

（二）竣工验收

路堑进行竣工验收的时候，一定要注意以下几个方面：路堑的平面位置、宽度以及横坡的平整效果，路堑边坡的坡度以及加固的设备，路堑两侧的排水设备的情况以及排水沟的纵坡坡度，路堑防护设备的修建方位以及所有部件的情况，填土压实的情况，弃土堆积的位置和方式以及截水沟的修建位置和方式，路堑隐蔽工程的施工详细记载等等。

（三）质量要求

土方路基在施工的时候要注意下面几点质量要求：路基要分层填筑并且夯实，路基表面必须整齐结实，路基没有翻浆的情况出现，路拱适合具有良好的排水系统，路床的整体强度达到设计的需求；挖方的位置上边坡必须要稳定整齐，路床的夯实度一定要达到设计的要求；路肩施工的时候一定要表面整齐结实、没有积水、边缘完整；地表的排水设备包括边沟、排水沟等等一定要按照设计的要求来施工，确保排水的通畅。所有的施工项目一定要按照设计的要求来进行，不偷工减料，在施工的时候，认真对待每一项工作，确保所有的施工项目达到设计的要求。

在进行公路路基土方路堑开挖施工的过程中，要根据施工场地的交通情况、地质条件确定具体的施工方法，制定合理的施工处理方案，在施工的过程中，要提高工程的质量控制力度，使用可操性比较高、可靠性良好的施工技术进行施工，确保公路路基的稳定。

第三节 路基施工质量控制

公路，作为提升所处地区现代化经济建设水平的关键，其建设使用的质量效果直接影响着人们的出行安全。然而，在施工实践过程中，路基施工易受所处环境与材料设备市场环境多元化问题影响，而降低工程项目建设使用的安全稳定性。为此，相关建设者应从实践角度出发，即在明确公路工程路基施工质量控制技术应用现状的情况下，对技术效果进行优化控制。提高公路工程的施工建设质量，优化所处的道路交通网络运行环境。

一、公路工程的特点

目前公路工程实际涉及的范围较广，加上建设时间较长，在自身发展过程中容易受到多方面要素的综合影响。所以当前公路工程建设过程中，设计内容、可行性分析以及施工验收都是公路工程质量的重要影响要素。此外，当前大多数公路工程都是在露天环境下进行建设，地质要素以及天气环境等都会对公路工程造成一定影响。在公路工程实际施工前期各项计算中由于计算误差以及施工材料的问题，都会导致施工过程中出现各项质量问题。公路工程建设环节中有较多位置为隐蔽工程位置，如果在施工过程中没能进行全面检查，对于后续建设环节都会有一定影响。在对公路工程建设质量进行检查时，大多数工程都具有完整性，不能随意进行拆分，如果工程局部存在一定质量问题，无法通过替换的方式进行处理。

二、公路工程路基施工质量控制技术的现实意义

路基，作为公路工程施工建设的基础部分，其直接决定了工程建设使用的安全可靠性，是所处道路系统运行的基本保障。此工程背景下，对路基结构施工质量与作用稳定性要求较高，相关建设者需通过保证结构承载力满足建设使用需求。然而，不同地区、不同的材料设备市场环境，使得施工质量控制人员要采用不同的技术提升路基作业质量，增加了技术控制的难度。为此，工程建设者应对以往公路工程进行路基施工控制出现的问题进行分析，明确路基施工控制现状的前提下，不断更新与调整路基施工质量控制技术，进而避免其受到复杂施工环境与材料设备市场环境多元化发展的影响。公路工程路基施工质量控制技术的运用，能以可持续性的状态作用于实践，以强化工程所处道路交通系统的运行效。

三、公路工程路基施工的常见问题

（一）沉陷

研究表明，导致公路工程路基施工出现沉降病害的原因有很多，主要是路基结构稳定性不高造成的。通常情况下，路基下沉是因为碾压作业不充分所致，而很多时候并不是施工操作存在问题，而是材料设备的性能质量无法满足复杂施工环境的控制需求。如，路基与桥涵通道的衔接部位，选材不合理就会导致碾压效果降低，进而导致路基结构出现下沉问题。

当公路工程路基施工处在软土路基环境下，处理方式的运用很大程度上决定了是否会出现沉陷问题。施工质量控制人员未与工程项目的实际情况进行充分结合，就会导致处理方法难以发挥出应有的作用。在投入运行使用阶段，路基沉降现象主要集中在公路工程的路面结构上。这里的软土路基是指，土壤水分较大、压实度未达到预期目标以及路基结构作用气候环境恶劣等。气候环境恶劣的具体影响是指，在气候寒冷的季节进行路基施工，霜冻与春季的温度出现差异时冻胀土壤中的水分释放出来，进而影响路基土壤环境的湿软度。

（二）裂缝

公路工程路基施工中的裂缝病害，影响最为突出的是纵向裂缝。该病害是路基初期填

土宽度不够所致，即初期未发现此缺陷，持续填至一定高度后，就会出现中线移位问题。此施工状况下，镶边作业过程未按照既定的规范标准，即自下至上的台阶开挖顺序，或是按照分层碾压方式进行操作，就会导致路基施工完成后镶边出现下沉问题，进而造成纵向裂缝的发生。

此外，未将软基清除与植被清除作业重视起来，会导致堆置的淤泥无法及时地运送出来。这种不稳定性的路基施工环境，将造成填土作业时路基边缘下降。为此，工程建设者应将现有的科技成果充分利用起来，以降低沉陷与裂缝病害带来的负面影响。

四、公路工程路基施工质量控制技术运用要点

（一）开挖施工质量控制技术

由于公路工程施工建设环境的不同特点，路基开挖作业应采用不同的操作方式来提升路基施工的质量效果。对于公路工程施工长度较短的情况，应采用横挖作业手段，以使施工能够以一次性状态达到结构开挖深度的施工控制目标。而具有路堑较长特点的公路工程，其路基施工应采用纵挖作业方式来提高开挖作业质量。当公路路基施工处在超长路堑的作业环境，应采用分段纵挖法来达到预期的施工控制目标。

（二）排水施工质量控制技术

由于公路工程的路基结构易受运行过程的雨水侵蚀影响而出现软化问题，进而造成垮塌与滑坡等危害性高的情况。因此，施工质量控制技术人员应加大路基排水施工技术的研究力度。目前，可供选择的路基排水施工技术有两种，即地面排水与地下排水。前者，能够将路基结构作用范围内的水排至影响范围外，进而避免水分下渗降低路基主体结构的作用稳定性，或是造成侧沟与排水沟等路基边坡问题的出现。

（三）边坡施工质量控制技术

由于公路工程路基边坡的设计大多较高的特点，能够增强路基结构的作用稳定性。但在实践过程中，因受工程所处地形地貌等因素影响，存在盲目使用变频增高措施的情况，所以，施工技术人员应在明确边坡坍塌滑动现象产生原因的情况下，对其进行控制。

在对巷口位置的路基进行施工时，设计要求主线立交填筑高度要在 5m 以上。而在实际施工中，填土高度超出了设计要求，施工技术人员应对路基的填砂进行处理。此外，在对自然横坡坡度进行1：5的控制时，需在保证宽度大于1m 的 2%～4%的内倾台阶情况下，避免路基结构出现滑动现象。值得注意的是，由于路基边坡坡度的设计要高于设计坡度，因此，公路工程路基坡度的最大数值，可利用地基与路基的设计参数进行计算，以提高施工控制的合理性。

（四）压实施工质量控制技术

首先，施工质量控制人员应提升机械设备的运行效率，以使土壤的最佳含水量与干密度得到有效控制，进而使压实使用的填料含水量处在最佳的作用状态；其次，在压实作业过程，应遵循先慢后快、先轻后重原则，对压实遍数进行适当的调整，进而降低作业过程的造价成本；最后，对于路基结构各层压实度的检查工作，应采用分层控制填土作业方法，并设置 2000m² 抽检 4 处，以使监理工作的开展起到事半功倍的效果。值得注意的是，在填挖结合部位与施工建设部位，应进行重点监督控制，以避免施工过程中操作人员的主观思想对路基压实作业的质量效果带来影响。

（五）填筑施工质量控制技术

由于路基填筑施工技术的运用直接决定了公路工程建设使用的强度与稳定性，因此，施工技术人员在选用路基填料时，应结合工程项目自身的情况对其性能质量进行优化控制。针对不同性质的土壤不能混填的情况，施工技术人员应将同种填料的累积厚度控制在 0.5m 以下。对于不连续的作业情况，应按照衔接处 1：1 的坡度进行分层预留台阶。在进行同一路段的填筑作业时，应以分层且交错的作业方式进行衔接，并把搭接的长度控制在 2m 以上，进而满足路基填筑作业的衔接质量。在控制填料运输操作的安全稳定性时，应采用八轮运输车每车 15m³ 进行计算，并设置 6×8 的灰线网络，以使每个网格均能对填料的作用稳定性进行防治。当填料铺开后的厚度为 30cm 时，施工技术人员应按照从前至后及从左至右的顺序放置填筑材料，而后，再进行相关的检测与碾压工作。如此，公路工程路基填筑作业的质量就能得到保障，进而提升整个工程项目建设使用的安全可靠性。

五、路堤缺口填料不实产生的主要原因及防治措施

当前在桥涵与路基连接位置实际施工场地较为狭窄，使得填料摊铺的标准难以有效控制，不能采用各类大型施工机械进行作业，导致实际夯实不严实。对已压实的路基斜坡面未能挖好台阶，使得新旧填料接合出现问题。所以当前在施工组织设计时，相关部门需要对桥涵缺口进行控制，通过各类途径向缺口运输相关补充填料时，填料自身性质需要与堤口填料性质相同，通过人工操作和机器夯实相配合，使实际填筑效果能够满足填筑施工的基本要求。

总之，随着当前我国社会经济的快速发展，社会各界认识到加强公路基础设施建设的重要作用，随着我国公路建设各项技术的快速发展，在施工过程中引入各类先进施工技术和管理技术，使得施工质量得到有效控制。在目前公路建设过程中，路基是施工基础工作也是重要的前提活动，对于公路实际承载力具有重要影响。在一定程度上，路基质量对于公路实际建设质量以及交通安全情况具有重要保障。所以，当前相关部门需要做好公路工

程路基施工质量控制，提出具体发展对策，更好地促进我国公路工程的长远发展。

第四节 路基排水

一、公路路基排水设计

公路是我国被广泛地使用的一种公共运输基础设施，因为公路运输的成本较低，现在被越来越多的人使用。所以为了保证公路的使用质量和强度，需要对其排水设施进行详细的设计，从而满足人们对公路功能的需求。现在公路排水设计出现了很多的问题，使得公路在使用过程中出现裂缝和坍塌的现象，危害驾驶者的生命财产安全。因此对公路排水设施的设计必须要投入较多的精力。

（一）公路路基排水设计的相关内容

1. 进行公路路基排水设计的意义。如果公路路段中的水分排不出去，对公路的使用效果影响是很大的，所以进行公路路基排水设计的意义重大。公路路基的排水设计可以分成两个部分，一部分是地下水的排水设施设计和建设，而另一部分则是路面的积水排除设计。公路的地基建设路段如果地下水没有及时地进行排除，会让组成地基的土壤因为地下水的深入而流动性大大增强，严重的会出现滑坡和路面的塌陷。所以如果对地下水的排除设施设计合理，将会减少地下水对于路基的影响，最终强化路基的使用强度。路面的积水主要是由于下雨或者是积雪融化造成的，如果不能够及时清除路面积水，将会让积水中的酸性物质逐渐对路面产生腐蚀，从而使得路面变得凹凸不平。而且路面的长时间积水能让公路表面物质软化脱落，增加道路养护的费用。如果因为排水设计的合理而是路面不会出现积水，就能够减少道路的养护费用，增加公路建设单位的经济效益。此外，也能保证路基的强度不受破坏。

2. 公路路基排水设计的设计原则。公路的路基设计不能够随意而为，而是应该遵循一定的设计原则。不同的公路路基建设路段面临的土质情况和自然状况都是不同的，所以设计应该因地制宜，不能够在任何地方都采取一样的设计手段。在多余的地区需要强化排水设计，增加排水管的数量，对于坡度比较高的路段，也需要加强对地下水的排除设计，防止因为地下水的流动性出现滑坡。既然设计需要因地制宜，那在设计之前就需要先进行施工现场的勘探。所以实施公路路基排水设计需要遵循先勘察，后设计的原则，充分了解建设地点的施工环境。另外，环保一直是当今时代的主题，公路路基设计的时候也需要考虑环保因素。设计的时候要充分考虑环境特点，以不破坏环境为设计前提，并且充分地节约建设资源，保证施工设计质量。

3.公路路基排水设计需要考虑的因素。公路排水设计不能凭空进行，进行设计的时候需要考虑的因素还是比较多的。设计方案既要保证排水设计的合理性，又要保证其可行性。设计的时候需要结合建设施工地点的自然环境来看，根据该地点的降雨量、土质情况、坡度等因素进行设计强度的分析，并且有针对性地选择一些设计的有效策略。另外，公路路基排水系统的施工企业的技术水平也需要充分的考虑在内，从而保证施工设计方案能真实可行。如果施工设计方案并不具备可行性，就会浪费人力物力，甚至还会造成施工项目的烂尾。

（二）公路路基排水设计的具体操作

1.土质松软路段公路路基排水设计。在进行土质比较松软的公路路段排水设施设计的时候，需要充分地考虑到土质的特点，对路基排水设施进行加强。因为土质松软的地段本身路基的承受能力就不强，容易导致路基的稳定性不好。如果没有及时地把积累的水分排出，会更加降低路基的强度，从而使得公路不能够被使用，容易出现交通事故，危害驾驶人员的生命安全。所以需要设计功能强大的排水系统，在第一时间将积水清除到设置好的水沟当中，尽量减少水分与路基的接触时间。如果水分与路基的接触时间不长，对公路路基的伤害是比较小的，就能够比较好的保证道路的使用质量。现在对于这样的路段都要采取路基的加强措施，对路基进行三层的排水防护。首先设置隔水层防止地下水进入到路基当中；然后用渗水层阻止地下水中的一些泥沙物质进入到排水管当中造成堵塞；最后使用排水层引导道路积水等进入到特定的排水系统之中。

2.坡度不同路段公路路基排水设计。在坡度不同的公路排水施工路段所采取的排水设计手段是不一样的。在坡度比较低的路段，就可以让道路积水缓慢地流动，从而流到路边的排水管道当中。这样的排水设计能够减少积水在路面的积累时间，降低积水腐蚀路面和路面软化脱落的现象；在坡度比较大的路基建设设计地点，因为其发生滑坡的风险比较大所以设计需要更加谨慎严密。首先，对坡度比较大的路段进行设计的时候，需要对该地区全年的降水量进行统计，明确道路所需要的排水量；然后结合所统计的数据科学合理地对道路进行排水设施的建设和设计。道路坡度也是设计的一个参考数据，需要充分地被考虑在内。

3.地下水位较浅路段公路路基排水设计。在地下水位比较浅的建设路段，需要充分地考虑到地下水对公路路基的冲刷作用，并且严格的设计对地下水的阻挡设施。地下水位较浅的路段设计的重点在隔水层的设置，因为隔水层能够很好地将地下水隔离在路基之外，从而保证路基的稳定性。所以如果地下水能够被隔离在路基之外，就能很好程度的保证地下水不会对道路的使用强度产生影响，从而增加道路的稳定性，防止出现坍塌的事故。另外，路基修建的时候，也要适当的对路基的底层进行铺垫，防止地下水位的上升对路基的强度产生严重的影响。铺垫层可以使用小石子等物质阻隔水分进入到路基。

（三）公路路基排水设计中的问题

1. 拐弯路段公路路基排水设计问题。在目前的公路路基排水设计中，拐弯路段的排水设计遇到的问题最多。因为拐弯的路段，尤其是急拐弯的地点，如果在其路边设置排水管，水分在短时间内不会蒸发排出。这样一旦水分在排水管剪不断的积累，还有可能会回流到路基当中，产生危害。另外，在拐弯路段的排水设计标准比较严苛，很多企业在设计过程中没有注意到细节，排水施工之后排水效果不好。

2. 路堑边排水设计施工问题。路堑边排水设计的要求相对比较高。因为路堑边的排水不及时将会受到积水的不断冲刷，从而让路堑边的路基受到很强烈的影响。而且这部分的排水施工设计受到外界因素影响特别多，设计不当会让路基承受很大的破坏。

3. 公路路基排水设计不当将会导致的问题。公路路基排水的设计不当能够导致的问题是比较严重的。首先，因为不能够及时地对公路上的水进行排除，将会导致公路上有积水堆积，时间长之后，这些水分就会深入到路基深层的土壤当中。因为水分的入侵，土壤的强度必然会大大地降低，公路能够承受的重量也不断地降低。所以一旦公路上有载重比较大的车辆经过，就会让公路的路面因为受到过大的荷载而出现塌陷的现象。这时如果路面还有积水的堆积，就会让驾驶者难以判断路面凹陷的深度，从而容易误入到水坑当中，发生交通事故。另外，在盐分比较高的地段，因为水分在土壤中会逐渐因为温度的升高而不断地向路面表层蒸发，蒸发的时候会将大部分的盐分带入到路面。这样，土壤中流失的盐分就会形成一些裂缝，降低地基的强度。路面表层的盐分也会让路面发生腐蚀，降低公路的使用寿命。除此之外，在一些坡度比较大的山区公路路段，因为水分能不能够及时的排出，会让水分在地下积累从而增强公路土壤的流动性，从而形成滑坡危害周围居民的生命财产安全。

（四）针对公路路基排水设计中的问题的解决对策

1. 解决拐弯路段公路路基排水设计问题的有效策略。为了有效地解决拐弯路段的排水设计问题首先应该关注国家对于拐弯路段的排水设计标准，按照相关的标准进行设计。在公路的拐弯地点，排水设计要呈现圆弧形的状态。另外圆弧的半径应该大于十米才能够达到很好的排水效果。但是排水设施的长度不能大于五百米，因为长度过长不利于水分的蒸发和排出，会造成水分的堆积。此外，针对急转弯路段的排水设计来说，排水设施不能放置在急转弯处，防止水分排不出去形成积累。

2. 解决路堑边排水设计施工问题的有效策略。严格设计、科学分析能够解决路堑边排水设计施工问题。在路堑边的排水设计中应该设置截水沟。通过对路段状况的详尽分析确定截水沟的深度和宽度，防止积水不断的冲刷路堑边的路基，保证路基的强度。综上所述，公路路基排水设计的好坏将会影响到公路的使用寿命和质量，所以不能大意。对不同路段的排水设计应该基于充分的实地考察，不能够草率地下结论就进行施工操作。公路排水设计的质量不佳将会让公路的整体使用寿命下降，而且严重的还会让公路产生塌陷或者是出现裂缝，造成其使用过程中的安全隐患。所以谨慎的公路排水设计非常必要，它是保证公路能够正常的使用的必要条件。而且优质的排水设计还能够大大地降低公路的建设成本，促使公路建设企业的发展。

二、公路路基排水施工技术

（一）公路路基排水施工技术

1. 边沟施工技术

边沟施工技术是公路路基排水施工技术中一项关键技术，能够有效提升公路路基稳定性及质量，使排水施工技术能够满足现阶段公路建设的要求。具体来说，沿线会在填方路段设置边沟，并将路堑边沟设置在挖方路段，进而使存有的坡面水能够得以排除。在开展暗排水时，碎落台和土路肩两者之间会形成纵向流水槽，为避免冲刷现象的影响，可以在流水槽中铺盖一些草皮，在槽下设置浅碟边沟以及边坡急流槽等，利用边沟集水井连接，并注重集水井间距的设置，使其能够保持相应合理的间距，以切实发挥其功用。对于个别段落来说，应进行不同边沟设置，使其需求能够得到共同满足。在排水纵坡超过10%的地段设置急流槽，如果交叉道路需边沟穿过，应进行过道涵设置。

2. 排水沟施工技术

排水沟施工技术通常应用在地下水位偏高情况时，以保障水流可以顺利排出。排水沟施工技术还具备排除地表水能力，若天气状况过于寒冷，则不适宜开展地下水排除工作。排水沟采用混凝土浇筑时，务必要在含水量和沟壁接触最高点实施渗水孔设置。而在沟壁外侧就应使用土木合成材料等作为反滤层。沿沟槽每隔一定时间就应通过分界处设置沉降缝。再者，排水沟必须具备流畅线形，尽可能依据直线形进行设置，在处于弯道位置时，则显现出弧状。在挖建排水沟过程中，应使其与路基保持一定距离，与路基坡脚间距不应少于4m。若急流槽长度偏长，就应对其实施分割，进而开展砌筑工作。另外，台阶高度应针对地质实际情况来决定，以做到因地制宜。

3. 截水沟施工技术

截水沟施工技术是一种行之有效的施工技术，在实际施工中具有难以替代的作用，值得在公路路基排水施工中被切实应用。在运用截水沟施工技术时，当流量过大时，应进行截水沟设置，在废弃土未堆存在状况下，路基坡顶和水沟边缘之间间距设置应依据实际土质来决定，使其能够保障边坡稳定性。通常截水沟设置在路堤坡脚2m之外，截水沟截面为梯形，对其尺寸来说，应根据水流量实际情况来决定。

在废弃土堆存的状况下，截水沟边缘则应保持与土堆之间的距离，以确保两者之间距离的合理性，便于公路路基排水施工更好地开展。具体来说，路基坡顶和土堆坡脚之间的距离应超过10m，并在土堆上方设置2%左右的倾斜角度，让积水可以向横坡处流动。

截水沟最优长度约为300～500m，当大于500m时，则应增加泄水口，利用跌水井等进行引排。另外，为避免公路遭受雨水冲刷，应借助渗透性较高的材料，注重对水沟牢固性建设，如图层松软、渗水性较强地段，都应采取加固手段以及放渗透材料，从而使公路路基能够免遭腐蚀与雨水侵蚀。

4. 明沟施工技术

明沟通常应用在深度较浅的地下水位中，在实际应用时，切勿在温度偏低的地区应用。在施工过程中，应重视边坡纵坡的加大，以保障水流的切实排出。再者，在开展明沟施工时，应对基底高度做好检查，断面尺寸做好控制，并运用人工配合方式来实施挖掘工作。另外，明沟在进行测量放样时，通常应用全站仪，在放样过程中，应以设计图为理论依据，以实现科学合理操作。在渗水孔施工过程中，应保持其竖直性，避免堵塞现象发生。

5. 渗井施工技术

渗井施工技术归属地下排水设施，其功用目的在于排出浅层地下水，使公路路基安全性得到保持。若地下水含量过多，就会致使公路路基含水层变得薄弱，导致水量不能被彻底及时排出，平式渗沟不能得到布置。对此情况，可通过竖向排水方式来实现对地下水的排出，以利于渗井设置。当渗井贯通不透水层，将深层地下水排入到深层含水层时，可以使地下水得到减少，有助于排除所有水流。

（二）公路路基排水施工要点

1. 施工前需检查排水系统设计是否合理

在公路路基施工时，应先对排水系统设计的合理与否进行检查，以保障其能够满足实际施工的需求。具体而言，公路路基排水系统设计的优与劣，应主要衡量防、疏、排这三种功能，以降低因水侵蚀对公路路基产生的危害。路基排水系统并非孤立存在，而是与地基处理、防护等公路路基施工工程相互融合的，以使公路路基坚固性与稳定性得到保障。另外，排水系统还应重视与水利工程的结合，让公路路基排水系统能够得到科学规划，从而达到因地制宜的作用。

2. 施工需结合当地地质条件

在实施公路路基排水施工时，需与当地地质实际条件相结合，以避免水土流失现象的产生。一方面，要注重排水设施的合理性，切勿对天然水系造成破坏；另一方面，应对地址进行有效选择，以利于降低工作量，使施工工程能够在规定时间内保质保量完成。但值得注意的是，对于纵坡较陡等地质状况的排水沟渠和重点排水施工，都应严格遵循公路路基排水施工的相关要求，进而对其实施加固工作。再者，在公路路基排水施工过程中，应避免积水现象的产生，在挖方时做好排水工作，而后再开展挖掘工作。顶面的横坡与纵坡应针对横断面实际形状以及纵坡大小等因素来决定，使施工过程中积水现象可以得到及时排除。

3. 施工处于多雨地区需设置临时排水设施

在实施公路路基排水施工时，若施工地点为多雨地区，则应重视对临时排水设施的设置，可针对施工现象实际情况来确定临时排水设施设置的数量，使公路路基排水施工工程的顺利施工获得保障。并且，应注重永久、临时排水设施之间的结合性，使水资源得到良好保护，抑制水资源浪费现象的出现。另外，若施工遭到停滞，则应及时采取有效措施，以保障积水得以快速排出，降低因积水过量而对整个施工过程产生的影响。再者，若存在地下水渗流现象，则应设置集水井以及排水沟等，使地下水位得到降低，最终实现积水的切实排出。

总而言之，公路路基排水施工是一项技术性极强的工程，在整体施工中应对其加以充分重视。对此，在开展公路路基排水施工工程时，应针对施工地段的实际情况来有效设计施工方案，并应注重方案运用的灵活性，进而使公路路基排水施工技术可以发挥出自身功用，通过明沟施工技术、渗井施工技术以及截水沟施工技术等应用于实际施工之中，为排水施工提供切实辅助，使公路路基排水施工中遇到的问题获得及时解决，最终使公路路基排水施工质量及公路稳定性获得真正保障，以确保施工的科学性。

第五节　路基边坡防护与支挡

一、路基边坡防护

路基开挖或填方施工难免产生边坡，边坡是工程的主要风险点之一，如果边坡失稳发生滑坡坍塌，将造成十分严重的影响。因此，必须高度重视边坡防护，其中，根据实际情况，结合以往经验选择合适的防护类型是整个工作的关键所在。

（一）路基边坡防护选型

1. 第一台边坡防护选型

对于第一台边坡，其防护类型以采用浆砌片石修筑成的护面墙为主，其结构厚度大于护坡，能提供抗推力的功能，但由于有很大的比重，所以不建议在高边坡中使用，因此主要应用于第一台边坡。其适用范围为坡比在 1：0.5～1：0.75 以内的边坡，通常设有专门的抗滑平台。为保证美观性，还在护面墙底的边沟外缘布置一定宽度的绿化带，所以必须具有良好连续性，长度应达到100m以上。除此之外，在坡比相对较缓的边坡表面，条件允许时可设置上挡护面墙，在坡比超过1∶1的上边坡适用，其护坡厚度为30cm。

在此类护坡的施工过程中，应对边坡表面实施刷坡处理，不可欠挖，使护坡支砌厚度达到要求。具体的砌筑工艺需要严格按照现行规范确定，即在没有特殊要求时，采用坐浆法，施工中需要用到的砂浆统一使用机械设备进行拌和。将护面墙砌筑好后，应采用块石进行镶面，按丁顺相间进行排列，对于砌缝的宽度应控制在30mm以内，上层和下层之间的缝隙应错开80mm左右，镶面应保持平整，最后根据设计与规范的要求设置泄水孔，呈梅花形。

2. 第二台及以上边坡防护选型

（1）土质边坡防护选型

①窗孔肋式：主要用于能进行开槽，且坡比在1∶0.75以内，实际分台高度在10m以内，石料可实现就地取材，土质保持相对稳定状态的边坡。当采用这种防护形式时，还可根据要求在土体表露出进行植草。

在施工中应注意有充足开槽深度，用于保证防护厚度，片石支砌应满足大小和厚度的要求。在支砌之前，应将边坡表面上的杂物与浮渣都清除干净，并洒水润湿。施工中，保证砂浆砌筑饱满，做好施工控制。利用表面相对整齐的石块进行镶面，并注意在每两个排水沟之间布置一条变形缝。

②拱形护坡：主要采用现浇混凝土结构，用于坡比小于1∶0.75，且分台高度在8m以内，但石料无法实现就地取材的边坡。这一防护类型主要有以下两种：第一种为采用强度等级为C20的普通混凝土，在边坡表面处在相对稳定状态的边坡适用；第二种为采用强度等级为C20的钢筋混凝土，并设置必要的钢筋网及锚杆，在边坡表面随时可能失稳，且风化较为严重的边坡适用。

这种防护类型在施工过程中需要注意的问题和之前提到的第一种防护类型相同，即保证拱部和肋部浇筑施工厚度，按照设计确定的配合比进行混凝土生产拌制，使混凝土强度能够达到设计和施工要求，并按照规范设置好变形缝等。当采用强度等级为C20的钢筋混凝土时，钢筋网与锚杆之间的连接可采用焊接方法，其中锚杆必须在和边坡表面相垂直的方向上打入，而钢筋要在变形缝所在位置上断开。防护施工完成后，肋部应保持顺直，拱部线形应保持顺畅，且大面应保持平整。

③六角形空心砖与菱形网格护坡：通常用于土质含量在80%以上，坡比小于1∶1，且分台高度在8m以内的边坡。在六角形空心砖的内部还可以进行填土绿化，因砖有很大的自重，所以会对边坡上的排水造成一定程度的影响，所以在选用时应充分考虑这方面因素。在施工过程中，应先对边坡进行修整，开挖用于铺设空心砖的基坑，然后紧密铺设空心砖，最后在条件允许的情况下，向砖的空心填土种植，由人工将其夯填密实。为了使边

坡表面上的空心砖能相互贴紧，可在边坡表面上打入短钢筋来定位。

（2）石质边坡防护选型

①菱形网格挂设钢筋网喷锚防护：适用于边坡表面相对稳定，坡比在1∶0.75以上，且分台高度小于10m的石质边坡。该防护类型和在土质边坡使用的六角形空心砖与菱形网格护坡相类似，也可为了美观在空洞植草。

②挂网喷锚防护：适用于坡比在1∶1以内，且分台高度小于10m的石质边坡。在挂网喷锚过程中，锚杆长度与间距应满足设计要求，锚杆必须在与边坡表面相垂直的方向上打入。在灌浆过程中，应先灌入一层砂浆，然后插入锚杆。锚杆和钢筋网之间采用焊接相连与加固。施工前应将边坡表面上的浮土与杂物都清除干净，然后用清水冲洗，待边坡表面上的水稍干后，进行混凝土的喷射，在喷射前，应进行正确的分段与分片，使厚度满足设计要求。完成混凝土的喷射后，立即进行养护，有效养护时间应达到7~10d。另外，为保证防护结构的可靠性，避免产生裂缝，可按照10m的间隔距离布置伸缩缝，缝应贯通整个边坡表面，然后用沥青将其填补密实。对于坡口线上部2m以内的边坡表面，应采用强度等级为C20的普通混凝土进行封闭，厚度按3cm控制。

（3）边坡防护防水

①地表防水：在边坡顶部开挖截水沟。边坡的纵向排水应采用碎落台排水沟，在每台之间按照40m的间距设置急流槽，形成竖向排水。当边坡超过80m时，急流槽按照30m的间隔距离设置。在拱形护坡上设置的排水沟和急流槽，它们之间应紧密衔接，保证排水系统的美观性与畅通性。在截水沟中，底部应保持平顺，使水沟铺砌厚度及支砌都达到密实，防止漏水。对于外露面，应使用强度等级为M10的砂浆做抹面处理，避免产生空洞与裂缝，抹面时所用砂浆的强度等级必须满足要求。另外，在截水沟的台顶处需要砌筑倾向为2%的横坡，以此促进排水。

②地下排水：针对地下水较为丰富的边坡，应布置疏干孔，孔径按130mm控制，坡降要达到5%。边坡表面的疏干孔，一般布置成梅花形，间隔距离要根据渗水情况确定，通常在2~5m范围内，深度应能达到5~20m。在实际的施工过程中还可进行适当调整。

3. 边坡环保设计

公路工程建设势必会对周围自然环境造成破坏，所以在边坡防护设计与选型中，除了要考虑边坡稳定性，还应兼顾环保性与美观性，将重点放在生态防护上。基于此，在以上防护方案中，除了护面墙，其他所有防护措施都能在外露的土体进行植草防护。针对护面墙，则可采用布置绿化带方式来实现环保设计，挂网锚喷亦可在混凝土的表面种植某些攀爬类植物。

边坡防护类型的确定对边坡防护有效性与合理性有重要影响，在实际工作中，应综合考虑边坡实际情况、施工条件、经济和环保因素等来选择适宜的防护类型，并在确定了防护类型后，还要严格按照规范的要求做好防水与环保设计。

二、路基的防护与支挡技术

（一）路基防护与支挡的重要意义

路基是道路建设的基础。路基在使用过程中要承受由路面传递来的行车荷载作用并抵御各种环境因素的影响，因此，要求路基必须具有足够的强度，良好的稳定性和耐久性。在这种情况下，进行路基的防护以保护路基是非常有意义的。

路基的防护要根据道路建设的实际情况而采用合理有效的防护与支挡技术，并按照工程建设施工的标准严格执行，同时，还要对路基进行养护，保持其稳定性。路基的强度和稳定性和路基的防护与加固密切相关，其中路基防护的重中之重是路基边坡的防护，其次还包括路肩表面，以及影响道路路基的附近的河流和边坡等等。经过水浸的路基，路基湿度大，从而导致路基强度下降，而饱水的路基强度更加低，一些岩溶性的路基在风、雨水、温度的作用下，也会造成其不断风化，降低路基的强度。总之，路基浅表会在温湿度作用下产生干湿循环和缩胀循环，从而促使路基不断侵蚀，强度不断减弱；加之，雨水和地下水的作用，路基浸水加重，稳定性降低，加剧了水损害；同时，在旁近边坡和河流的冲刷下，也可能造成路基下沉，边坡下滑等现象。随着道路施工技术的不断提升，为了确保道路通行的安全，维持正常的交通运输，减少道路维护资金的开支，在道路建设过程中，对路基进行防护和支挡施工，增强路基的强度和稳定性对经济和社会的发展具有重要意义。

（二）边坡防护与支挡技术

1. 种草防护

种草防护技术适用的条件是：路基边坡较小，坡度较缓（不陡于1：1.25），高度也不能太高（一般低于6m），冲刷较轻，适应种草或者是土质经过改良的边坡，浸水较小或者不浸水。种草防护技术在岩石边坡上不适用，如果在岩石边坡使用，可以采用一些新技术，例如，针对岩石坡面研发的生物防护技术。

实行种草对坡面防护施工简便快捷、节约资金，而且还能提升绿化面积、美化环境、经济价值和社会价值较高，符合条件的路基防护中，这种防护技术值得大力推广。

2. 草皮防护

铺设草皮防护边坡也是一种应用较广的植物防护技术。这种防护技术适用的条件是：路基边坡较陡，高度较高，流水冲刷较严重。这种边坡需要及时地对其进行绿化防护，种草较慢，所以选择铺草皮防护的方法来尽快实现边坡的防护。草皮的铺设方法可以根据边坡类型选择平铺、水平铺设、斜交叠铺等方法。草皮防护和种草防护具有同样的优点，但是在后期养护中比种草困难，因为成活率、流水的冲刷等容易引起草皮被冲走，进而影响边坡防护。

3. 土工网植草防护

土工网植草护坡，是近几年从国外引进的一项新技术，它是利用加固技术和植物防护技术共同作用的一种防护技术。土工网是一种经过特殊工艺制造的三维立体网，它可以对边坡进行加固，同时还能有效保护生长期植被不被流水的冲刷，植被成熟后，土工网和植被共同作用防护边坡。这种防护技术可以承受4m/s以上流速的水流冲刷。

4. 蜂巢式网格植草防护

这种防护技术和干砌片石护坡技术有些相似，是在施工整理好的边坡上铺预先订制好的砖框网格，然后在网格里面填土种草或者铺设草皮。这种砖框可以根据边坡特点进行定制，砖框网格可以有效地分散水流，降低流水的速度，保护植被，进而减少流水对边坡的损害，这种防护技术实行起来也比较简单，而且看起来比较美观，具有较好的实用价值。

（三）路基冲刷防护技术

1. 岸坡防护

有些公路建设地比较特殊，例如，山区、河谷等等。在这些地方进行防护，既不能建设导流建造物，也不能修改河道，所以岸坡防护就成了这些路段路基防护的首选，岸坡防护能对路基边坡和基底进行全面防护，从而防止水流的破坏，所以，进行岸坡防护施工技术和施工质量都要确保万无一失，以便防护设置建成后有效抵御风险，保证路基的完整，稳定。岸坡防护技术中可以采用挡土墙技术、干砌片石防护技术、石笼防护和浆砌片石防护技术等，也可以根据情况综合采用以上防护技术。

路基直接防护的形式经常采用干砌片石和水泥混凝土板。施工要按照施工要求挖到设计标高，同时回填稳定性好的回填料。边坡防护面要平整密实，铺砌要按照自下而上的顺序进行，而且砌块要嵌紧，砂浆也要灌满密实。砌体的两边连接处要链连接紧密，防止进水影响坡岸背面。同时，还要设置伸缩缝和沉降缝，防止因收缩膨胀而引起较大的裂缝。片石砌筑时注意不得平铺，要交错铺筑；卵石铺砌时注意长方向垂直于坡面铺筑；混凝土铺筑时，宜注意密实，表面的平整和光滑，同时注意加入速凝剂，以便提升早期的强度。

2. 导流构造物防护

导流构造物防护就是应用一些构造物来进行引流，从而引导水流方向，调节流速，减少水流对路基的冲刷，这些构造物主要有：拦水坝、丁坝、格坝等。进行导流构造物施工时，要认真分析和研究地形地势，以及附近地形情况，防护设施要避免对其他设施造成危害。

（四）对路基防护与支挡技术创新的思考

随着公路建设的速度的不断提升，一大批创新性的技术在公路施工建设中得到应用，作为公路的根基，路基关系到公路的使用寿命和安全，为此对路基防护技术进行创新，提升路基的防护能力非常必要。

传统的种草、植树可以对路基边坡起到一定的防护作用，但是其受时效性较差，同时也容易在种植期遭受破坏。所以，根据目前的生物技术，可以改进生物防护技术，采用液压喷播植草防护技术，这种技术是选择生命力强的种子、色素、防水剂、化肥、防土壤侵蚀剂以及纤维材料等混合放入液压灌中，通过液压机喷播到边坡上，进而起到防护作用。此外，还可以采用植生带植草防护、OH液化学植草防护，这些技术是现代道路建设技术不断提升的标志。此外，在工程构造物防护方面也进行了大量的创新研究，改进和发展了一些新的技术，例如，利用土钉墙防护技术、软体排防护技术，以及土工合成与生物技术相结合的防护技术等等。由此可以看出，在路基防护技术方面，我国正不断研发新技术、新方法，并把这些技术应用到道路建设的实践中。

第六节 沥青路面施工与管理

一、沥青路面材料质量控制和施工

（一）材料质量标准及配合比控制研究

公路建设中，用于生产沥青混合料的材料其中有：沥青、各种粒级的粗集料、细集料、添加剂、矿粉、石屑等。实践证明，选择品质优良的材料和对质量标准严格的控制，会使单质材料的技术指标能达到规范的要求，从而使集料的级配组成较稳定，达到筑成优质沥青面层的关键所在。

（二）沥青混合料的质量控制

沥青混合料首先要具有足够的强度，铺筑路面完成后，用以承受车辆荷载的作用；除了交通荷载的作用外，沥青混合料所在自然条件的不同。要求混合料应具有高温稳定性和低温抗裂性、抗水损害、空气损害等各项性能；为了便于施工，还应具备施工的和易性；在道路使用过程中，为提高行车的安全、舒适，对要求路面的平整度和抗滑性能提出更高的要求。

通过对原材料质量控制标准的调整，结合吉林省的气候条件，对混合料的性能做出相应的调整，中面层和上面层使用的为改性沥青混合料，马歇尔流值相应的要求比较宽松，由于要求下面层应有较好的耐久性和抗疲劳性能，因此，空隙率应控制在3%～6%；中面层要求具有良好的水稳定性,防止水进入路面结构后造成破坏,空隙率控制在 3%～4%;上面层不仅要求较好的抗车辙能力还应有足够的抗滑性能(构造深度)和耐磨性能,所以空隙率控制在 3.5%～5% 之间。

(三)配合比设计的控制要求

混合料配合比矿质混合料的组成设计的内容,是确定满足理论设计级配范围要求的混合料中各种集料的质量比例组成的系数,用来确定最佳沥青用量,并要进行路用性能检验。

(四)离析的控制

离析是指混合料在生产以及施工过程中出现了非均质性的变化,离析的表现主要有级配粗细不均、路面空隙率变化、沥青含量变化等现象。我国沥青路面的早期病害并不是产生大面积的结构性破坏,多数是局部破损与破坏所引发的功能性破坏。这些破坏最根本的原因与问题就是沥青混合料的离析。严重的离析使得级配设计失去意义,从而导致原目标配合比设计中,要达到的混合料的各项优异的性能指标也不能实现。此外,离析还是导致路面早期破坏的重要诱因,因此,在高等级路面的施工过程中,对沥青混合料离析的控制是保证路面质量的关键技术。

1. 沥青混合料离析类型及影响因素分析

沥青路面的使用性能和施工质量密切相关,在施工质量控制、沥青混合料隔离控制是一个关键的环节,沥青混合料的生产环境中许多复杂因素,如果控制不当,将生产过程中产生的一系列各种各样的离析,降低混合物的性能,引起路面早期损害,甚至影响到路面的使用寿命。对沥青混合料离析进行研究,查找其产生的原因具有重要的意义。

(1)沥青混合料离析的分类

离析的沥青混合料主要由级配变化和产生温差,以及在运输过程中方法不当所造成。目前,沥青混合料的离析是分为集料离析和温度离析两大类,实际上这种分类并不完整,与高速公路 SMA 沥青混合料的应用,沥青骨料离析这种形式的离析变得越来越受到人们的关注。而离析仍然存在于施工和混合料的运输过程,通过对高速公路建设过程中离析现象总结和分析隔离大致可以分为以下类型:

①集料离析

集料离析是指为粗集料与细集料相互脱离的现象。集料离析是最早被人们所熟知的离析,集料出现离析后经过反复碾压成型,路面会出现粗细集料分布不均,在发生离析的区域内混合料的实际级配和设计级配开始都发生了不同的变化,沥青的含量同样出现较大变化。在粗集料集中区域内,由于缺少细集料导致集料间空隙率较大,沥青含量相对较少,就会造成路面的水损害,同时耐久性变差;细集料聚集的区域中空隙率变小,沥青含量变大,容易导致车辙以及路面泛油等早期病害。

②温度的离析

沥青混合料在施工过程中，部位不同的混合料在气温、运输距离、施工机械等因素的影响下会产生不同程度的热量损失，导致混合料不同部位之间产生温度差异而产生温度离析。温度离析会导致混合料碾压不均匀，达不到要求的压实度，平整度也较差。

③集料-沥青离析

集料-沥青离析类似于沥青的析漏，在沥青含量较多的混合料中容易产生这种离析，SMA沥青混合料中的沥青含量一般在6%以上，因此，应注意在这类混合料中预防离析现象的产生。当矿粉和纤维的添加量不足时，结构沥青减少，剩余的沥青就会从集料的表面析出，集料表面的沥青膜厚度减小，造成混合料之间的黏聚力下降。发生集料-沥青离析的混合料铺筑的路面耐久性不足并且容易产生车辙、泛油等早期病害。

（2）各类型离析的影响因素

为了减少和消除沥青混合料离析带来的早期病害，有必要对离析产生的原因和环节进行一次全面的分析。沥青混合料的离析在施工的全过程中均有可能产生，引起离析的原因非常多，影响因素相对复杂，有针对性的分析并及时采取离析防控及控制技术有很大的现实意义。

导致集料的离析的诸多因素有：

①沥青混合料级配组成

混合料公称最大粒径对沥青路面均匀性有很大影响，公称最大粒径大的沥青混合料更容易产生离析现象，公称最大粒径小的沥青混合料均匀性相对会好一些，和间断级配相比较，连续型的密实级配摊铺更容易均匀。由于缺少中间某档矿质集料，间断级配的沥青混合料在施工过程中发生严重离析的可能性更大。

②沥青的性质与用量

沥青在混合料中起到黏结剂的作用，沥青混合料的离析和沥青与矿质集料间的黏结力有着重要的联系。粘附性强，沥青与集料越不容易剥离，并且在集料之间沥青的黏结力，使粗、细集料之间不容易剥离，能有效地降低离析现象的发生率。

沥青混合料中沥青的含量对离析起着关键的作用，沥青含量少时，在充分搅拌后集料表面沥青薄膜厚度不足，甚至未把全部集料的表面包裹，混合料之间的黏性不足最终产生离析；相反，混合料中沥青含量高时，沥青能充分的包裹粒料，提高混合料之间的黏结力，可以有效限制离析的产生。

③集料的均匀性

集料是沥青混合料的骨架，在使混合料获得强度和抵抗路面变形中起到至关重要的作用。我国在公路建设方面，多采用社会料场生产，石质不同、生产质量有差异的集料，同时也存在生产方面、筛分方面不同型号，厂家的设备等众多因素导致集料参差不齐，规格混乱。有研究表明，同一料场所生产的同一规格的集料也可能存在很大的差异。另外矿质集料的堆放方法以及取样方式的错误也会使集料产生离析。集料级配的变异性大就会使实际的级配与设计的级配相差甚远，最终导致了沥青混合料的离析。

④沥青混合料搅拌、运输和摊铺

拌和设备中冷料仓分隔不严或者相邻太近时，不同规格的集料就会出现混料的现象，生产出的混合料因为级配不稳定而产生离析。搅拌系统的配套的计量系统是否能准确将规定重量的材料送入搅拌器，也同时决定离析发生的程度。

沥青混合料从拌和仓装车时，由于存在高差，粒径大的集料受重力影响大而滚动较快会堆放在底部及混合料的四周，而粒径较小的集料在沥青黏结的作用下，相互吸附而不易滚动就会堆放在中间从而产生离析。运输过程中，如道路颠簸不平更加剧了集料的离析。

摊铺过程是最易产生离析的工序，如果在施工过程中摊铺机参数调整不当会导致严重的离析现象。螺旋布料器如果运送集料距离过长，粗集料被输向摊铺机的端部，造成粗细集料之间的离析。沥青施工中的离析现象的影响因素还包括：工作状态、摊铺速度和摊铺机的工艺水平。由于目前用于摊铺机的振捣频率都是人工设定的，即开工前预设的振捣的频率不会随摊铺速度的变化而变化，而在摊铺过程中往往由于各种因素导致摊铺速度发生变化。

速度加快时，施加在摊铺固定长度段的振捣次数就会减少，预压实度也会相应地降低；摊铺速度减慢时，铺设固定段长度的振捣次数则会增加，预压实度会提高。因此，摊铺速度的变化直接影响预压实过程的离析。运输车辆准备卸料时和摊铺机产生碰撞，会引起摊铺机卸料数量的变化，摊铺机后的混合料的分布和密度同时会发生改变。

（3）温度离析的主要影响因素有：

①混合料装入运料车时产生的温度波动：由于搅拌设备的出料温度是在一定的波动范围内，导致每批出料的温度会有不同，调查发现这些温差波动幅度最大可达十几度，较大的温度波动会产生温度离析。

②气温、保温措施、运距：气温越低混合料与周围环境的温差就越大，加上如保温措施不完备、运距远等条件，分布在表层以及车厢四周的混合料就会产生较大的热量损失。沥青混合料同时又是热量的弱导体，不会发生内部混合料较大幅度降温的现象，内外的温差会产生温度离析现象。

③在摊铺过程中的操作不当：当摊铺机出现等料现象时，由于料斗中的混合料数量有限，热量的损失就会加重；在摊铺过程中受到摊铺厚度、混合料热量流失不均衡等问题都会产生温度离析。

集料-沥青的离析现象多是由于纤维和矿粉等添加剂的添加量控制不准确，或者纤维的含水量不均匀造成纤维对沥青的吸附量不同，当矿粉和纤维的添加量不足时吸附的沥青量也相对变少，多余的沥青就会析出产生集料-沥青离析。

（五）沥青路面离析检测与评价方法介绍

沥青混合料集料离析的检测方法，按对路面是否产生损害的程度，按类别分为：有损检测法和无损检测法。

1. 有损检测法

有损检测方法主要是指钻芯取样法。钻芯取样法一种传统的密度测试，测试方法可以准确、全面反映道路的状况，应用于分析沥青含量、空隙率、试件密度以及级配组成，然后让这些指标与设计值相比较来检验路面的离析程度。钻芯取样的方法虽能全面、准确地反映沥青含量、级配和密度，但是这种方法操作非常麻烦，而且极具破坏性，一般施工上面层不允许大量取芯。

2. 无损检测法

（1）视觉观察方法

判定沥青混合料集料是否离析的最直观的方法就是视觉观察方法，通过对路面表观状况的观察，以经验来判定是否产生了离析。这种方法直接、简便，但同时存在很大的缺点：首先视觉观察法与观察者本人主观性影响大，还需要通过经验来确定，并没用明确的离析标准作为依据，不同的观察者对离析的程度易发生分歧；同时目测法仍有很大的局限性，只适用于大粒径的沥青混合料的判别，对小粒径和细级配的沥青混合料的判别不适用，判别不出空隙率的变化、离析产生的部位和密度等重要指标。

（2）构造深度法

沥青混合料在发生离析现象后会产生很明显的纹理变化，粗集料集中的区域纹理更为粗糙，构造深度大；细集料集中的区域纹理较细，构造深度小。因此，可以通过对这种纹理的变化来间接反映出混合料离析的程度，这就是构造深度法的原理。

激光构造深度仪法在测定构造深度较小的路面时，结果会与铺砂法有着良好的关联性，这说明激光构造深度仪适宜于测定构造深度较小的、干燥的沥青面层，对于表观构造相对粗糙的路面，激光构造深度仪的测得结果会偏小。

美国沥青技术中心（NCAT）推荐使用 ROSAN 车载式路面构造深度仪的方法对沥青面层集料离析的程度进行检测，结论为：根据沥青混合料设计级配和最大粒径，判定沥青混合料的集料离析程度的依据为，算出路面的构造深度，路面测得的构造深度与估算的 ETD 的比值所得的路面构造深度 ETD。

（3）渗水试验法

对碾压成型的沥青路面通过沥青混合料渗水试验来测定其渗水系数。大量的试验和研究证明，在沥青路面的离析和非离析区域两者相比较，渗水系数会产生明显的差异，因此可以通过测定路面的渗水系数来分析混合料的离析程度。

3. 沥青混合料离析的预防与控制技术

混合料离析具有很大的危害，离析影响混合料的矿料级配以及沥青的均匀性，使设计的路用性能受到损害，是沥青路面发生早期破坏的最主要原因，粗集料集中的区域空隙率过大而沥青含量较少，容易产生水损害并且路面的疲劳寿命降低，出现松散和等坑槽早期病害；细集料集中的区域沥青含量大空隙率小，在车辆荷载的反复作用下导致路面产生永久的变形。因此为减轻沥青路面施工产生的离析，应该从可能产生离析的环节开始，加强施工管理，避免因人为因素造成的离析现象。

4.集料离析的预防与控制措施

（1）适宜的混合料类型与合理的级配

沥青混合料中集料的最大粒径越大就越容易造成离析，因为当粒径过大时压实比较困难，导致空隙率偏大，进一步产生早期病害。此外，沥青混合料的类型选择要与路面结构类型相匹配，沥青面层结构从下到上的厚度逐渐变小，相应的混合料类型也应由粗变细。

实际施工中，混合料压实厚度与最大公称粒径的比值中，中、下面层应控制在大于2.6：1，对于上面层不应小于3：1，否则容易出现离析现象。

合理设置集料的级配能有效减少沥青混合料离析现象的产生。间断级配的混合料在公路建设中的应用也越来越广。间断级配的沥青混合料由于缺少中间档集料，同时沥青的含量又不足时，集料之间黏结性差，很容易产生严重的离析现象；当细集料和填料控制不当时同样能造成沥青用量的不足，发生离析。Brock研究显示，少量的、适当的增加混合料中沥青用量能减少混合料离析，所以，建议取沥青含量＝最佳沥青用量＋0.2%为设计时的沥青混合料的配比。

矿质集料之间相对密实的是位于最大密度线上的混合料，此混合料空隙不足，尤其是当设计中小于0.075mm的填料含量相对较高时，集料间的空隙就会更小，因此，应避免最大密度曲线特征的级配，以满足VMA的稳定度等要求。

（2）加强原材料合理选择

选择合理的原材料品质和类型，能有效降低沥青混合料的离析现象，因此，可以采取选择适宜的原材料，并加强生产过程中的管理，应用控制和预防手段，来减少离析现象的发生。

①应选择品质良好的集料，因为混合料质量与集料质量密切相关，选择质量良好、级配均匀的集料才能生产出高质量混合料，如果集料的粒径变化较大，将会导致混合料的实际级配情况发生波动，与设计级配发生偏差产生离析。应该根据所在位置选择集料的类型，在满足压碎值、磨光值和洛杉矶磨耗值等条件下，尽量选择碱性材料，能提高集料的粘附性，增强集料自身与沥青的黏结力，能够降低沥青混合料在施工过程中的离析。

为保证所用集料的均匀性，应在集料生产时进行严格控制。加工集料时应尽量统一碎石机的规格型号，统一筛网。采用三级破碎的流程是最理想的碎石加工方式，初碎颚式、中破圆锥、细破冲击破碎。当原石的尺寸小时可用二级破碎。

在集料进场以后，集料堆放方式采用不同规格分类堆放，保证材料的清洁，避免混料，集料的堆放场地必须硬化、洁净，避免雨天泥泞，并配备良好的排水设施，及时排除雨水保证材料的干燥。细集料的堆放场地应设置遮雨设施，不同规格的集料要用隔墙分隔开避免混料。

在材料进场堆料过程中，如使用输送带传料，大颗粒会滚到料堆外侧，集料易产生离析现象。集料拌和时，级配组成就会改变。

②沥青的选用应选择酸性值相对较高、粘结性强的沥青，能防止离析，这类沥青能与集料中的碱性成分形成很好的吸附，产生很强的粘结力，能起到减少离析的作用。

沥青的原油应选择性能稳定的品种，如果原油的品种或者性质发生改变，将导致沥青的性能产生变异。稳定的油源和沥青性能也能避免发生离析。

③混合料的检测

在生产沥青混合料过程中，应对混合料经常性的进行抽检，并做抽提试验，以混合料的级配、沥青含量与生产配合比的级配情况、沥青含量进行比对，检测是否有偏差，以便及时调整，减少离析的现象。

控制矿质集料的级配及油石比的波动，也是控制沥青混合料离析的一项措施，当级配和油石比波动幅度超过控制标准时应及时调整，使实际的级配和油石比始终接近标准的生产级配曲线。

（3）搅拌和运输工序的离析控制

沥青混合料在搅拌时产生离析的主要因素有：计量系统的稳定性、冷料供给系统的均匀性以及热筛分过程中的混仓等。因此控制混合料在拌和过程中的离析，可以从以下环节采取预防和控制措施：

①要求对冷料在供应时要选择均匀的供应方式，导致沥青混合料离析的其中一个原因就是集料在供应上出现不一致，所以，减少离析发生的基础是保证材料的均匀供应；另充足的拌和时间是决定沥青混合料的均匀性的重要条件。

②混合料装料时应挪动汽车进行分次装料，不应在储料仓下面固定位置装料，因为一次装料时堆积高度过高，粗集料在重力的作用下容易滚落到车厢的四周而产生离析，为减少在装料时产生的离析现象通常采用三次装车法。

③混合料在运输过程中应尽量保持匀速行驶，并减少急刹和急转以减少混合料的离析。

（六）沥青路面平整度及压实度控制

1. 路面的平整度控制

路面的平整度指现场铺筑路面的表面与设计平面的偏差程度，分为路面纵向和横向的平整程度。平整度差不仅影响路面行车的舒适度同时影响行车速度，增加汽车燃料损耗，加速车体老化，严重时还会危及行车安全，降低了社会效益。因此在施工过程中应该对路面的平整度进行控制。

（1）路面平整度要求及评价指标

《公路沥青路面施工技术规范》（JTGF40-2004）中，对公路的平整度规定：工程完工后，施工单位应以 1～3km 作为一个评定路段，每一行车道随机选取测点。首先对沥青面层进行自检，将测定结果与表中要求或允许偏差进行对比，计算出合格率；然后再将一个评定路段的平均值、标准差、极差及变异系数进行计算。施工单位在工程完工后提交检测结果及施工总结报告，向指挥部申请交工验收。

平整度标准差是专指采用连续式平整度仪测定路面纵断面剖面，然后对纵断面剖面曲线进行去平均处理，最后对去平均处理的数据计算出其标准差，最终得到平整度标准差。由于连续式平整度仪的检测是参照三米长的检测横梁，其仅能获得短波长的纵断面剖面曲线（根据耐奎斯特采样定律，波长小于 1.5 米）。因此，平整度标准差是一个只能反映短波长剖面平整度的指标。实际在正常的行驶速度下，人对路面波长的敏感范围远远长于 1.5 米（在 30 米左右）。所以，平整度标准差不能用来全面地评价路面行驶质量。

（2）影响路面平整度的因素

路面不平整可能是由多方面原因造成的，主要是受施工组织、下承层平整度、摊铺及碾压工艺等因素的影响。

①路基的施工质量及下承层的平整度

路基作为路面的基础，面层想达到理想的平整度，路基的施工质量是不容忽视的，如果路基质量不高，就算路面在完成初期平整度符合要求，时间一长，路基产生不均匀沉降，路面的平整度自然会受到很大影响。

下承层的平整度是面层平整度的影响因素中至关重要的一项，如果下承层的平整度差，就算在面层摊铺时进行找平，但压实后由于存在虚铺系数的存在会产生不平整，并且这种因素对平整度的影响程度是相当大的；规范中规定基层产生的容许误差为 10mm，而 10mm 的误差在松铺系数约为 1.3 的路面上就会产生深度为 10-（10/1.3）=2.3mm 的平整偏差。

②施工工艺及设备对平整度的影响

沥青混合料在拌和和运输过程中由于拌和不充分，产生热量散失不均衡，从而导致混合料不均匀、摊铺厚度不统一、碾压后不平整。

沥青面层施工的最主要机械设备是摊铺机，摊铺机本身的性能、参数以及运行速度等都会对路面的平整度产生影响，如机具起步和收尾以及供料系统供料速度的波动，造成铺筑面的不平整和波浪，最终碾压成型后的平整度差。

路面的碾压同时也是影响平整度的重要因素，碾压速度和温度都对路面的平整度产生重要影响。温度越高越易压实，如果碾压时沥青混合料温度低，就会在混合料的颗粒之间产生摩阻力，增加压实功率，造成压实不均。

③施工缝的处理

沥青路面在铺筑时需要处理施工缝，处理结果对路面的平整度也会造成影响，施工缝多的路面往往平整度就较差，所以需要尽量减少施工缝。

（3）控制路面平整度的措施及检测结果

沥青路面的平整度是体现道路使用功能和行车舒适性的最直接的指标，好的平整度能带来良好的经济效益和社会效益。

沥青混合料路面施工过程中可采取如下措施来提高路面的平整度：

①重视下承层的平整度，厂拌混合料摊铺机铺筑

以往基层不平靠面层找，下层不平靠上层处理的方式，来提高平整度的方法，对于高速公路来说已经不适用。必须从根本上重视这一问题，每一层的平整度控制，只有在铺筑此层时严格控制施工水平，将平整度的偏差控制在容许范围之内，从而保证路面最终的平整。

②控制混合料的最大粒径及含水量

混合料中集料的粒径越大，就越容易产生离析，粗细集料就会相互脱离，粗集料聚集的区域空隙率大不易压实，造成平整度变差。为了减少离析现象的产生，只有降低集料的最大粒径，能提高路面平整度。

混合料含水量对路面的平整度也会产生影响，含水量大，碾压非常困难，容易在碾压时出现拥推，影响路面摊铺后的平整度，含水量小，会影响结构的板体形成。

③使用摊铺机的正确方法

吉草高速摊铺采用德国进口 ABG 型摊铺机，此设备的熨平板是采用液化气加热方式，摊铺前如熨平板加热不均匀或者不足，摊铺后就会出现混合料和熨平板发生黏结，导致路面产生拉毛、坑槽等现象，影响路面的平整度。因此，在使用前应先把熨平板加热至 90℃，使用前要检查熨平板是否平直，如出现有拱起现象，应调整拉杆，让熨平板表面保持与路面横坡相同的坡度，保证路拱。

作业前对摊铺机上的自动调平装置先进行校核和调整，因为摊铺机是依靠自动找平仪来控制路面平整度的，如出现微调不当或者找平仪反应缓慢的情况，就会给新铺路面的平整度带来不良影响。

在道路摊铺时为保证路面的平整度，一定要注意运输车辆和摊铺机之间协调配合，如果未进行及时的清理洒落在摊铺机行走路线上的混合料，可能会造成摊铺机的调平系统的工作仰角就会产生变化，导致路面不平，应该设专人清扫摊铺机行进路线上洒落的混合料。此外如果没人指挥运料车倒车，易使运料车和摊铺机发生碰撞，导致摊铺机下料不匀而影响平整度，正确的做法应该是专人指挥倒车，并在摊铺机前 10~30cm 之间停止挂空挡，等待摊铺机推动自然行进。

摊铺机摊铺速度与拌和站立能的协调配合也是影响路面平整度的主要因素。如果出现供料不足、摊铺机等料的情况，不仅会因为混合料温度下降出现不平整现象，还会在摊铺机重新启动后需要运行相当长一段距离后，调平系统方能恢复正常的工作状态。吉草高速采用进口的 ABG 摊铺机，配有防爬锁，但每次启动后仍需运行 3~8m 后才能恢复，可

见摊铺机停机对路面平整度的影响程度。因此要杜绝摊铺机经常性停机,要采取连续供料、人歇机不歇、不停机加油等措施,实现路面的连续铺筑,提高路面平整度。

④正确压实工艺和合理碾压方式

碾压方式的选择是决定路面平整度好坏的重要因素,只有选择合理的碾压方式和设备组合,才能保证路面的平整度。应控制好各阶段的碾压温度,施工现场应配有专人负责摊铺后、碾压前等温度测量工作,混合料的碾压在摊铺后及时进行,只有在温度高时混合料才容易碾压,一般初压温度大于120℃,复压温度大于90℃,终压结束时温度不应低于70℃。温度偏低的混合料集料间阻力大,不易压实压平,且容易出现局部松散现象。

除了注意碾压温度外,碾压机具的选择、碾压速度的控制对路面的平整度也同样有着不可忽视的作用。沥青混合料路面碾压要想取得好的效果,应该采用的方式为组合碾压。双钢轮压路机进行初压,紧跟摊铺机碾压两遍,速度在1.5～2km/h左右;复压采用重型轮胎压路机,紧跟初压碾压四到五遍,速度在3.5～4.5km/h左右;采用双钢轮压路机进行终压,直至轮痕消失。在碾压过程中应注意不得在热铺路面上急转弯和急刹车;钢轮压路机在碾压时钢轮上方应设置喷淋装置,防止钢轮粘起混合料,从而造成路面不平;要注意压路机的停放位置,要停在完全冷却的路面上,以免未冷却的路面压出坑槽。

⑤正确处理施工缝

在连续摊铺的路段,平整度一般都比较好,而施工缝多平整度就相对较差,因而正确处理路面上的施工缝也能提高道路平整度。施工缝关键在于接头处的混合料的处理,用3米直尺进行检测端部平整度,在直尺与路面的脱离点开始垂直切缝,切除多余的沥青混合料,在接缝处铺装新的混合料后采用倾斜碾压方式并结合人工处理,使接缝达到平顺,来提高路面平整度。

2. 沥青路面的压实度控制

压实度的好坏对路面的稳定度、空隙率、抗车辙能力和抗疲劳性能都有较大的影响。沥青混凝土的压实度高时空隙率相对就小,同时抗疲劳性能也会增强,在使用的过程中由于空隙率较小,路面压缩变形小,抗疲劳性能和抗车辙能力强。反之如果压实度差,这些相关的路用性能也会受到影响。

我国修建的高速公路,在压实度指标的控制上还应避免以下问题:空隙率偏大、抗水损害能力和耐久性都较差。因此研究压实度影响因素、评价方法和提高压实度的措施有着很重大的现实意义。沥青混凝土路面的压实度是反映道路使用性能的重要指标,沥青混凝土的压实度偏小就容易产生较大的车辙。

二、沥青路面施工质量监控与促进技术

(一) 沥青路面施工质量控制

沥青路面凭借其自身的优势平整度、抗滑性、行车舒适性和噪声低在高等级公路中得到普遍应用。鉴于国内公路建设水平的不断提升,业主对工程的质量也随之升级,各种新材料、新技术、新工艺在公路方面浮现,我国公路的发展遇见新机遇和新挑战。只有一丝不苟的在施工过程中控制路面的施工质量才能有效增加路面的综合性能。只有做好了施工材料选择与配比、施工的管理和施工工艺的选取等方面的工作,才能更好地完成施工质量的监控。

1. 原材料质量控制

沥青路面的质量好与坏很大程度上取决于原材料质量的好坏。如果集料的含泥量偏大,一定程度上就会影响沥青混合料的水稳定性能、高温稳定性。鉴于目前我国高速公路正处于建设的高峰期,有些地区同时开工项目较多,原材料供应紧缺,并且在经济比较薄弱的地区,原材料加工设备很不先进,这些都是导致我国沥青路面施工中原材料质量不佳与不稳定的关键因素。综上原材料的质量监控是高速公路沥青路面施工的重点问题。

(1) 集料质量控制

公路路面工程中使用的集料主要包括粗集料、细集料及各类的填料等。一般情况下都是通过当地的个体生产商采购工程集料,对于他们来说管理和生产条件存在缺陷,所以与规范对材料的材质、加工质量及材料的规格要求存在一定的差异,进而引起混合料的偏差于配合比设计和实际级配中,当按照实际配比组织并实施施工,就会频频出现沥青路面早期损坏的现象。确保路面使用质量的关键环节之一就是原材料进口关的从严控制与管理。

①集料品质

衡量集料的质量的技术指标有料源性指标和加工性指标,料源性指标包括洛杉矶磨耗损失、压碎值、坚固性、软石含量等;加工性指标包括含泥量、级配、针片状颗粒含量等。料源性指标数值与加工方式相关性小,与所用块石石质相关性大。因此用固定料源进行碎石的生产,其碎石的检测指标比较稳定。加工的过程和加工的质量都关系到加工性指标检测值的大小,所以在集料的控制环节,要将加工性指标作为核心进行考察。

②料堆规格控制

降低集料级配变异性,第一必须对集料的规格进行合理的选择。规格的 S1~S5 集料其拥有太宽的粒径范围且大粒径颗粒;其他规格集料彼此的适用性、组合性不佳,拥有较宽的粒径范,对控制级配不太有利。

破碎机的筛孔设置与集料生产级配变异性拥有非常紧密的联系。级配变异性要降低,就必须利用破碎机受控的筛孔来设置关键筛孔进行监控,如此就能获得级配稳定的集料。

破碎机产量要确保均衡性,这样便于维护破碎集料其级配的稳定性。在生产集料的过程中,筛板要选取材质为不易磨损、强度高的。

③成品集料的质量控制

a 承包人应对进场集料依据规范规定与设计要求的频率进行抽检,用于混合料的拌制的集料必须满足技术要求;

b 料场堆放集料的场地必须硬化,排水设施良好;

c 按规格分类储存成品集料,必须用隔墙高≥1.5m、厚度≥15cm,可用砖、片石砌筑将各档集料隔开,杜绝混料现象,为确保集料的质量,对成品集料要进行覆盖,对细集料必须有防尘、防雨措施如覆盖篷布。

d 派专人统一指挥成品料的装运,禁止发生漏、洒、抛的现象,避免污染其他集料及料场。

(2)填料质量控制

沥青混合料强度形成的是由填料和沥青混合而成的胶浆。目前普遍使用的填料包括:矿质填料、消石灰粉、水泥、粉煤灰等。沥青混合料中的矿粉必须采用岩浆岩或石灰岩中的强基性、憎水性石料经过研磨成粉所得,并且要彻底清洗石料中的泥土杂质。矿粉要干燥、洁净,并自由地流出矿粉仓。有时为使沥青混合料的黏结力提高,也可掺入水泥或消石灰作为填料,但其用量应控制在矿料总量1%~3%的。另外,矿粉的加入要适量,矿粉过少吸附的沥青则减少,矿粉过多将导致沥青与矿粉团结成块状,路面出现胶泥离析的现象。

现阶段我国对填料应用于道路中的要求是粒径小于0.6mm,矿粉通常利用岩浆岩或石灰岩中的强基性憎水石料磨细而得,其技术指标主要包括含水量、塑性指数、粒度和表观相对密度等。

(3)沥青质量控制

在混合料之中沥青发挥着黏结的功能。沥青混合料骨架的稳定就是通过沥青在混合料压实时黏结胶合形成的,长寿命和优良使用质量必须给予良好的沥青性能。石油沥青等级与标号的确定应综合考虑路面类型、气候分区、施工季节和公路等级等因素论证后选用。施工过程中,沥青要在130℃~170℃之间进行储藏并且不能储存太长时间。要选择黏度与稠度都大的沥青用于高速公路的夏季高温施工过程。为保护道路沥青的不被雨水或水蒸气侵入而导致性能破坏,应进行严格的防水保护于储存和施工过程。

①沥青供应管理

在沥青供货的过程中,为见证沥青生产、自检和装运的全过程,承包人要安排驻场人员进入沥青厂。只有沥青的所有检测指标都满足沥青路面施工技术规范和设计要求后,驻厂员才能批准本批沥青至沥青混合料的拌和站。若检测指标部分或全部不符合规范和设计要求,承包人必须拒绝接受该批沥青。

②沥青的汽车装运及运输管理

a 供应商与驻厂员一起对装车完成后的沥青运输车采取专用的封条例行封闭。沥青运至施工的沥青拌合站由供应商负责。同时,沥青运输车的相关资料信息司机姓名、发车时间、车号等必须由承包人要求供应商提供，只有各种签字确认的手续都完成，驻厂员再将其传给施工单位的项目部；

b 沥青运输车到达沥青拌合站后，对随车的运送单、运输车号、封条、司机、到货时间等各种资料信息经承包人安排的专人进行检查确认，并作相关记录，对每车沥青承包人都必须取样留作相关试验用，本项工作负责人是驻地监理工程师；

c 按交通部《公路工程质量检测评定标准》中的方法和要求，承包人会同监理工程师对每车沥青进行取样一组，由承包人对样品进行三大指标试验；监理单位每 5 车要抽检 1 次沥青进行三大指标试验；业主的中心试验室至少做 3 次工程沥青的抽检。

③监理单位与承包人的试验检测数据均满足规范和设计要求后，承包人才可以允许本批沥青原材投入路面工程的使用，相反便认定本批沥青原材不满足要求，严禁投入工程使用。若对监理单位或承包人的试验结果供应商拥有不同看法，对沥青样品要会同监理工程师报送拥有资质的检测单位进行复检，该单位出示的试验检测项目合格后，承包人便能允许本批沥青投入使用，否则承包人必须退回该批沥青。

2. 沥青混合料拌和站生产质量控制

沥青混合料的质量是沥青路面施工质量好坏的关键环节之一，如何确保沥青混合料在拌和站的生产可控，沥青混合料的级配、温度、沥青含量都符合设计和规范允许的波动范围，对沥青路面的施工质量起着至关重要的作用。

（1）沥青混合料拌和设备基本要求

①连续式拌和机和间歇式拌和机通常用于拌制热拌沥青混合料。间歇式拌和机拌制的热拌沥青混合料宜用于一级公路、高速公路。密封及除尘设备在各种拌和机均要设置来杜绝矿粉的飞散损失，并设有拌和温度的检测装置。用于连续式拌和机的集料要进行二次筛分后方可入库储备，矿料的上料比例、上料速度、沥青用量在拌和机中设有依据含水量波动而调整的设备。

②定期检验沥青混合料的拌和设备。移动式拌和设备检验周期是生产前检测后每年一次，固定式拌和设备检验周期每年一次。所有项目需定期检验的包括：

a 计量系统，沥青传感器读数最低不大于 0.5kg，感量不得小于最大称量的 0.5%，集料传感器读数最小不大于 1kg。加、卸载全量程检测要做运作和静态两种情况，其显示误差不得超出标称量度 1%；

b 温度计，在油浴中加热到 100℃、150℃、200℃分别同标准温度计进行比较，对实际温度的差和显示温度的时间进行记录，并与标准温度之差小于 5℃；

c 沥青加入量，利用容量已知的容器进行检查，对设定时间的一次喷出量与实际接收量做对比，进行连续检查的量宜大于 1000kg，误差低于 1%。

③要求间歇式拌和机符合以下条件：

a 公称拌和能力满足施工进度要求，拌和容量达到摊铺及施工进度的需要，满足环保需要；

  b 拥有满足集料种类加入要求的冷料仓数，一般个 5~6 个；

  c 对集料供料速度与皮带运输机的速率、振动电动机频率及冷料仓开启大小等拌和机的冷料供料装置关系进行标定，获得集料的供料曲线；

  d 振动筛设置要满足二次筛分后符合沥青混合料拌和规格的要求，筛孔尺寸匹配混合料类型，依据振动筛孔与标准筛孔线性关系进行选取，不一样的级配应设置不一样组合的筛孔，最大筛孔略大于混合料的公称最大粒径，小于混合料最大粒径，且筛网应完好无损，根据材料的可筛分性、振动能力等经试验获得振动筛安装倾角；

  e 标定各种用于称重的计量传感器，校验自动记录打印设备，确保沥青、矿粉、各热料仓的称量数据及总量检测数据无误，温度系统显示正常，若发现可疑现象要随时标定和校验；

  f 合适的沥青储存罐容积和个数，符合沥青加入温度要求的加热炉功率。成品改性沥青要能保证拌和的正常进行；

  g 拌和楼沥青储存罐容积合适，严格标定伴温度变化不同稠度的沥青结合料速率，每次喷入沥青进行拌合的时间精准；

  h 良好的拌和锅密封，不会发生细粉散漏。完好的拌和机除尘设备，除尘效果满足环保需要；

  i 拥有生产所需的其他相关附加设备，像外掺剂添加设备等。

  ④间歇式拌和机应用于一级公路和高速公路必须配有打印装置，并要进行一个标定校验，保证获得准确的数据。在拌和前先按要求配合比和施工温度设定各料仓的相关参数，逐盘打印生产过程实际的拌和参数，如拌和温度、沥青混合料数量、沥青及各料仓的原材的用量等，并与提前设定的数据对比分析正常与否。当每个台班结束打印本台班的相关技术参数，利用动态控制对生产质量和铺筑厚度进行检验。如有问题必须立即停止生产还要分析原因。

  ⑤通过导热油对沥青进行加热，加热温度应调节到使出厂的沥青混合料温度负荷施工要求，同时改性沥青结合料加热温度不允许超出 185℃，沥青结合料加热温度宜低于 175℃。

  ⑥依据要求对拌和机的矿粉仓装配振动设备，避免矿粉仓的起拱，方便矿粉自由喷入。水泥、消石灰等外掺剂要添加时，需要增设粉料仓，或通过螺旋升送器与专用的管线送入拌锅，还可提前将矿粉与外掺剂依比例拌和均匀后用设备送入，但要留意两者相对密度有所差异，杜绝离析现象发生在添加过程中。

  ⑦二级除尘装置的配备，回收的粉尘，经一级除尘后较粗部分直接进入料仓，但细粉要另设粉尘回收坑进行回收。严格控制高速公路回收粉尘的利用。

  （2）热料仓筛网控制

  热料二次筛分的振动筛筛孔选择对间歇式拌和机来说十分关键，集料的级配受筛孔选择的影响突出，必须依据矿料级配进行设置。基本原则是混合料最大粒径与最大筛孔设置匹配；再者筛孔要与混合料控制点的孔径匹配，如2.36mm、4.75mm、13.2mm。并且为避免溢料和等料的现象，要依据热料仓体积比例和级配曲线合理分配热料仓用量。通过材料的可筛分性、振动能力等利用试验获得筛子的安装角。

（3）沥青混合料拌和控制

①开机前的准备

在开机前，操作人员要查验沥青加热温度是否达标、矿粉备足与否，巡查各规格石料的堆放情况，清除红外线测温计表面的灰，进行拌和机的安全检查和保养清查。完成全部的巡查后，就可以启动设备。

一般拌和机一般的启动流程：

将全部电源主开关打开，将计算机打开，将空压机打开，对小车门、料仓门、成品仓门和拌缸门检查启闭是否到位。将引风机的风门关闭，然后对引风机进行启动。等引风机运作正常，再依次打开拌缸、振动筛、热料提升机、粉料提升机、回收螺旋输送器、干燥筒。

②冷料初控级配控制

在电脑配比输入表中录入生产产品的规格，实验室传达的生产级配比例。鉴于开机时拌缸温度低，各部位还要磨合，拌和阻力相对比较大，在设定拌和吨位与时间时，开始的拌和吨位要在50%~60%额定的吨位内。

③点火操作和骨料的温度控制

确保成品料质量的关键环节就是沥青混合料生产时骨料的温度控制。不同的拌和机型号，干燥筒内就有不同的燃烧器类型、抄料板的形式和烟道测温热电偶，且每种型号的机器加热骨料的方式也不相同。一些在刚开始点火时不适合立刻进料，一些则在点火时火还未燃烧就必须进料。

进料之后的操作确是大致相似。若骨料有明显的温度上升，以温差控制<5%最佳。当第一次生产，骨料经提升机提升、振动筛筛分、热料计量等步骤，已经加热的骨料其热量将散失一部分，因此骨料温度应提升高出所需温度10K~20K，保证热骨料第一次拌和时符合合格成品料生产要求的温度。第1锅成品料出料后，干燥滚筒中热骨料的温度通过控制燃烧器油门降至175℃左右，并依此温度控制正常工作。考虑温度传感器显示的滞后性，温度控制时就要开始调节燃烧器油门来处理骨料温度有上升或下降的趋势，保证实际的骨料温度在限值以内，若调节在骨料温度有明显变化后进行，将造成剧烈的骨料温度变化，进而影响拌和质量。

影响骨料加热及产量的因素还包括天气、骨料含水量等。天气干燥，产量能相应增加；天气潮湿或雨后，产量要适当降低。若近期天气变化情况不大，可以前一天正常生产时骨料温度为依据，如果天气与前一次生产时变化较大，就要适当调整骨料的温度。石料的加热温度在高温季节的晴天白天生产时比平时可减小15K左右。

④拌制过程中的控制

拌和过程中操作人员要时刻留意成品料温度和骨料、沥青的加热温度，做好全程的监控，进行相应的抽查和记录。级配应依据实际的生产情况进行适当调整，可在实验室级配的基础上对沥青用量减少或增加2kg，骨料的调节幅度是±5%。调整后的方案应及时去实验室备案。

若发现骨料温度超出规定温度限值较大，必须放掉超温骨料。若继续生产将造成沥青混合料的质量问题。

出现溢料的现象时应立即调整进料的规格和速度，溢出的石料应在固定地方进行堆放待温度降低可继续投产，杜绝直接回料斗使用，不然会导致骨料温度突然上升失去控制。若溢出的材料是过大集料，要另行储存。

禁止积攒混合料过多再放料，适时的观察对级配的微调和质量的控制十分有利。若无产品或运输车辆压仓，就迫切需要关注原材料的变化和温度控制，频繁检查成品料的质量异常与否。运输车辆必须保证车厢干净且设置保温油布，不达标车辆严禁放料。

⑤计量控制

计量的时机十分关键，当热骨料进入热料仓后就能开始计量。计量太早，计量时间短于热骨料由干燥滚筒进入热料仓的时间，出现"等料"问题，造成不能连续生产，产量受到影响；计量过迟，冷骨料的供给量的变化超前热料仓中骨料量的变化，易造成"溢料"问题。开始拌和应手动操作，万一发生问题便于调整。只有热料仓中的骨料和骨料温度符合连续生产时可采用自动系统。

（4）拌和站的动态控制及管理

①不同拌合楼要加强调试生产配合比

生产时若采用2台以上拌和楼，特别是不同型号的拌和设备其不可能有完全一致的生产配合比，对生产配合必要加强调试，确保生产出均匀一致的混合料，避免因混合料级配的区别导致产生不均匀的内部应力出现形变过量。

②级配曲线控制的设定

各拌和楼生产配合比的确定都是单独进行，无法将各拌和楼完全调出相同的抽提筛分数据。所以，级配曲线的控制由各拌和楼单独制定，随时关注热料的变化，及时微调，保证获得均匀的沥青混合料。沥青混合料质量的检验和控制就是靠已有允许波动的各筛孔通过量范围和生产配比，对施工级配控制范围进行制定。

③拌合站日常控制与管理

施工前全面维护和检查拌和站，将性能调试至良好。施工期内要经常保养，对易破损构件定时或定量进行更换。初期生产，每天必须完成混合料抽提与筛分及马歇尔试验2次、热料仓筛分1次，对标准级配与生产级配的变化进行分析。生产正常后每3天对热料做1次筛分并分析变化。若单锅生产配比变异较大，利用电脑依据最近热料仓筛分结果和实际配比合成级配曲线并与设计的生产配比曲线对比，分析能否符合级配要求，找到真正的原因。影响路面施工的主要因素之一就是混合料的拌和温度，压实度的良好需要合适的混合料温度。混合料级配呈"S"形的结构属于嵌挤型，含较多的粗集料，压实起来相对困难，就要求混合料碾压温度较高。还要防止另一种趋向的发生，拌和温度过高，将造成沥青老化的加速，很大程度上影响了混合料的压实性能和使用性能。拌和温度宜采用粘温曲线确定，混合料的出厂温度在拌和站要控制好，必须达到规范的要求。

④拌合楼动态管理

如何实时监控成品混合料的关键指标，使沥青混合料的生产质量在控制范围内就是实行拌和楼动态控制的目标。利用控制图，依据统计过程图检验过程受控与否就是其控制方法。控制图拥有直观的警告机制，如果在生产过程中出现问题时，技术人员方便分析原因，实时通过相关措施对系统误差进行消除。

3.沥青混合料运输、摊铺和碾压的施工质量控制

（1）路面机群施工合理配置

沥青路面施工用到的核心设备：摊铺机、装载机、搅拌机组沥青储存、熔化和加热装置、拌和楼、沥青喷洒机、转运车、压路机、运输车辆等。

高等级沥青路面在机械化基础上进行着每一道工序的施工，施工机械的最优组配是机械化施工的核心。随着机械设备种类和数量在施工企业的拥有量越来越多，相异的工程，与之匹配的施工机群机械设备合理的配置相当关键。施工机群机械设备合理配置，是提升机械化施工水平和工作效率基础，是沥青路面施工质量和工期的保证。

①机械设备的基本条件

a 沥青砼搅拌机械备

首先沥青路面热拌沥青混合料拌制质量要符合高等级公路的要求，再有就是搅拌机械的生产能力能否达到计划工期和完成工程量要求，并且间歇式沥青混合料搅拌机械要达到国家环保的相关强制规定。

b 运输车辆

宜使用自卸运输车的单车载重大于15t，自卸车要采用带封闭料斗的自行式装卸设备来确保严格的温度控制且方便混合料的运卸，运输能力不低于以上的摊铺机能力。

c 摊铺机械

各种摊铺机摊铺热拌沥青混合料质量能达到高等级公路沥青路面的要求。

d 碾压机械

各种碾压机碾压质量符合高等级沥青路面的标准要求。

e 辅助机械

各种辅助设备达到沥青路面施工质量和进度的需要。

②合理配置机械设备的原则

施工机械化要科学，就必须合理化施工作业系统机械的组配，就是让作业机械合理的

匹配。合理组织机械化施工系统的机械设备，其原则一般有：

a 主导机械是施工机群的基准，以保证主导机械效率充分发挥为选配准则来选取其他配套机械，全部环节的生产能力在理想状态下都应一致；

b 前导设备的生产能力要小于后续设备；

c 配套设备的种类要尽量少。在满足工序需要时，尽量减小组配设备的组合，不然会降低总效率；

d 尽可能在机群系统中采用一类型的设备。

③沥青路面机械化施工机群的配置

a 初始配置固定生产要素

沥青混合料各种压实机、摊铺机和搅拌机械就是施工机群中的固定生产要素。机械的性能与数量一经确定，就不再允许做任何的变动。

b 初始配置可变生产要素

运料车是主要的可变生产要素，选定拌和站场址后，运距的变化伴随工程的推进而进行。静态配置施工机群，最小和最大运料车数量2极值是特定路面工程必须考虑的，据此控制动态规模范围。利用沥青混合料运料车的最小和最大运距确定2极值，表现为各自完成一次工作循环所需时间的不同一次工作循环指装料、运料、卸料和空返的全过程。

（2）沥青混合料的运输、摊铺和碾压工艺控制

①沥青混合料运输

为减小摊铺机前段时间经常的换车卸料要选用大型自卸汽车其载重不小于15t并有较大的离去角进行沥青混合料的运输。依据使摊铺速度和拌和能力充裕摊铺机前始终拥有待卸车2~3辆来确定运输自卸车的数量。

清扫干净运输车辆的车厢，并为杜绝车厢板与沥青混合料的黏结现象，必须将柴油水混合液按照1:3的比例涂于车厢底部和侧板。为降低混合料离析现象的发生，当混合料通过拌和机装入运料车时，每卸料一斗就必须移动一次车位。试验人员在装车过程中必须对出料做温度及外观检测，混合料出站时必须具备发料单并注明生产时间、准确重量等。

当摊铺现场距拌和站较远，必须对沥青混合料覆盖篷布确保温度不会损失。施工现场要凭料单收料，对混合料质量必须再次进行检查，检测项目包括温度是否在容许范围内、混合料有无结团、颜色均匀一致与否、离析现象是否严重，若发现一项指标存在不符问题必须废弃。

②沥青混合料的摊铺

摊铺前需先将准备好沥青路面下承层，利用空压机与人工配合清扫下承层的方法最佳。复测下承层相关的技术指标，在规范允许范围内控制平整度的代表值，超出后必须立即进行补救措施，用铣削机对凸出基层进行铣刨处理，挖坑回填凹陷基层。为使各结构层结合紧密并组成整体来承受行车荷载必须做透粘层的洒布，但避免泛油其洒布量不宜过多。

a 调整与选择摊铺机结构和运行参数

（a）调整熨平板的宽度

路面宽度往往是决定熨平板宽度因素。为节省机械和人工，获得平整度好、表面均匀一致、无纵向施工缝的铺筑成型路面，宜采用全路幅一次摊铺，但这样易引起压实度不足和离析。摊铺现在常采用分路幅多次摊铺，作业时摊铺机要呈梯队施工，同时有两台摊铺机施工，控制前后距离宜在20cm～40cm，两幅同时碾压成型。摊铺机的熨平板组合宽度最好与路缘石两侧间距10cm～15cm，杜绝摊铺前进时方向偏摆与路缘石发生碰撞，人工紧跟摊铺机及时补填所留空间并压拍。

（b）调整熨平板的拱度

调整熨平板的宽度后，就要调整拱度。其目的是为了使成型后的路面拱度与设计的路面拱度相同。试铺检验在所有的调整完成后进行，确有需要可以继续进行调整。

路面摊铺采用单幅一次进行，就是直线型路拱，鉴于熨平板自重大路幅较宽，必须严格控制熨平板的底部，校核要在整个摊铺过程中随时进行。摊铺机未碾压前在两侧的基准线上放置测绳，测绳与线路垂直且紧拉，测量已摊铺路面与测绳间距离，如果各测点有相同的距离，说明为直线路拱没错；相反，若确实存在偏差就必须进行相关的调整。在摊铺过程中始终保持在140℃左右的熨平板温度，鉴于结构的热胀机理，4mm～6mm向上的反拱会自动产生在熨平板两端，所以应根据调整时的温度对熨平板拱度增加5mm左右。

（c）调整熨平板工作仰角与确定摊铺厚度

摊铺厚度作为必须遵守的控制关键指标之一，也是项目竣工验收评定的关键指标，经济效益和工程质量受它的影响十分严重。首先准备三块宽5cm～10cm，长度约为熨平板长度、厚度为计算的松浦厚度的坚固垫木在摊铺开始前。松铺系数与设计厚度的乘积来计算松铺厚度，振动梁及熨平板振夯的频率和振幅、混合料的类型对松铺系数的大小有影响，通常以试验段的试铺或经验进行确定。

摊铺机熨平板受力平衡通过工作仰角的改变而改变，从而满足铺层厚度调整的目标。施工温度、混合料的材料和厚度对工作仰角进行确定，检验以决定后的实际摊铺的厚度在8m以外范围内作多点检查，对比要求厚度与检测的平均值，不一致就必须进行再次的调整和检验，一致则认定为合格。

摊铺平整度的保证，要利用纵坡基准来精确地控制厚度，工作角的瞬时变化要凭借灵敏度非常好的自动调平装置来控制。工程实际施工时，松铺厚度的进一步调整是工序工程师基于沥青混合料实际消耗量计算实际摊铺面积与按设计厚度应摊铺面积的差距而分析确定的。

（d）调整熨平板前缘与布料螺旋之间的距离

不同的摊铺材料和工作条件可对布料螺旋与熨平板前缘之间的距离进行调整。太小的距离，易引起供料不足，熨平板下大粒径骨料容易进入，造成基层损坏发生离析；太大的距离，熨平板前很可能堆积死料，待温度降低形成块团状落进摊铺层造成不均匀的密实度，且压实比较困难。调整此距离，熨平板前沿易发生堆料高度的变化，导致摊铺质量受到影响。所以本操作是在所有需要调整的步骤都已经完成才得以进行的。

（e）调整螺旋布料器高度

调节螺旋布料器的高度以适应设计路面厚度。料位太低会产生阻力太大引起供料不足现象；料位太高引起供料太慢，两端料源不足。分料器配设低中高三个级别：低位比中位低适用铺层厚小于8cm的路面、中位螺旋布料器的中心线距离底面36.5cm适于铺层厚4cm～15cm的路面、高位比中位高适于铺层厚大于15cm的路面，通常宜使布料器下缘高出松铺层10cm～20cm。

（f）调整振动和振捣系统

铺层的平整度和压实度直接受震动和振捣系统的影响，要使密实度在不同气温、矿料粒径和层厚条件下满足相关标准的要求，频率及振幅的合理选取是关键。要有利于最终的平整度，就要使压路机碾压时的推移程度降低，也只有摊铺的压实度越高才能降低推移。然而压实度过大也会引起细集料上浮、集料压碎和泛油的情况。

（g）摊铺机的作业速度

气候特点、压路机生产能力、工期要求、混合料的类型、质量要求、摊铺层次和拌和机生产能力是选择摊铺机作业速度应考虑的主要因素。

摊铺机的作业速度考虑到要保证作业段长度大于25m便于压路机错轮及要在80℃之前完成两个要求宜大于1.5m/min。摊铺作业速度小于4m/min为宜，因为作业速度过快，就可能产生摊铺层混合料不均匀、预夯实效果降低和表面产生较多裂口、拉沟的质量缺陷。

摊铺的平整度受摊铺机速度不变改变振捣频率或振捣频率不变改变速度。所以摊铺机作业速度以"恒定连续工作原则"在合适的速度限制内进行选择，确保摊铺机连续匀速地在整个工作时间内进行摊铺，其作业速度依据混合料供给能力选择就是"恒定连续工作原则"。

b 选择与设置摊铺高程基准

（a）选择摊铺基准

一般通过调平滑靴基准分幅摊铺时沿着相邻路面滑动的、移动平衡梁法和钢绳弦线法进行摊铺高程基准的确定。视下基层情况对基准作以选取。

通过地球为参考物的绝对基准就是钢绳弦线基准，对基层的横坡和标高能够做修正和调整，然而对打桩误差、测量误差等人为误差无法排除。因此应用该方法时要严格测量、细心保护，坚决遵守支柱间距、张拉力和张拉长度等各方面的要求。若摊铺机两侧地带不宜平衡梁拖移滑行或基层平整度不佳，就要以钢丝绳作基准。

浮动平衡梁基准能均化、分解或部分消化下层波动起伏主要凭借同步随摊铺机在下层面上滚动或滑动。不同于钢丝绳法，如果下层有良好的平整度且已纠正误差或标高误差不大，浮动平衡梁适宜选择，带"脚"的最佳，可对起伏程度进一步减小，进而使平整度提高。所以浮动平衡梁基准适于平整度较佳的单层沥青路面及多层铺筑的上面层和中面层。

（b）设置钢绳弦线基准

比较简单的就是设置平衡梁基准的方法，只需使用过程细心呵护，使用前对设备完成调试，技术人员量测钢绳基准的任务量很大程度上降低，必须按程序操作严格的设置钢绳基准。

单个施工作业面需要钢绳双侧长 600m 以上，以 200m 长度的单个张拉段为佳，其一般要 800N～1000N 张紧力。主杆要有 50cm～70cm 的长度，大于 30cm～40cm 的入土深度，在土中牢固地垂直埋设。可上下移动的一个钢环套于主杆上，钢环的固定通过位于一侧的螺栓。通过测量确定钢绳的标高，要求达到不大于 2mm 误差。尽可能将钢绳临近铺层边缘，但一般宜小于 20cm，如果确实要设置在较大距离处应将由于横坡而导致计算钢环标高时引起该距离的高程差考虑在内。一般两根立杆有 5m～10m 的间距。基准线的敷设方法是将其一段进行固定，通过弹簧秤将另一端与张紧器连接。敷设基准线工作完成后，必须派专人进行监管，随时进行检查和维护，尤其是要认真仔细检查摊铺机前的几根立杆。除此之外，各立杆上要有明显的标记以防止碰撞发生在施工过程中。

c 摊铺质量提高的措施

繁多的因素都对摊铺质量产生着影响，就从摊铺作业的工序考虑去除摊铺机的运行参数和结构因素影响，还应考虑其他因素的影响：

（a）加热熨平板

摊铺机上装备有两罐容量大于 33 公斤的丙烷加热气，通到软管输送至熨平板的喷嘴完成预热熨平板的工作。熨平板的预热必须于每天开工前。意义在于对混合料与熨平板之间的温差进行消除或降低，防止熨平板底面因混合料过冷而黏结，使引起裂纹或拉沟产生于摊铺层。一般需要 15min～30min 的预热时间，若是较低的外界温度则选择时间相对较长，然而温度不能过高、热过程不能太快，防止加速熨平板的磨损和本身的变形。

（b）正确使用调节铺层厚度的手柄

用于手动调整或微调的调节手柄附带于摊铺机的自动找平系统中。鉴于浮式熨平板原本拥有的自动调平功能，调整厚度后，施工中一般在确有凹凸或摊铺起步时做调整，其余时间不再过于调整。需要调节浮式熨平板仰角时，调整按摊铺机每前进 1m 转动 1/4 圈进行，如此经调整多次后就可拥有相对平整的铺层。这样的调整每进行一次后，当摊铺通过凸凹位置后，谨记依据本方法调回原设置，对铺层厚度进行确保。一般摊铺机都有详细的关于调节量与转动量关系的解释。

（c）正确进行受料斗翼板操作

凭借液压缸的顶升对受料斗翼板进行顶升翻转动作。斗的两侧在卸料过程中容易形成粗粒集中现象，粗料较多部分的输送迟于有较多细料的中部，本处铺层由于含有较多的粗粒料表现为"倒 V 形"的质量缺陷。固以料斗内混合料不外溢为准则，当料车离开料斗后，适时地对料斗翼板进行缓慢翻转。粗料较多的情况易发生在料斗内的存料较少时，所以当还看不到刮板输送器，且料斗内尚有一定混合料尚存量时，下辆料车就必须安排卸料。

（d）启动摊铺机及其各功能的操作

必须按照一定的方式对摊铺机及各功能的启动进行操作。摊铺起步段落及接缝质量好坏与严格执行启动程序关系重大，特别是温度较低的情形。详细如下：

施工中，先预热摊铺机的液压系和传送系统，凭借 2 ~ 5min 主柴油机空转；将混合料传送系统开关置于手动挡位，便对螺旋分配器开始送料，当达到螺旋叶片直径的 2/3 高度，且被物料都填充时，方可调物料传送系统为自动挡位；接着启动主机的行驶驱动机构，在开始启动到转速提高的初期，鉴于各液压传动机构的运行速度为满足要求，摊铺作业不宜于启动开始就进行；待摊铺机各液压传动机构运行速度满足要求，扳动震动器的控制板扭和夯锤的控制板钮开关至自动挡位；前推前进操纵杆，摊铺作业开始；当摊铺机采用自动找平系统，整机前进一个熨平板尺寸的距离时，置熨平板于"浮动"档位，利用锁定机构进行固定，旋转自动操平板扭开关到电子检测档位。

（e）运输车与摊铺施工的配合

尽量考虑采用车辆性能良好、车况较佳、载重 15t 以上的自卸汽车运料，杜绝利用有问题车辆，防止车辆故障导致混合料温度降低而废弃。摊铺机前停有 2 ~ 3 辆料车时开始摊铺，确保连续恒定摊铺。

正确的摊铺机与运料车对接形式指运料车倒至后车轮与摊铺机推辊间距 30cm 左右处刹车并立即换成空挡，利用刹车静待摊铺机靠近并平顺的顶推料车进行施工，严格避免料两者发生碰撞，引起熨平板条痕产生于摊铺面层上。还有当摊铺机顶推料车时，禁止采取强力或紧急制动，有需要时将手制动器轻拉，以料车不会滑离摊铺机作为标准。料车要均匀平稳的卸料，严禁使料斗的混合料内被车厢部插入，混合料散落于下承层上的现象杜绝发生，料车离开摊铺机时不能发生混合料散落下承层，方便下一料车及时到位。

整个上述过程，必须有专人位于摊铺机料斗前沿料车驾驶员一侧对料车的倒车、停车、起斗和离开整个操作过程进行指挥。

摊铺机熨平板两侧有 10cm ~ 20cm 距离至路缘石，需要人工完成并进行整平两侧的分料工作。还有人工要对已铺筑面层出现的局部离析或个别大料铲除重新补料。通过人工清扫摊铺机前运料车撒落在底层上的污物或混合料，为避免摊铺机自动调平装置进行误调操作导致平整度不佳，尤其对摊铺机履带板行走的底层部位及移动平衡梁的位置必须进行彻底清扫。

d 解决沥青混合料摊铺中异常情况的措施

（a）出现在摊铺层表面的问题

因为熨平板带动个别超粒径颗粒在摊铺层的表面形成小洞或长短不一的小沟，需人工用适量细填料对此类缺陷及时补填压实。出现此类缺陷是由于用于热料二次筛分的筛孔最大尺寸较大，或者是该筛网有变形或者破损。

（b）压碎摊铺层局部粗骨料的异常现象

由于下层的平整度不佳，且下承层高程大于容许误差，引起摊铺机后面局部出现混合料中较大粒径碎石被压碎。必须铲除压碎混合料，人工利用合格料进行补填及整平。

（c）粗细颗粒离析明显

产生片状离析的原因较多：运输车辆装料时，下料高度太大且堆料过高；沥青混合料中矿料粒径太大；摊铺机受料斗侧板合起较晚都是引起片状离析产生的隐患。摊铺机的螺旋分料器的固定料以及熨平板与螺旋分料器安装存在问题或不协调都是带状离析现象产生的前提。总而言之，一边人工对离析进行挖除并补填，一边要从根源上查找原因并解决。

（3）沥青路面压实

混合料的配合比设计与压实是沥青路面拥有良好耐久性能的两个十分重要的工序。不能充分对最优配比的混合料进行压实，会导致路面使用性能大大降低。沥青混合料孔隙的减少主要依靠压实来达到，压实是在一种黏弹性介质中此过程将固体颗粒定位及填实，获得颗粒排列方式更加密实和有效。

①影响路面压实的因素

a 材料性能

（a）集料性能的影响

颗粒棱角、表面构造、吸水率和形状这些粗、细集料的性质对获得良好的压实度相当关键。沥青混合料的压实度也直接受粗集料比例、最大集料尺寸、矿粉用量砂用量等影响。

其他指标相同，单一级配的混合料或间断级配混合料比连续级配的混合料较难压实，为得到合适的孔隙率必须增大对沥青混合料中粗集料所占比例较大的压实力。另外细级配或多砂沥青混凝土可塑性较强，其密实度很难达到，而且多砂的沥青砼处压实作用趋向拥挤很难碾压到位。

（b）沥青性能影响

沥青混合料劲度受沥青黏度的影响，且和混合料的可压性有一定关联。对沥青混合料进行压实时，黏度小易错位滑移，黏度大却会产生反移动的阻力。混合料较热时，沥青相当于润滑剂用以抵抗集料颗粒之间的摩擦阻力；沥青混合料冷却后，沥青以结合料的形式使集料颗粒结合。

正常来讲，135℃的沥青其拥有越高的黏度，就有更加强大的牵制力减小混合料空隙率，所以对高黏度沥青进行选取时，提高沥青路面的压实能力的有效方法就是有较高压实温度。

（c）混合料性能影响

沥青路面压实很大程度上受到沥青混合料性能的影响，并且比沥青或单纯集料的作用更加显著。

沥青用量较低时，混合料会产生粗糙、干涩的情况，很难进行压实；沥青用量偏大，在压路机的作用下混合料会不稳定且开裂；混合料沥青用量小于最佳时，为减少空隙率获得良好的效果必须提高压实效率，相反将无法杜绝在压实时混合料极端变形的发生。

b 温度影响

沥青混合料压实度和温度的联系相当密切，一般低温状态的混合料压实工作难于高温状态的同类物质，硬混合料的压实必须比较软混合料压实温度高的情况下进行。

应杜绝温度过高或过低时进行初压，越好的压实度需要愈高的碾压温度获得，但终压温度不应太高，根源在于此时混合料还会发生推移和轨迹的现象，若要消除此现象就必须继续碾压。

c 设计及施工影响

正常来说越厚的面层其混合料降温的速度就越慢，有效的压实时间就越长，而越薄的面层，由于热量散失太快有效的压实时间就很大程度上降低了。面层能否满足密实度的均匀性和面层厚度的均匀性有十分重要的联系。

对于集料的最大粒径和铺筑面层的厚度，两者之间的联系对获得良好的压实度举足轻重，考虑平整度和密度的要求，一般集料最大粒径不宜超出面层厚度的一半。

②压实设备选型、组合及其运行参数的确定

有效压实时间是指沥青混合料在摊铺之后温度达到碾压温度下限的时间。依据在有效压实时间内保证摊铺后的沥青混合料能压实成型确定压实设备的选择及组合。

静力光轮压路机适用于沥青混凝土路面的初压和终压，单位直线静压力在 4000kPa～12000kPa 之间，静压力的产生主要凭借加配重或自重作用于路面。轮胎压路机一般工作重量为 5t～25t，拥有光面橡胶轮子 5～11 个。施工中应用的胶轮压路机轮胎压力在 500MPa～620MPa 之间，重 9t～16t 的前 5 轮后 6 轮。

施工中常采用自重 7t～18t、激振力 15t～30t 的振动压路机，其依靠钢轮的振动和自重一起产生压实能力。

③沥青混凝土路面压实技术与工艺

合理的碾压工艺在工程开始时难以获得，最终碾压流程的确定要经过试验段的铺筑来进行确定。

碾压过程分为三个步骤，分别是初压、复压与终压。初压是对混合料进行稳定和整平，为复压创造良好基础；复压是使混合料稳定、密实、成型；终压是消除轨迹获得压实平整表面。

驱动轮在碾压时朝向摊铺机。杜绝混合料因为碾压方向及路线突然变动产生推移，必须降速缓慢进行压路机的起动和停止。通过调整压路机碾压方向为斜向弧线形来降低或清除局部拥包，但要平顺缓和进行调整，不然会有新拥包产生。

从外向内碾压时压路机必须遵守的碾压原则。完成第一次碾压工作，原路返回进行第二遍碾压，错轮动作在碾压作业段的后端完成，才可以进行下一个碾压带的碾压，应重叠 15 厘米左右的相邻碾压带。

碾压时应关注的情况：

a 为防止漏压情况产生，最好插旗对碾压作业段起讫点进行标记；

b 为确保平整度以及防止混合料温度下降，碾压时下一碾压带必须比前一碾压带靠近摊铺机一点，使在同一横断面不发生折回，并以阶梯形随摊铺机施工；

c 碾压时杜绝对碾压轮喷洒柴油，而应喷洒少量的水或加洗衣粉防止有混合料被带起或粘轮。轮胎压路机必须连续在热的混合料上碾压来确保碾压轮的温度；

d 可通过采用环形物围住轮胎防止低温施工时冷空气侵入；

e 沥青面层表面的压实质量受振频影响。压路机的振频的选择在确定碾压速度和压实厚度之后。最低振频的要求依据压实层厚度比冲击间距要大一些以防止；

f 短的波纹产生在表面进行确定。良好的压实效果其碾压振频必须在 33Hz ~ 50Hz；

g 沥青面层的压实深度受振幅影响。当碾压层较厚时，在最低振频的满足的条件下，为获得良好的压实度振幅选择可较高；而碾压层较薄时，做好采用低振幅高振频。通常压路机振幅在一般沥青路面适合在 0.4mm ~ 0.8mm 选取。

第七节　水泥混凝土路面施工与管理

一、水泥混凝土路面病害分析

水泥混凝路面建成通车后，在受到车辆荷载和自然环境的持续作用下，水泥混凝土路面会出现开裂、断板等一系列病害现象，这不仅影响路面的外观，而且会使路面的刚度和完整性受到破坏，从而降低道路的服务能力，影响行车安全。因此必须对水泥混凝土路面病害进行分析，以研究修复处理方法。本节根据水泥混凝土路面的病害形成原因以及表现形式对其进行分类介绍。

（一）水泥混凝土面层断裂类病害

水泥砼路面面层出现断裂是很常见的现象，面层断裂影响路面的外观并降低使用年限，并给行车安全带来很大的隐患。面层断裂应该及时予以处理，若修补不及时，裂缝会急剧扩展，破坏加大，因此，平时应予以重视，加强养护。面层断裂类病害按照裂缝表现形式和断板程度分为纵向裂缝、横向裂缝或斜向裂缝、交角隅断裂、叉裂缝和断裂板 4 种类型。根据面层的断裂情况，可将其分为轻微、中等、严重三个等级。下面，对面层断裂的分类和产生原因做详细介绍：

1. 面层断裂病害分类

（1）纵向裂缝是指开裂方向与行车道中心线方向大体一致的裂缝；横向或者斜向裂缝是指开裂方向与行车道中心线垂直或者斜交的裂缝；角隅断裂是指裂缝与纵横接缝相交，且交点与板角顶点的距离小于 1.8m 的裂缝。

（2）交叉裂缝和断裂板是指有多条裂缝产生，且砼板块一般被断裂成3块以上。

2. 面层断裂类病害起因

（1）纵向裂缝产生主要是由于路基发生不均匀沉降或者板底脱空不均匀支撑造成的，一般出现在：半填半挖、填挖交界、软土地基及高填方路段；当雨水渗入路堤下部，边部土层承载力下降，路堤不均匀沉降，从而产生纵向裂缝。

（2）横斜向裂缝产生的主要原因为施工后养生不及时，路面出现干缩裂缝；车辆荷载、温度应力引起的疲劳开裂，一般出现在新老路基交接处和挖填交接断面。

（3）角隅断裂产生的原因有填料缝损坏，雨水沿缝隙下渗，将砼板底部掏空，在外荷载作用下发生断裂；施工时，粗集料过少，骨料离析分层，路面强度不够，在车辆荷载作用下，该处路面板也容易产生板角断裂。

（4）交叉裂缝和断裂板两种病害的原因为混凝土路面板设计厚度不够、强度不足、土基不均匀沉降、基层强度不足、车辆超载严重。

（二）水泥混凝土面层接缝类病害

接缝类病害是水泥混凝土路面面层的第二类病害，接缝是水泥混凝土路面的薄弱部分，极容易受到损害。一般有填料老化、纵缝张开等病害现象。

1. 面层接缝类病害分类

（1）填料经过长年累月的车辆荷载以及外界环境的作用，容易出现脱落、老化现象，从而导致填缝料损坏。

（2）纵向接缝张开病害由于在传拉杆设置问题上不合理，引起纵缝两边的砼板受力及变形不协调，最终发生分离。根据缝隙宽度对其严重等级做如下划分：

①轻微—缝隙宽度为3mm～10mm；

②严重—缝隙宽度为10mm以上。

（3）板底脱空和唧泥病害，板底脱空是指板下出现空洞，在行车荷载作用下因受力不均匀，会产生唧泥病害，其分为2个轻重等级：

①轻微—在外荷载作用下（一般指车辆），有少量水或基层材料的凝结物从板混凝土板的缝隙中挤出；

②严重—在外荷载作用下，有大量基层的沉积物被挤出，车辆有明显的不舒适感。

（4）错台病害，指相邻板块有高差，按高差大小可分为3个等级：

①轻微—错台量小于5mm；

②中等—错台量5～10mm；

③严重—错台量大于10mm。

（5）接缝碎裂病害，按碎裂表现形式可分为3个等级：

①轻微—碎裂仅出现在接缝两侧8cm范围内，尚未采取临时修补措施；

②中等—接缝碎裂已演变为局部碎块松动，但不妨碍行车安全；
③严重—影响行车安全或危害轮胎。
（6）拱起，是指横缝两侧板体明显抬高，形成拱状。按照病害的轻重程度分3级：
①轻微—车辆以限速经过时仅有微小的跳动；
②中等—车辆驶过时会出现跳动，影响行车舒适感；
③严重—车辆驶过时产生急剧跳动，危害行车安全。

2. 面层接缝类病害起因

（1）接缝填缝料损坏：填料老化、行车荷载或温度变化引起填料缝损坏。
（2）纵向接缝：接缝施工不当、接缝两侧不均匀沉降。
（3）板底脱空和唧泥：基层强度不均、汽车荷载和气候变化。
（4）错台：胀缝设置不垂直、传力杆设置不当、雨水下渗基层软化。
（5）接缝碎裂：接缝的设置不合理导致在接缝两侧开裂或锯缝时而破损。
（6）拱起：拱起的产生是由于混凝土板胀缝间距设置过大，板体受热时不能自由伸长，两板相互挤压导致拱起。

（三）水泥混凝土面层表层病害类型

1. 面层表层类病害分类

（1）砼板表面磨耗和集料裸露病害，根据其破坏程度分为下列2个等级：
①轻微—磨损、露骨深度小于等于3mm；
②严重—磨损、露骨深度大于3mm。
（2）砼板表面出现网状裂纹和起皮病害，按照砼板表面起皮现象和病害的面积大小，可分为3个等级：
①轻微—砼板表面有纹裂现象，但不影响板的整体性能，且没有起皮现象；
②中等—有起皮现象，但病害面积小于等于砼板面积的10%；
③严重—板起皮现象严重，破损面积大于砼板面积的10%。
（3）集料冻融裂纹病害等级划分如下：
①轻微—裂纹出现在缝或自由边附近0.3m范围内，缝未发生碎裂；
②中等—裂纹出现在缝或自由边附近，范围大于0.3m，受影响区内缝出现轻微或中等碎裂；
③严重—裂纹涵盖范围内破碎现象严重，大量材料散落。
（4）坑洞病害没有轻重程度的划分。
（5）修补损坏病害，按修补处再次出现的损坏情况，分为3个轻重程度等级：
①轻微—细小破损，或边缘处有少量碎裂；
②中等—细小裂缝或车辙、推移，板边缘局部有破碎；

③严重—裂缝范围较广，同时出现错台等其他病害现象。

2. 面层表层类病害起因

（1）磨损和露骨：施工时振捣不足，产生离析、表面砂浆不足、车轮磨损。

（2）纹裂、网裂和起皮：底层路面压实度不够、施工不当如混凝土配比不合理、混凝土浇筑后表面没有及时覆盖。

（3）活性集料反应：混凝土中的碱与集料中的某些物质发生系列反应引起路面破坏。

（4）集料冻融裂纹：粗集料受在温度下降时，冻融开裂。

（5）坑洞：施工时混凝土中有杂物或表面受重物撞击。

（6）修补损坏：修补之后的路面再次在汽车和环境作用下损坏。

（四）水泥混凝土面层竖向位移类病害

水泥砼面层在车辆荷载作用下发生竖向变形，该类变形亦会引起砼板结构的沉陷、胀起两种病害。

1. 面层竖向位移病害分类

沉陷是指路面板块在原有基础上向下发生沉降，低于其他正常板块，造成20mm以上的相邻板高差或者大于0.5%的纵坡突变。胀起是指路面板往上鼓起，造成大于0.5%的纵坡突变。

一般地，将沉陷和胀起两种病害统一起来划分病害程度等级。

①轻微—车辆以较低速度经过时仅有微小的起伏感；

②中等—车辆经过时有明显的颠簸感；

③严重—车辆经过时急剧跳动，危害行车安全。

2. 面层竖向位移病害起因

（1）沉陷：主要原因是由于路基施工过程中压实不够或地基土质情况存在严重缺陷且没有进行相应的改良处理，在外界行驶荷载作用下产生的不均匀沉降。

（2）胀起：路基冻胀或膨胀土向上隆起。

二、水泥混凝土路面检测

（一）路面使用性能检测指标

在路面使用性能评价中，水泥混凝土路面包含路面损坏、平整度、抗滑性能三项技术内容。

1. 路面损坏检测

路面损坏，是反映路面结构在外界荷载综合作用下拥有完好状态的一个重要指标。水泥混凝土路面在使用一段时间以后，路面会出现各种病害。在路面破损之后，应立即采取措施以防止病害扩展。当路面的损坏程度达到一定等级后，必须采取相应维护措施来保证路面的结构的完整性。因此，路面结构损坏状况与路面的养护工作有着必然的因果关系，必须对路面结构损坏情况进行实时地监控。

对于路面破损状况的现场勘查一般每年进行一次，采用人工目测并辅以相关的测量设备。为评定路面现状是否符合使用要求，为制定养护政策，编写养护方案而进行的调查，为了对某些养护路段进行准确定位，在检查过程中，需对在整个路段逐块板进行仔细检查并做好记录。

2. 路面平整度检测

平整度的检测是公路养护的一个非常重要环节。平整度对行车舒适性、路面状况的好坏有很大的影响。其评价指标为行驶质量指数（RQI），一般地，人们通常希望行驶质量指数越高越好，RQI值越大，则表明平整度越好。路面平整度调查工具有断面类仪器和反应类仪器。仪器之间测定结果必须换算成国际平整度指数（IRI）才有可比性。平整度测量一般用三米直尺、激光路面平整度仪，以每车道每公里为单元逐段进行测定。在路面竣交工验收期间需对全路段平整度进行测量，路面使用后期需根据实际情况对平整度差的路段进行测定。

3. 路面抗滑能力检测

路面抗滑能力的评价指标一般采用构造深度和摩擦系数来评定。摩擦系数一般可采用制动力系数法、刹车法测试等试验方法得到。路表面构造深度一般采用铺砂法。在通车不久之后，应根据全路段内不同的实际情况，将全线划分为若干区段，选取有代表性的区段对其抗滑能力指标进行测定。在道路使用后期，也需按照一定频率对这一技术指标做跟踪测定，特别是事故多发路段应列为重点复测对象。

4. 板底脱空检测

在行车荷载作用下，板底脱空板块受力不均衡，极易造成板块断裂。因此，为了避免该类病害引起严重的经济损失和交通事故，需对砼板板底脱空提前做好监控和预防性养护措施。通常情况下，采用声筒检测手段对砼板的脱空问题进行检测，用标准重锤对检测板块进行捶击，通过分析各采集点的波速和波幅来判断砼板底的脱空情况。

三、水泥混凝土路面养护与维修技术

水泥混凝土路面是一种刚性、长寿型的路面，在使用过程中，由于荷载、环境、设计、施工等因素的影响，路面会出现各种病害，对于这些病害若不采取及时的养护维修措施，往往会造成水泥混凝土路面使用性能下降。

（一）水泥混凝土路面养护内容与质量标准

1. 水泥混凝土路面养护内容

对路面病害的发生要有预警机制，当有病害发生时，要及时采取有关措施防止病害进一步扩大化，保证路面的使用性能不受影响。水泥混凝土路面的养护内容主要有以下几点：

（1）经常巡视路面的清洁和污染状况，发现问题及时处理。行车道、硬路肩及设有中间带、爬坡车道、变速车道、紧急停车带的路面，在运行期间车辆掉落的泥土和杂物应该安排人员进行清洗；

（2）路面填料出现破损、老化现象，在清除缝内杂物之后进行修补，溢出的填缝料也应进行铲除，并要防止其他杂物再次掉入接缝内，造成混凝土路面板伸缩不正常；

（3）对路基路面排水设施，包括路肩、中央分隔带、路缘石、路肩草、桥面排水孔等要求完善有效，要进行常规性的检查和维护，避免排水不良给路面带来水损害；

（4）标志、标线要经常清扫，起标识作用的路标，应完好无缺损，并具有反射特性；

（5）对路面等结构出现的一些局部破损，不能置之不理，应该找出原因并采取有效手段进行修复，防止局部损坏扩大化。对于部分丧失服务能力的路段要予以及时地整修；路面平整度下降、抗滑能力不足时，应该铺筑加铺层，以提高平整度、抗滑；路面接缝填缝料失效的，应予以全面更换；

（6）对承载能力不足或不满足交通发展需求的路面，可提高道路设计等级或者通过加宽加厚来提高道路的承载能力和通行能力。

2. 水泥混凝土路面质量标准

水泥砼路面在使用中，受外界荷载的持续作用，路面结构的整体性逐渐降低，使用性能与服务能力也会慢慢低于设计要求，这一系列变化会给人们行车舒适以及出行安全带来重大影响，因此，应对其道路的使用质量进行及时的检查，根据水泥混凝土路面质量标准进行判定。凡不符合规定的，应立即实施相应的养护维修措施。

（二）水泥混凝土路面的日常性养护

1. 日常性养护的基本要求

日常性养护是水泥砼路面养护中最基本的一项工作，日常养护应做好预防性、经常性养护，通过不定时的现场检查，提前发现路面的病害情况，针对每种病害仔细分析其产生原因，并及时采取合理的养护手段或交通管制措施，控制病害的发展，使得路面始终保持良好的运行状态。

2. 日常性养护措施

（1）清扫保洁

保持路容路貌整洁、保证行车安全、维护路面使用功能就必须要对路面进行经常性清扫。水凝混凝土路面保洁，根据当地部门的实际情况，可采取人工或机械保洁的方式。其主要工作内容有以下几点：

①水泥混凝土路面清扫保洁最基本的原则是不能妨碍交通，而且要便于人们同行，因此要注意路面保洁的时间和频率；

②水泥混凝土路面必须定期清扫泥土和污物；与其他不同类型路面平面连接处及平交道口应勤加清扫；路面上出现的小石块等坚硬物应予以清除；中央分隔带内的杂物应定期清除；保持路容整洁。路面清扫后的垃圾应运至指定地点进行处理，不得随意倾倒；

③当道路表面被填缝料或其他有机物质污染时，为避免影响路面外观和造成意外交通事故，需马上组织人员进行清理，必要时可以用专用药剂处理后再用水冲洗；

④标志牌等道路警示标志需定期组织清洗，保证其功能性不受影响。交通安全设施被毁坏时应该及时进行处理，以免带来安全隐患。

（2）接缝保养及填缝料更换

接缝是路面的薄弱部分，容易造成水损害和跳车现象，所以必须保证接缝的完好性，保持其平顺性。

①当高速公路、一级公路的填缝料凸出砼板面3mm、其他等级公路凸出砼板面5mm，为避免影响行车舒适度，应将其铲除；

②填缝料由于热胀冷缩等因素外溢到路面的部分应及时进行清理，接缝中溢出部分的填缝料也应及时填补；

③防止杂物嵌入接缝，嵌入的杂物要及时清除，以免造成接缝的损坏。

此外，要按照一定的频率及时地对填缝料进行更换。填缝料局部脱落时可以进行灌缝填补；填缝料老化、防水性能下降或者脱落长度较大时应及时对整条填缝材料进行更换。

填缝料应用专用机械进行清缝、灌缝，填缝料的质量也需到达相关要求。

①灌缝之前应用机械进行清缝；

②填缝料灌入深度不宜过深，当有深度过大这一实际情况时，缝的底部可预先填充一些柔性材料；

③填缝料是一种受温度影响很大的材料，填缝料更换的季节一般选择在春天和秋天，或者是在干燥气温适中的天气下进行。温度较高时填缝料会膨胀所以夏天灌注时应与面板平齐，温度低时填缝料会收缩所以冬天灌注时应稍低于2mm。

（3）排水设施养护

水是造成路面损害最主要的因素，因此要做好路面的排水设施养护工作，具体措施如下：

①必须对道路的整个排水系统进行周期性的检查，当发现排水设备出现故障应立即进行维修，对于系统中容易堵塞部位应做好实时监控，一旦发生堵水状况及时疏通，道路表面的积水应及时清除，以保障排水系统的整体功能。当排水系统不能满足道路排水的需求时，要对排水系统进行改善；

②在雨水多的季节应重点检查超高路段排水设施的排水状况，检查其排水能力，发现堵塞、积水应及时排出；

③道路的各种接缝处要做好防水处理，接缝出现渗水时及时进行填缝料的更换。

（4）冬季养护

水泥混凝土路面冬季养护的主要内容是：除雪、除冰、防滑；主要以转弯处、隧道口等事故易发路段为主。除雪、除冰、防滑要加强与当地气象部门的联系，密切注意气象信息，掌握雪情，组织上、技术上、设备上，材料上事前作好充分准备，遇到大雪天气将全力以赴地搞好除雪保畅工作。新下的雪要及时进行清除，防止堆积；化雪时要对雪水和薄冰进行清理。除冰困难时要加强防滑措施，同时除冰作业要防止对路面的破坏。

清除路面冰害主要采用：机械清理、化学处理、路面加热，减少冰与路面的黏着力。处理路面防冻防滑的主要措施：

①用盐或者融雪剂降低路面温度从而降低结冰点；把防滑材料和盐或者融雪剂混合使用，降低结冰点、增大路面与轮胎之间的摩擦，降低路面的结冰点只需撒一次防冻材料；

②防冻防滑的时间，要根据气象部门的气象资料提前进行准备，选择在路况较好的情况下进行，也可以在刚开始下雪的时候，就采取防冻、防滑措施；

③除雪时盐的撒布次数宜与除雪频率相同；

④在冻融前，就要将积雪铲除到路肩之外，防止积雪融化雪水下渗。

（三）水泥混凝土路面的预防性养护

1. 预防性养护的定义

预防性养护作为一个完整的概念于 20 世纪 80 年代提出，是一种定期的强制保养、维修措施，它是现代公路养护中提出的一种新的概念，是指在路面没有发生结构性的损坏的时候，对路面采取的一种提前养护的措施，避免由小病害发展成大病害，对病害的发展起一个阻碍的作用，从而可以延缓路面的大中修时间，路面使用性能也可以得到很大的改善，使用寿命得到延长。其核心理念是在最佳的时间对合适的路面采取有效的措施。积极合理的预防性养护能产生巨大的经济价值。

2. 预防性养护技术措施

（1）路面裂缝与接缝灌缝

水泥混凝土路面的裂缝如果不及时进行处理，会造成裂缝扩展，破坏加大；雨水下渗，引起路面水损害。接缝是路面的薄弱部分，也最容易引起损坏，特别是胀缝的损坏率极高。

路面水也会通过接缝进入到路面结构,会对路面甚至路基造成损害。因此,路面裂缝和接缝都应及时灌注。

①接缝材料及技术要求

接缝材料按照使用性能的不同分为接缝板和填缝料两类。接缝板应具有膨胀收缩性能强、耐久性能好、施工不变形的特点;填缝料应是具有防水能力强、高温稳定性好、低温脆裂性能强等特点的耐久性材料。

接缝板和填缝料更换施工工艺如下:

a 切缝

用切缝机沿原路面已经破坏的横缝、纵缝或者裂缝进行切割,切缝时可以采用干切或湿切的方法。切缝的一般为深度 3～6cm,宽度 4～10mm,但应该使接缝界面露出新的混凝土面,这样新的填料缝就可以与新的混凝土面良好结合。

b 清缝

用清缝机将缝内旧填缝料、灰土和其他杂物吹干净。

c 嵌缝

嵌缝主要是指填缝料的灌注。

填缝料按施工温度分为加热施工式和常温施工式两种。加热式填缝料:施工时是将填缝料温度加热至规定要求,然后除去杂质,再将填缝料倒入填缝机内即可完成灌注工作,在此过程中,须用铁丝不断搅动,以增加填料与缝壁的粘贴能力并使填料均匀。气温较低施工时,可先用喷灯将接缝预热;常温式填缝料:施工时可以用嵌缝机直接灌注。

对于填缝料灌缝,较深的裂缝,为节约材料,可在缝底安装 2～3cm 嵌缝条。填缝料固化后,方可开放交通。

(2)压浆

当水泥砼路面面板出现轻微脱空现象时,为防止行车不适以及此病害进一步扩大,采取对面板底部压浆的方式来修复板底基层,从而改善板底局部应力集中现象,使板底受力均匀,提高板底强度来支撑路面车辆荷载的行驶。压浆时一定要控制好压力,该压力要保证能把水泥浆压入板内又不致引起砼板拱起。进行压浆处理后的水泥混凝土面板,空隙率下降,弯沉减少,整体性增强,大大地减少了唧泥和断板的可能性。压浆技术是水泥混凝土路面预防性养护的一项重要措施。

压浆技术虽能有效地改善砼板底脱空现象,但不能从根本上纠正板块的沉降,板块的承载能力也不会因此而提升,值得注意的是,水泥混凝土路面板进行压浆处理后,应及时对接缝进行灌缝处理。

根据水泥混凝土面板压浆施工的实际操作,其施工方法如下:

①板块脱空判定

可采用目测、弯沉测试、雷达探测等方法判定砼板脱空位置及面积。目测法和雷达探测具有很大的局限性,在实际的操作中结合弯沉测试和目测法来确定压浆的位置。

②压浆机具配备和压浆材料选择

水泥混凝土路面板下压浆设备主要由钻孔机、工作平台车、压浆泵、发电机组等组成，设备的选择要符合实际使用的情况。

水泥、粉煤灰、砂、早强剂、减水剂、膨胀剂、水等原材料要符合压浆材料的要求，压浆材料可以比根据公路等级、脱空情况、施工机械、工程要求及原材料性能的不同进行配置。

③压浆孔布置

孔位的布置要根据砼板的大小、沉降量以及所选取的机械等因素来综合确定。在一块板上，压浆孔的数量一般为5个，也可根据情况确定。压浆孔与面板边的距离要大于0.5m。

④板下压浆

在完成上述工作后才能够进行板下压浆。压浆工作的主要流程为：确定孔位、并做好标记、钻孔作业、制浆作业、压浆作业、封孔、清洗路面、开放交通、再观测补压。

（3）改性乳化沥青稀浆封层

当水泥混凝土面板出现轻微的麻面、磨光、露骨等早期病害时，可采用乳化沥青对病害位置进行封层从而形成薄层磨耗层，将病害消灭在萌芽状态，并且能够增强路面的防水、防滑、耐磨性能。

在进行稀浆封层前，应提前对原路面的病害进行处理，以防止封层后产生反射；另外对于平整度不符合要求的路段也需进行处理；在封层前要注意浇洒粘层油，以保证封层与原路面的结合能力。施工完成后应注意路面的初期养护，通常情况下2小时后开放交通。

（4）砼面板原位破碎加铺沥青混凝土面层

对于被裂缝分成4块以上的混凝土面板或被裂缝分成2块以上且伴有唧泥、沉陷等病害现象的混凝土面板，可采用破碎混凝土板后加铺沥青面层的方式进行预防性养护处理。

面板原位破碎压稳后再加铺沥青混凝土面层不仅可以改善原水泥混凝土路面使用性能，并且可以解决反射裂缝问题，其经济性和实用性不言而喻。目前一般采用多锤头破碎设备或共振破碎机来对混凝土板进行破碎处理，面板破碎后，采用20～25T振动压路机进行碾压，碾压完成后按洒布要求，均匀喷洒乳化沥青，且沥青的渗透深度要大于40mm，再按照"二油三料"的施工工艺进行铺筑。

在完成上述工作后，注意保养工作，因中裂型乳化沥青需经过一定时间才能破乳达到稳定，所以施工完成后应封闭交通3～4小时进行保养，待乳化沥青破乳后再开放交通。

3. 预防性养护技术现存问题

（1）对预防性养护认识不足

预防性养护与传统的路面养护不同，它需要先投入资金进行前期的维护，而传统的路面养护是在路面破坏之后才投入资金对路面进行维护。这是两种不同的养护理念，虽然在20世纪80年代就开展了预防性养护，但是进展很慢，主要是观念上还没有转变过来，还没有得到充分的重视。国内外对预防性养护研究的成果很多,技术上面也比较成熟。但是预防性养护的理念没有贯彻彻底,之前的一些失败工程经历也对预防性养护的推广带来一定的影响。要解决认识上的不足,首先国家要出台相关的指南、规范、标准。这些可以借鉴国外的经验,结合国内的情况灵活运用;加强与科研单位和高校的合作,共同制定出符合实际情况的指导文件。目前,国家交通部专门针对预防性养护的规范还没有,地方性的规范有《公路水泥路面预防性养护技术指南》(湖北省公路局 2007),广东省的《水泥路面预防性养护对策与技术应用手册》、《预防性养护材料设计与施工技术指南》等。所以必须尽快制定出相关的预防性养护指南来指导预防性养护的应用。同时还要保证有长期预防性养护资金,建立路面损坏预警机制,加强预防性养护相关技术的交流与合作,加强对预防性养护相关人员进行系统规范的技术培训。

(2)最佳养护时间的不确定性

目前还没有一种方法能够比较准确地确定道路的最佳养护时间,而且确定最佳养护时间的参数太多,实际应用起来并不方便。影响预防性养护的因素本来就很多,所以在模型的建立上就比较复杂。如果能够对路面的使用性能的动态变化进行实时的监控,这一问题能够迎刃而解,但是目前国内外还不能掌握原路面使用性能的变化趋势和采取预防性养护措施后路面使用性能的变化趋势,这就给确定最佳养护时机带来了很多的不确定性。解决这一状况的途径是加强科研攻关,在材料使用、检测设备、分析模型上进一步改善,让实际的施工时间最接近最佳养护时机。

(3)对预防性养护措施的使用性能认知不足

各种预防性养护措施的使用性能是不同的,在实际的使用过程中,施工人员往往不注意这些,导致了很多失败的工程实例。预防性养护材料、施工工艺日新月异,不同地域间材料、气候的差异性影响很大。所以在使用的过程中,必须结合当地的实际情况,铺筑试验路段,尽可能地减少由于施工不当带来的损失。

(四)水泥混凝土路面常见病害处治

1.裂缝维修

形成裂缝的主要原因有:基层强度不均匀、接缝设置不当、地基不均匀沉降、混凝土质量不佳等。

(1)集料嵌锁法

沿平行于缩缝的方向对砼板裂缝位置进行切割,切割位置与深度要符合相关规范要求。用风镐破碎,破碎时不得伤及相邻路面、基层和路肩,及时清除混凝土。处理基层时,基层强度和平整度不符合规范要求时,应予以补强和整平;当基层构造已受到破坏时,需重新进行铺筑,且与之前铺筑材料相一致,并按照相关规范要求进行施工。全深锯口和半深锯口之间的4cm宽条混凝土垂直面应凿成毛面。混凝土应在拌和后半小时内浇注到截面内。

浇注后的面层平整度应达到相关规范要求。

（2）刨挖法（倒T形法）

刨挖法（倒T形法）的施工技术要求同集料嵌锁法一样，不同的是刨挖法要在相邻板块下方暗挖一块用于传递荷载的辅助工作面。

（3）设置传力杆法

基层处理完之后，应修复、安设传力杆和拉杆。原混凝土没有设置的，应按照原规格相同的钢筋焊接或重新安装。传力杆和拉杆一般设在板厚的中间位置，孔径一般比杆径大 2~4mm，传力杆一般长为 45cm，拉杆长为 80cm，对称埋设在相邻两块板中。传力杆采用 Φ25mm 钢筋，拉杆采用 Φ16mm 螺纹钢筋。若传力杆安装倾斜或松动失效，应予以更换。

2. 板边、板角修补

水泥混凝土路面板边、板角破损是水泥混凝土路面常见病害之一，若处理不及时，病害会扩大，发展到整个面板，影响到行车安全。板边、板角损坏产生的主要原因有：各类缝隙渗水，产生唧泥、脱空现象，导致板边、板角破损；接缝处或面板块边缘附近传荷能力差；路面基层产生了剥落和断裂；面板边缘接缝嵌入坚硬物。

（1）板边修补基本要求：

①当板边只出现了轻度的剥离时，首先将表面清理干净，然后用修复材料修补即可；

②当板边全深度破碎，可依据全深度补块的三种修补方法进行。

（2）板角修补基本要求：

①根据破裂面的大小确定需要切割的板块范围；

②切缝后，除去损坏的板块时，应凿成规则的竖直剖面；

③基层强度不够时，可浇注 C15 或 C20 砼加强；

④待混凝土达到规定强度后，方可开放交通。

3. 板块脱空处治

（1）用弯沉法测定板块脱空的位置，凡弯沉超过 0.2mm 的，可判定为面板脱空。

（2）孔位布置是处治过程中的重点，合理的灌浆孔数量和位置使得处治效果更佳。孔的数量一般为 5 个，孔径一般为 50mm 左右，且灌浆孔距面板边缘的距离不少于 0.5m。

（3）当面板脱空引起路面出现沉降现象时，上述方式不足以解决此类病害，这时可采用沥青灌注、水泥浆、水泥粉煤灰浆和水泥砂浆灌浆等方法进行处理。下面，对其中的沥青灌注法和水泥灌注法做出详细介绍。

①沥青灌注方法

灌浆孔按照上图布置，清除杂物并保持孔内清洁、干燥，宜采用建筑沥青，灌入沥青后，用沥青洒布车进行加压，间隔一段时间后待沥青温度降低，再用水泥砂浆填补。

②水泥灌浆法

灌浆孔的布设与上述方法一致。灌注时先从沉陷量大的地方开始灌浆，灌浆压力控制在 1.5～2.0MPa。当有水泥浆从其他孔缝中溢出，表明该位置处灌浆已充足，当某灌注孔灌浆完成后，需用硬物堵塞孔口，待砂浆强度达到要求即可开放交通。

4. 唧泥处理

压浆是处治唧泥病害的最佳方式，其要求应按上述沥青灌注方法或水泥灌浆法进行。压浆处理后，应对接缝及时灌缝。

唧泥主要是由于排水不畅，导致雨水下渗而引起的病害，所以要对排水设施进行改善：
①路面和路肩横坡应按设计的要求施工，宜铺设硬路肩；
②路面纵缝及后期使用中出现的裂缝应采取密封处理；
③设置纵向积水管和横向出水管。

5. 错台处治

水泥混凝土路面错台病害，影响行车舒适性和行车安全。产生错台的主要原因有：基层的碾压遍数不够，导致基层强度不足，难以承受上部行车荷载；路基土质不良，局部出现不均匀沉降从而导致砼面板上下错动；防水措施不足，雨水大量渗入基层，引起基层对砼板产生吸附力；传力杆丧失传递能力。处治错台的方法有磨平法和填补法，按照错台的严重程度采用不同的处置方法：

（1）错台高差小于 5mm 时，可不作处理。高差 5～10mm 可采用可用人工凿平或磨平机磨平。磨平法应从错台的最高处向周边扩展，磨平时可用三米直尺调平，使相邻板块高差相差无几。磨平后，掉入接缝中的杂物要清除，并保持其干燥，灌入填缝料。

（2）高差小于等于 10mm 时，可用人工凿平或磨平机磨平。

（3）高差大于 10mm 时，可用沥青砂或者水泥混凝土进行处理。

其中：采用沥青砂进行修复需将路面清扫干净，沥青用量为 0.40～0.60 热沥青或乳化沥青。修补面纵坡变化应小于等于 1%。沥青砂填补后，宜用轮胎压路机碾压。水泥混凝土修补基本方法为将下沉板凿除 2cm 左右，修补长度按 100 倍的错台高度。凿除面清除杂物灰尘之后，浇筑聚合物细石混凝土。待混凝土强度达到规定要求才能解除交通管制。

6. 沉陷处理

沉陷处理应设置排水设施，其基本要求可参照唧泥排水设施进行。

沉陷面板处理之前，通过水准仪测量砼板的沉降量，且测距应符合相关规范要求，将各测点的测值绘成标高图，为抬升面板高度提供依据。在混凝土面板上钻入深度大于板厚 2cm 左右的钻孔。用千斤顶顶起板块，用水泥砂浆进行灌注。灌孔完成后，如同板块脱空的处置方法，用硬物堵塞孔口，待所有灌注孔处治完毕，在表面涂抹水泥砂浆，待砂浆强度达到强度要求后，才可开放交通。当水泥混凝土整板沉陷并产生破碎时，应整板翻修。

7. 拱起处理

拱起产生的原因主要是因胀缝位置设置不合理，或有杂物卡在接缝内，砼面板受热不能自由伸展而引起板块间的错动。因此，应加强对接缝的养护，及时清除缝内杂物。

砼板拱起的处理方式需根据拱起两端的面板破碎程度来决定做何种处治。当拱起两端板块完整没有破碎时，以接缝为对称中心，划两条间距100mm左右的线，沿画线方向做全断面切割，从而释放两板块间挤压能量，切缝处最终用沥青等材料进行填补。待达到通车要求后，开放交通。

当起拱两端砼面板破碎面积较大，应将破碎部分彻底清除，并重新浇筑混凝土，并根据现场实际情况需要在原起拱处重新布置胀缝。

8. 坑洞修补

坑洞产生的原因主要有粗集料脱落或局部振捣不密实等原因所致。坑洞主要破坏路面的外观，而对车辆行驶安全无太大影响。对于个别坑洞，将坑洞切割成规则的几何图形，在坑洞保持清洁干燥的前提下，用水泥砂浆、环氧水泥砂浆或细石子混凝土等材料进行修补，达到平整密实的要求。

当坑洞现象较为普遍时，以路面中心线为参考点，将所有坑洞画成规则图形，切割深度为60mm以上的坑槽，清扫凿除后的混凝土并保持坑槽干燥，在槽底及槽壁周边涂上一层水泥浆，再铺筑水泥混凝土，捣实与原路面齐平。水泥混凝土所用的材料的强度、规格和混合料的配合比应符合相关要求。为保证修补质量，修补混凝土要求拌制半干硬性混凝土或掺加早强剂。机械宜采用强制式拌和机。

9. 接缝维修

接缝材料在使用一段时间后，在荷载与外在环境的反复作用下容易产生老化和疲劳损坏，如果不进行及时处治，容易导致更严重的路面损坏。

接缝材料分为密封材料和强力型材料。密封材料技术要求应符合规定，强力型材料也应符合相关要求。

水泥砼路面接缝的修复宜选在晴天进行，并清除接缝中的旧料和杂物。对于胀缝的修复，首先在胀缝壁上涂抹沥青等材料，再压入接缝板，两接缝板的接头处的缝隙还应做如下处理：采用沥青或其他材料填平缝隙，然后嵌入嵌缝条。

当对称于道路中心线的两块板发生水平位移时，此时纵缝会张开一定缝隙，应及时采取填缝处理，防止缝隙扩展。当接缝宽度在10mm以内时，可利用沥青马蹄脂等材料进行填缝处理；当接缝宽度在10mm以上时，可用聚氯酯等有机材料进行填缝处理；当接缝宽度超过15mm时，可用沥青砂做相应的处理。

当出现接缝破碎的情况，应沿着平行于接缝的方向在裂缝外缘约1cm处进行切割，切割完成后清扫切槽内的混凝土，保持槽内干净，然后再往槽壁上涂抹与接缝化学性质相同的黏结材料，最后灌入韧性好、强度高的修补材料。

第八节 涵洞、隧道施工与管理

一、涵洞施工与管理

(一)涵洞施工

1. 涵洞基础施工

(1) 砂砾垫层

砂砾垫层采用水撼砂方法施工,撼砂结束后进行复测高程。当基底为不透水性土质时或透水量满足不了施工进度要求时,应从砂砾垫层底部向外抽水,保证水在砂砾中渗透,达到密实程度。

(2) 基础浆砌片石

浆砌片石要分层错缝,坐浆挤密,填缝砂浆要饱满无空洞,基础表面要平整,不得有通缝、叠砌、贴砌和浮塞现象,勾缝牢固美观。片石规格及强度符合规范和设计要求;砂浆强度符合设计要求,并具有良好的和易性,不泌水、不离析。

(3) 基础混凝土

基础混凝土必须用强制拌和机拌和,配合比要符合桥梁部分的要求。混凝土强度达到设计标准强度的75%后,才能进行箱涵底板或盖板涵涵台施工。

(4) 沉降缝

为避免基础不均匀沉降,在涵身中部从浆砌片石开始设置沉降缝,采用2cm厚沥青木板作为隔离层,砌筑时保证沉降缝竖直。

2. 垫层施工

在砌石表面用10×10cm木方作模板,浇筑垫层混凝土,施工时要准确控制混凝土顶面高程。

3. 涵身底板施工

涵身底板的施工按以下步骤进行:(1) 测量放样。在垫层混凝土表面,重新进行涵身的准确放样,用墨线标明尺寸;(2) 绑扎涵身底部钢筋。涵身钢筋采用集中制作,现场绑扎;(3) 底板浇筑。钢筋绑扎结束,支立涵身底板模板,采用标准钢模支立外模,加固牢固,检验合格后浇筑底板混凝土,抹面时控制好底板顶面高程。

4. 涵身施工

（1）支立模板

模板质量的好坏直接决定着涵洞的外观质量，为提高外观质量，涵洞内、外模均采用大块模板施工。模板均采用工厂加工，保证模板接缝严实、自然、圆滑、美观。涵身底板混凝土强度达到75%后，即可支立内模支架及内模板。内模采用满布式支架结构，按洞口尺寸、模板及加劲肋厚度确定支架高度。模板之间接缝密封，模板表面涂优质脱模剂，支立过程中用塑料薄膜覆盖，浇筑时撤出，防止灰尘杂物污染模板表面，保证混凝土表面光洁、美观。内模支立结束，进行顶板及翼墙钢筋绑扎，设置变形缝及沉降缝，用钢筋作肋与涵身钢筋固定，最后支立外侧模及翼墙模板。

（2）混凝土浇筑

小涵洞可以用搭跳板的方法浇筑，大的通道涵用吊车，并要控制好混凝土的下落高度，防止混凝土离析。混凝土浇筑时采用分层斜交法，计算好混凝土从拌和到入模时间，确定入模后的铺底长度，确保下次混凝土完全盖住上次混凝土，通道箱涵的两侧墙身要同步浇筑。浇筑涵身混凝土时，在顶板上要苫盖彩条布，防止混凝土在运输过程中掉到顶板模板上，不慎掉落的，要及时清除，避免浇筑顶板时出现振捣不实，影响外观质量。

（3）混凝土养生

当气温低于5℃时应覆盖保温，不得向混凝土面上洒水。混凝土浇筑完成后，应在收浆后尽快以塑料薄膜、草帘或棚罩覆盖并洒水养生，养生时间一般为7d。每天洒水次数以能保持混凝土表面经常处于湿润为度。

（4）模板拆除

非承重模板一般在混凝土抗压强度达到2.5MPa时即可拆除。承重的内模顶板混凝土强度达到设计值的75%方可拆除。模板周转变形后，要进行修整，最多周转次数不得超过5次，对变形较大、不能修复的，集中堆放，不得与其他模板混放。

5. 台背回填

台背回填时，砌体砂浆或混凝土强度达到设计标号的90%时，方可进行回填施工。为给施工机械留出足够的作业面，桥涵两侧要留出足够的回填长度。填筑时采用颗粒性材料进行回填。涵顶填土厚度必须大于50cm时，才允许机械通过。要保证填土的沉降时间，并采用预压处理。

（二）工程质量目标

（1）杜绝混凝土表面有蜂窝、麻面现象；（2）混凝土表面非受力裂缝为零；（3）大面积混凝土表面平整度2m直尺4mm合格率达95%以上，突变部位平整≤3mm，渐变部位平整≤4mm。

（三）施工验收

对涵洞施工的分项工程和主要工序，各项目经理部必须建立健全以项目经理为第一责任人的质量保证体系。主要内容：质量方针、质量目标、质量保证机构、质量保证程序、质量保证措施、工程质量负责人，实行项目经理部自检、驻地监理检验、高监办查验、业主管理、政府监督的质量检查程序，实现工程质量责任到人、管理到位的目标。

验收的项目包括：基底天然土质承载力检测、基坑回填砂砾夯实密度检测、浆砌块石检测混凝土或砂浆强度检测、涵身施工全过程抽检。

（四）桥梁涵洞施工质量的影响因素

1. 环境因素

在进行桥梁涵洞施工过程中，由于施工条件和地理环境的影响，使得桥梁涵洞的施工质量无法得到有效的控制。因此，施工作业人员要根据不同施工场地的地理环境、地形特征、施工条件等方面综合考虑，并制定科学合理质量控制措施。还有确定有效的施工方案，并做好组织工作，各项施工作业要符合规定的规范化标准来进行，要具有一定的针对性。在桥梁涵洞工程项目施工前期，要进行合理、详细的地质勘查，做好实际施工工程的整体规划设计，确保每个细节落实到实处。工程完工后，要进行有效的养护，对施工质量的影响因素要做好相应的控制措施，将环境影响因素降到最低，从而提高桥梁涵洞的施工质量。

2. 施工材料

由于桥梁涵洞在道路建设项目中具有一定的特殊性，其质量对整个公路工程质量有着非常大的影响，确保施工材料的安全质量问题，是保证桥梁涵洞工程施工质量的根本。为了保证桥梁涵洞施工质量，施工单位要严格把关材料的质量问题，杜绝一切不符合施工要求的材料进行施工现场。材料采购阶段，要进行严格的检验，针对桥梁涵洞工程对施工材料的要求，对材料的质量进行严格的控制，确保桥梁涵洞工程质量得到有效的控制。

（五）加强桥梁涵洞施工质量管理措施

1. 提高施工人员质量意识

要加强桥梁涵洞施工质量管理，就必须提高工程质量意识，加大施工质量宣传力度，提高施工人员对质量管理的认知能力，这样才能保证工程质量管理工作正常有序的运行。将理论与实践相结合，扩大宣传力度，从思想组织上认识质量管理的重要性，。对于工程质量的控制，不能仅仅只依靠政府机构以及相关监管部门，也需要施工人员良好的配合，才能做到专人专管，才能全面提高质量管理的有效性，因此，加强全员质量意识，是提高桥梁涵洞施工质量的有效途径。

2. 提高质量监管工作效率

监管工作不到位是工程建设过程中经常出现的问题,这也导致工程施工质量得不到有效的保障。要提高质量监管工作效率,就必须有计划、有步骤的做好质量监督管理工作,重视基础工作,才能保证质量管理工作标准化、规范化进行,才能有效地开展施工过程中的各项监督管理工作,进而提高施工质量。

3. 健全质量管理制度

一项工程最重要的环节就是对施工质量的管理工作。因此,在桥梁涵洞这项特殊的工程项目中,必须完善质量管理体系,才能保证质量管理工作有章可循,健全质量管理制度是提高施工质量的前提保证。健全质量管理制度需要政府部门和施工企业共同的努力,从不同层次开始入手,不断完善和充实各项监管机制,才能达到理想的质量管理效率。

4. 严格把关材料质量

桥梁涵洞施工材料的质量情况是影响施工质量的关键因素,在实际施工过程中,施工单位必须严格把关施工材料的质量,从前期的采购和检验,到实际的投入施工现场使用,都要做好严格的质量控制,杜绝一切不符合标准要求的材料进行施工现场,确保工程项目施工质量的有效性。同时也是对施工人员生命财产安全的有效保障。

二、隧道施工与管理

(一) 建立健全质量管理体系,落实质量责任制

质量管理的首要任务是紧紧围绕质量目标建立质量保证体系,制订科学的及操作性强的质量规划,坚持"以人为本"的观点,强化细节管理,通过相应的组织、技术措施和及时准确的质量管理信息系统,实现隧道施工过程的全面质量控制。推行质量管理责任制,制定和完善岗位质量责任及考核办法,强化质量管理,充分动员全员参与质量管理,激发项目部人员上下共同完成质量目标的决心,使他们的能力得以发挥、潜力得到挖掘。通过不断扩大管理能量、拓宽管理辐射面和提升管理层次,达到了质量管理的目的。

(二) 各工序质量控制要点及措施

隧道施工质量控制最为关键点在于明确隧道施工各工序质量控制要点及措施并在施工时全面落实,方能真正确保隧道的施工质量。

1. 开挖

(1) 控制要点

一是要控制边墙基础及隧道底开挖标高,以防止边墙基础嵌入围岩的深度不足,降低隧道二衬结构承载能力;二是控制超欠挖。

（2）控制措施

对开挖标高进行严格控制。根据爆破效果进行参数的调整，以达到最佳效果，当地质情况变化时，对爆破参数进行调整，并在每次爆破后校核爆破参数，减少超欠挖。

2. 初期支护

（1）管棚质量控制

①控制要点。管棚孔洞位置及外插角、管棚搭接长度、孔深、注浆压力及浆液质量。

②控制措施。在导向墙内按管棚设计位置精心埋导向管，以确保管棚孔数、间距及外插角。管棚钻孔外插角取 1～2 度。

严格检验进场原材料，按设计控制配合比及注浆压力。

（2）超前小导管质量控制

①控制要点。

原材料质量、浆液配合比、注浆压力。需确保浆液填满导管与围岩间空隙。

②控制要点。

严格检验进场原材料，按设计控制配合比及注浆压力。

（3）锚杆的质量控制

①控制要点。

锚杆规格、力学性能指标；锚杆施作的数量、长度及质量；砂浆配合比的选定。

②控制措施。

严格检验进场原材料。

按设计位置及数量进行钻孔，锚孔与岩面垂直，设垫板并密贴岩面，长度不足的锚杆重新搭设，直到满足要求。

（4）钢筋网质量控制

①控制要点。

钢筋规格及力学性能指标。钢筋网的网格间距、网片搭接长度。

②控制措施。

检查钢筋网胎模，严格检验进场原材料。现场检查网片搭接长度和预留搭接长度。

（5）钢拱架质量控制

①控制要点。

钢拱架规格及力学性能指标。钢架加工质量、安装位置、拱脚支垫和喷射砼。

②控制措施。

严格检验进场原材料。严格控制连接板尺寸、厚度和钻孔工具（要求采用台钻钻孔）。定期检查钢架节段弦长，拼装成品的尺寸偏差。

要求钢架不得侵入衬砌断面，拱脚支垫要牢固。围岩超挖部分采用喷射砼填充，严禁采用块片石等异物进行填充。

(6) 喷射砼

①控制要点。

原材料质量、配合比及喷射砼厚度。隧道断面开挖尺寸,围岩表面松动岩块及拱脚、墙角处岩屑等杂物清理情况,以确保砼与围岩黏附牢固。是否采用湿喷工艺。

②控制措施。

严格控制进场原材料质量,优化配合比。砼拌和采用自动计量装置以保证计量准确,并定期检定,每次拌和前进行零点校核。

采用易于控制喷射质量的湿喷工艺,降低回弹率,确保砼均质性和强度。

采用Φ8钢筋做成测钎,垂直于受喷面焊接在钢筋网上,测钎上画有刻度,以检查喷射砼厚度。

3. 二次衬砌

(1) 钢筋绑扎

①控制要点。

钢筋焊接质量及搭接长度、接头设置、保护层厚度。

②控制措施。采用架立钢骨架进行钢筋绑扎,以确保钢筋排距。在两端头的架立钢筋上标记出环纵向钢筋安装位置,按标记进行钢筋绑扎以控制钢筋间距。保护层加设新型塑料垫块。

(2) 模板台车

①控制要点。

模板台车的中线控制。模板平整度,接缝严密程度。铰接轴应灵活,能够自如伸缩及开启。

②控制措施。

使用厂制液压式衬砌模板台车,模板面板厚度为10mm,模板由钢结构及钢模拼装而成,台车设有砼输送管支架或吊架,拱顶设置3处注浆孔。对模板精心打磨、清理除锈,清理干净的模板表面均匀涂刷脱模剂,不得使用废机油。

(3) 二衬砼

①原材料的控制。严格检验进场水泥、粗骨料、细骨料、外加剂。砼严格按配合比采用自动计量拌和站生产,搅拌时间须超过2min;②模板加固。使用液压式衬砌模板台车,挡头模板为木模。设置模板定位卡轨器,并旋紧基础丝杆千斤顶、门架顶地千斤顶和模板顶地千斤顶,以避免模板移位及门架变形;③砼拌合物的控制。砼浇筑时严格将砼坍落度控制在140~180mm间,并及时留置试验试块;④砼的捣固。采用附着式振捣器为主,以插入式振捣器辅助振捣;⑤浇筑过程。连续浇筑以避免"冷缝"。自下而上进行砼浇筑,按先墙后拱,对称浇筑。施工中如出现停电,立即启用备用电源,确保砼浇筑不中断;⑥拆模及养护。砼强度达到8.0MPa以上方可拆模。拆模后及时养护砼,养护时间14d以上。

养护期间，控制砼内部与表面温差、表面与外界环境温差不超过20℃，养护用水与砼表面温差不能超过15℃；⑦拱顶回填注浆。衬砌砼强度达到设计要求后，对拱顶进行注浆，确保衬砌背后无空洞。注浆材料为M20砂浆。注浆管采用Φ50PVC管。

4.防排水施工

（1）施工缝

①构造形式：

仰拱和二衬的纵向施工缝防水构造为：钢边止水带+界面剂；二衬间、仰拱间施工缝防水构造为：土工布+防水板+背贴止水带+中埋止水带。

②控制措施：

严格检验土工布、防水板、止水带等原材料质量。将施工缝处已浇砼表面凿毛，凿除浮浆和杂物，清理干净，后按要求涂刷界面剂。检查二衬及仰拱施工缝的止水带安放位置。背贴止水带用模板固定在施工缝中间位置，中埋止水带加固按设计给出的方法进行。

（2）防水板

控制要点：

防水板铺设范围及铺挂方式按设计要求进行。基层应平整、无尖锐物体。

防水板按设计采用双焊缝焊接牢固，不得有渗漏，单条焊缝宽度需大于15mm。防水板搭接宽度≮15cm，允许偏差为-10mm。防水板搭接缝与施工缝应错开设置，其距离≮50cm，允许偏差为-5cm。

（3）盲管

①控制要点。盲管材料质量、铺设位置和范围、固定方式。盲管接头连接、纵环向盲管间连接、纵向盲管与排水沟连接的质量。

②控制措施：盲管施工前在隧道洞壁上标出设计位置线，确保盲管位置准确合理，纵向盲管安设坡度与隧道坡度一致。盲管出水弯头段（边墙进水孔管）设置PVC硬质弯管作套管，以保护盲管和起到引导作用。要注意出水孔段的流水坡不得小于2%。采用长5cm锚固钉和8cm×20cm防水板窄条将盲管锚固在洞壁上，每50cm设置一处。设置在衬砌背后的排水盲管与衬砌同时施工，并采取措施避免砼或压浆浆液渗进盲管堵塞水路。

（三）采用"四新"技术，加强质量控制

虽然通过严格落实上述质量措施，能够有效确保隧道施工质量。但是，措施的严格执行无疑造成施工难度增加、施工成本上升及施工工期的延长。上述不利因素往往对施工人员质量控制的工作态度产生了消极影响，从而对工程质量控制管理带来不良风险。本项目在隧道施工时，积极采用"四新"技术，在确保施工质量的同时，还提高了工效、降低了成本，提高了施工人员对于质量控制的积极性。本项目施工采用了如下的"四新"技术。

1. 超前地质预报系统

综合运用了地质雷达、红外线探水仪、TSP 超前地质预报等多种超前地质系统，对采集的多种信息资料进行综合分析，合理提前预知了前方围岩情况和水、有害气体隐蔽灾害源的存在，从而采取针对的处理措施，有效确保了施工质量及施工安全。

2. 水压爆破技术

在隧道炮眼装药时，在炸药中间隔装入水袋，利用水的不可压缩性，使爆破震动波按照水的"液压"效果进均匀、无损失地传递至围岩中，达到了如下效果：①提高了炮眼利用率（从约 80% 提高到了 95% 左右），基本不留残眼及刨根。在周边眼采用水压爆破，还明显减少了超挖及欠挖量；②提高了能量的利用，降低了炸药单耗量（减少 10~30%）；③降低爆破振速 40% 左右，减少了对围岩的扰动，确保了围岩的稳定，提高了施工质量。

3. 机械辅助安装钢拱架

隧道施工时拱架支护作为一个重要工序，以往主要采用人工进行作业，存在劳动强度大、工效低及质量控制难度大等缺点。采用自行设计的拱架安装辅助机械，设备配备了链轨式拱架安装机械手、拱架起吊设备、起升台架等，大幅提高了拱架安装速度，降低了安装及调整的劳动强度，有效提高了拱架安装质量。

4. 机械手混喷砼工艺

隧道施工时还引进了机械手湿喷工艺，砼湿喷工艺改善施工作业的工作环境；机械手湿喷机提高工效的效果明显，解放了劳力；机械手为新型智能化砼喷射台车，其砼由搅拌严格按配合比进行拌和，砼喷射效果好，强度稳定可靠。

5. 防水板超声波焊接工艺

由超声波发生器产生高压、高频信号，转换成焊接枪头的高频机械振动，焊接枪头抵紧重叠的防水板，其高频机械振动使防水板因摩擦而产生高温熔解防水板，使两层防水板熔合而完成一处焊接。超声波焊接具有如下优点：①超声波焊接不需溶剂、黏结剂等其他材料，施工成本低；②超声波焊开机即可焊接，节约了电热焊的预热等待时间，且 3 秒即可完成一个点位的焊接，且不会出现焊点破洞现象而返工的现象，生产效率非常高；③具有操作简单，焊点不破损，焊接质量好等优势。

本项目通过建立健全质量管理体系，实行质量管理责任制，严格按隧道施工各个工序的质量控制要点及控制措施进行施工质量管理，对隧道质量控制起到了良好的作用，有效地保证隧道工程质量。建议隧道施工时尽量采用"四新技术"，部分"四新技术"的运用可直接提高工程质量。部分"四新技术"虽不能直接提高施工的工程质量，但可有效提高工效、降低成本及劳动强度，可以使得作业人员有更多的时间、资源及更积极的态度投入确保施工质量的工作中，对确保隧道工程质量起到事半功倍的效果。

第二章 桥梁施工技术

第一节 桥梁桩基施工

一、桥梁桩基施工技术

桥梁作为道路的重要组成部分,在道路交通中发挥着重要的作用,做好桥梁工程建设能够促进交通事业的良好发展。桥梁桩基施工是桥梁建设中一项重要的施工技术,由于桩基是深埋在地表以下的,在施工过程中存在很多不可控因素,施工难度比较大,对施工质量造成很大影响。针对桥梁桩基施工关键技术进行分析探究,准确把握关键技术操作,做好施工过程中的每一个细节工作,能够确保施工更加顺利地进行,对保证工程质量具有重要意义。

(一)常见桥梁桩基施工技术

不同的桥梁桩基施工技术具有不同的特点,在施工过程中根据工程的需要选用不同的施工技术,对保证施工顺利进行具有重要意义。目前常见的桩基施工技术主要包括钻孔灌注桩和人工挖空两种,具体施工时,通过比较两者的优缺点,选用合适的施工技术,能够达到更好的施工效果。

1. 钻孔灌注桩

钻孔灌注桩有着极强的适用性,能够在各种土质结构的地基中使用,已经成为现在应用最为广泛的一种桥梁桩基施工技术。钻孔灌注桩施工技术属于灌注桩系的一种,因为其成孔的原理是利用机械在地基中进行钻孔作业,所以才叫钻孔灌注桩。该项施工技术的具体操作,是利用专业的钻孔技术和钻孔仪器,根据工程需要,在桥梁的地基土层中形成相应的桩孔,并将钢筋笼放置进去,然后再通过桩孔将配比好的混凝土灌注进去,与钢筋笼结构结合在一起,等到混凝土完全凝固之后,就形成了桥梁工程所需的桩基。钻孔灌注桩施工技术简单,与沉入桩施工技术相比,施工过程中的噪音比较低,对周围环境的影响比较小。并且这种施工方法所形成的桩与预制桩相比质量更高,对桥梁工程来说更有保障。

2. 人工挖孔桩

人工挖孔桩顾名思义就是通过人力来完成整个成孔过程，具体的施工过程是利用人力对地基进行挖土，然后形成桩孔，按照工程的需要，再对已经安置好的钢筋混凝土结构进行浇筑，形成桩基。人工挖孔桩施工技术难度较低，因为是通过人力完成挖孔过程的，所以施工过程更好把握，在对桩基的成孔进行检查的时候更加简单、方便，成孔质量更高，能够实现更好的施工效果，整个施工过程中所使用到的仪器容易掌握，操作过程比较容易。因为人工挖孔桩施工技术操作简单、施工过程易于把控，所以在桥梁桩基施工中，这种技术的应用范围也是十分广泛的。

（二）桥梁桩基施工中常见问题分析

1. 孔壁坍塌

在桥梁桩基施工中，孔壁坍塌是经常遇到的一种问题，孔壁坍塌现象会严重影响正常施工的进行。孔壁坍塌这种现象的出现大多是施工不规范、施工技术不到位引起的，比如混凝土配比不达标，不符合工程要求的标准，这种混凝土形成的孔壁达不到工程要求，质量较低，就容易出现坍塌现象。针对孔壁坍塌这种问题，在混凝土的配比和选择上，要从工程的要求出发，选择质量比较高的泥浆材料，按照合适的比例配比出黏度较高的混凝土，这样在形成孔壁的时候才能保证孔壁质量，避免出现孔壁坍塌现象。

2. 斜孔现象

在桥梁桩基施工中，地质构成情况是不同的，很多时候因为土质结构的影响，在成孔的过程中，因为施工不慎就会出现造成斜孔现象，严重影响了后期施工的正常进行。斜孔现象大多是土层中出现较大的石块、土层硬度不相同引起的，所以，在进行桩基施工的时候，首先应该把施工中遇到的石块进行粉碎处理，当土层硬度不同时，可以先形成较浅的桩孔，然后将少部分混凝土注入孔中，等到其凝固后，再继续进行成孔操作。

3. 沉渣过厚

引起沉渣过厚的原因主要有两种：一种是泥浆选料不标准，泥浆材料中存在较多的砂石；另外一种是钢筋笼的下放时间过长或者是在下放过程中触碰到孔壁，引起孔壁坍塌现象，混凝土残渣掉落到桩孔底部，长期下去就会造成沉渣过厚。要想避免这种现象的发生，首先在泥浆材料的选择上需要严格把关，控制好混凝土的标准，制定更加科学的钢筋笼下放方法，提高下放效率，避免因钢筋笼触碰到孔壁，造成孔壁的混凝土掉落加剧底部沉渣现象。

4. 灌注混凝土时钢筋笼上浮

灌注混凝土的时候引起钢筋笼上浮现象的原因主要包括两种：一种是导管埋入的过深；一种是混凝土凝固过早，所以在浇灌混凝土的时候，应该控制好导管的埋入深度；确保混凝土能够进行连续的灌注，避免因混凝土供应不足，造成提前凝固的想象，引起钢筋笼上浮。

（三）桥梁桩基施工关键技术

1. 开挖灌注桩孔

灌注桩孔的开挖施工是桩基施工中的重点内容，在进行开挖施工之前，根据工程的设计方案和施工标准进行准确的测量工作，确定桩孔的位置；结合工程所涉及各个方面进行综合考虑，确保各种施工设备运作正常，没有损坏现象，确保施工所用到的水电能够正常供应；在配比混凝土泥浆的时候，选择合适的泥浆材料，按照工程配置比例对泥浆进行配比；在成孔之前，需要对施工地点的地质情况进行详细了解，避免因地质构成原因引起的斜孔现象；对于桩孔底部的残渣，应该及时进行清理，避免沉渣过厚。

2. 钢筋笼的制作

确保钢筋质量和焊条质量是完成钢筋笼制作的基础和前提，在制作钢筋笼之前，需要严格检测钢筋质量和焊条质量；在钢筋规格的选择上，应该严格按照钢筋结构设计方案进行，严格把控钢筋笼的制作尺寸，避免因钢筋笼尺寸不合格在工程中不适用；在对钢筋笼进行安装的时候，需要先检查孔壁是否出现坍塌现象；在向桩孔内下放钢筋笼时，需要保证钢筋笼的平稳性，避免钢筋笼触碰到孔壁。

3. 混凝土灌注施工

在桥梁桩基施工中，混凝土灌注是一项比较重要的施工技术，混凝土的配比要严格按照工程标准进行，在完成配比后，对其进行充分的搅拌，使泥浆黏稠度更加均匀；在进行灌注之前，需要对桩孔进行检查，对底部沉积的残渣进行清理；灌注过程要严格按照顺序进行，不能出现工序颠倒的现象，做好每一个环节之间的衔接工作；确保灌注的混凝土数量满足工程需要，导管在混凝土中埋进的深度最好在1m以上；准确把握混凝土的凝固时间，尽量不适用缓凝剂，节约工程资金。

桥梁桩基施工技术是桥梁建设中的一项关键技术，做好桥梁桩基施工对于保证桥梁工程质量具有重要意义。通过对桥梁桩基施工中的常见问题进行分析探究，针对不同问题提出了相应的解决方案，在施工过程中做好挖孔施工技术、制作钢筋笼时注意各种细节工作、灌注混凝土时注意操作要点，只有做好这三项关键技术，才能更好地完成桥梁桩基施工，为桥梁工程质量提供可靠的保证。

二、桥梁桩基施工中存在的质量问题

（一）桥梁桩基施工重要性

桥梁桩基是桥梁施工重要组成部分，车辆运荷载和桥梁本身的自重都和桥梁桩基有着直接联系,可以看作是桥梁的根基。桥梁桩基和常规建筑物相比有着高安全性、高隐蔽性和高承载性等要求,而其施工质量直接决定桥梁使用寿命和稳定性,所以必须要重视桩基施工质量控制,只有保证桩基稳定才能降低危险系数,确保桥梁正常运行,特别是桩基施工中不同组成部分,如果没有及时控制到位,即使竣工也不会轻易发现,从而为使用埋下安全隐患。

(二)桥梁桩基施工中存在质量问题

1. 塌孔

桥梁桩基施工中常见情况即塌孔现象,对整个施工安全产生直接影响。一般导致塌孔有多重因素,如施工前没有充分预料到地质情况,也没有按照规定埋设护筒,护臂效果不好,水泥浆黏度不够以及下钢筋笼会碰撞孔壁等,再加上在施工过程中进行回填时运用较差土质,极有可能发生渗水情况。而在钻进中,长时间停钻同样会发生塌孔,运用泥浆冲刷护壁这种无意义行为也会导致塌孔。

2. 缩孔

桥梁桩基施工中不可缺少的步骤即放置钢筋笼,而在现实施工过程中常常出现钢筋笼无法准确放进孔洞问题。所以通常要求在钢筋外部加焊钢筋耳朵,同时运用验孔器检查桩基成孔,因为出现此类问题多为孔斜和缩孔,不但会影响整个桥梁施工进度,还会对桩基本身的安全性产生影响。而缩孔多因地质因素,还有可能因施工环境,或者在施工的孔洞周边堆放大量建筑材料,从而导致孔洞周边应力产生变化,正是由于不均匀的应力会出现缩颈现象。

3. 施工技术存在缺陷

桩基桥梁施工中主要包括施工工艺和施工方法两部分,同时还涵盖整个工程在建期间采用的技术方案、工艺流、施工方案及检测管理等内容。从相关工程案例得知,工程项目投资控制目标、质量、进度等和施工技术方案是否合理正确有着紧密联系,因此必须从桥梁施工特点着手,全面分析桥梁桩基施工组织、技术、管理、经济、操作等各方面条件,以此保证桥梁桩基施工方案的和合理性、经济性与可行性,提高工程质量,避免因施工技术而形成不必要的隐患。

(三)解决桥梁桩基施工问题对策

1. 桥梁桩基塌孔处理对策

处理桥梁桩基塌孔之前,需要准确测量钻孔位置,按照预期设计要求测量,其中测量过程中可运用全站仪测设灌浆轴线,若高程差较大或出现全新的转折点应及时加设控制点。测量中需要严密的核查各项数据,精确布置控制每个塌孔的具体位置和孔口的高程等参数。

塌孔处理的首道工序为成孔，质量直接影响桥梁桩基施工效果和质量，所以必须在高质量且高速的情况下完成成孔。成孔过程中要牢固平整的摆放钻机，可以根据实际情况铺设一层钻孔用的平台，进一步稳固钻机，之后将灌浆孔的三个中心点、钻杆和钻进平台放在同一条直线下，平稳摆放钻机后需要进行试钻和试机，便于合理调试钻机的供水、动力、供电、供水等系数，待一切机械设备正常后就可开展钻机作业。除此之外在钻机前都应检查钻机各部件，特别是要对钻具和钻杆是否弯曲变形进行重点检查，如果发现变形应立即给予更换。缝隙冲洗：在完成成孔工作后可实施进一步处理塌孔，需要运用导管冲洗钻机，冲洗过程中要保证流量和水压，应从下往上冲洗，可以使水不断冲洗孔壁，当冲洗的水变清后可再继续冲洗10min且保证冲洗达到0.5h以上，冲洗完毕的孔底的沉渣厚度要在规定标准内。

2. 桥梁桩基缩孔处理对策

采用长螺旋钻机钻进成孔，钻机就位后，应用钻机塔身前后左右的标杆检查塔身导杆，校正位置使钻机垂直对准桩位中心，桩位偏差控制在5cm以内，钻孔垂直度控制利用钻机自带垂直度调整器或桅杆挂吊锤进行检测控制，垂直度控制在1%以内。钻孔开始前，先关闭钻头阀门，移动钻杆至地面位置，启动电机钻入，钻进时应先慢后快循序渐进，直至钻至设计深度，钻进时做好钻孔深度，在整个钻进过程中应注意保持钻机的稳定，避免钻杆倾斜和错位，桩基钻至孔底承载力相对较高的土层作为桩端持力层，钻至硬质基底的判断，钻进电流表达到试验桩取得的到达硬底的试验值或钻进钻杆摇晃厉害，进行缓慢，通过对钻杆取出的渣样进行判别。施工前确定配合比，施工时严格按照试验配合比进行调配桩身材料，CFG桩采用长螺旋钻孔管内泵压混合料灌注桩，桩身水泥采用P.O42.5级普通硅酸盐水泥，桩身混合料C15混凝土配比，混合料28d标准立方体无侧限抗压强度不小于15MPa。长螺旋钻孔管内泵压桩体材料成桩施工的坍落控制在160~200mm之间，采用低应变检查桩身完整性，检查数量不少于10%，且不少于3根。成桩28d后，进行抗压强度试验和承载力检验。在桩体中心处、桩长范围内垂直钻孔取芯，观察桩体完整性、均匀性，在桩身上、中、下取不同深度的试样作抗压强度试验，检验数量不少于2‰，且不少于3根。承载力检验采用单桩或复核地基载荷试验。检验数量不少于2‰，且不少于3根。

3. 完善桩基施工质量体系

由于施工团队在具体项目施工管理中运用不规范合理的设计图纸和格式以至于增加工程经济管理风险，甚至会工程项目产生直接影响。或施工企业为了增加自己的利润来源就采买了不合格材料，导致最终施工质量无法达到预期标准且在法律上较易产生类似纠纷。再加上施工人员自身能力水平偏低，种种因素都会影响工程质量。此外在施工周期连续长时间处在恶劣天气环境中，因工程延期影响工程质量。例如在桥梁桩基施工中修筑水泥混凝土结构沟渠过程中，受天气影响，水泥可能会在没有干透的情况下因为雨雪天气形成霜冻，脆弱松散的后期结构极易造成脱落。对此施工企业应严格按照国内施工企业标准对施工手段进行规范，加强施工企业内部管理，减少不利于施工质量行为发生，同时要积极预测一些突发情况，保证在出现问题时得到快速科学的解决，避免发生工程混乱现象。毫无疑问，桥梁桩基工程施工主体是人，更是施工核心，因此一切施工管理和措施都要以人为中心，控制和规范施工管理者、质量管理人员、技术人员等行为，增强每个部门工作人员的创造力、积极性、责任感，更培养施工人员安全质量意识，使管理者、施工者、质量管理人员、技术人员能相互监督，齐心协力，共同控制桥梁桩基施工质量。

总之，桥梁施工最不可缺少的一部分即桥梁桩基，该部分不仅要良好的承受来自上部结构传来的全部荷载，更要与下部结构荷载共同形成力量传递给地基。保证桥梁桩的强度、稳定性和刚度是保证桥梁安全使用的前提。然而在施工过程中不可避免地会存在塌孔、缩孔及灌注质量等问题，由此就需要施工人员根据实际工程情况制定科学合理的应对措施，避免因质量问题而影响工期，进一步提高公路桥梁施工安全质量。

三、桥梁桩基施工监理实施要点

（一）前期准备工作

1. 科学审核施工计划

开展桥梁桩基施工工作，前期必须制定科学而合理的施工组织计划，结合施工基地的具体情况，选择合适的施工计划，是保证桩基施工质量的重要前提。监理人员前期必须熟悉把握设计图纸，且要充分了解桥梁所处的位置、气候条件、水文条件等资料，及时审核施工方所提交的施工方案，了解此方案是否可行，了解施工组织方案是够符合实况。若施工计划设定不科学，无法实现对工程质量、造价与进度的控制，必须要与施工方进行沟通、交流，然后对施工计划予以修改，以保证施工方案的可行性。

2. 强调对施工材料的管控

施工之前，监理人员应及时对材料规格、型号与具体产地等进行严格管理，及时从施工方处获取材料的相关信息。对中砂、碎石等材料进行审核时，必须要深入到此种材料的产地进行实地的采用，然后对材料开展试验，在碎石处理上采用压碎试验来进行质量测验。若施工区域与沿海区域相靠近，还要充分考虑中砂的具体酸碱度参数。对于桥梁桩基施工而言，材料质量对整个桩基结构的质量影响是十分大的，因此，监理人员应发挥自身的重要价值，坚决抵制不合格材料，禁止劣质材料进入到施工现场。

3. 水下砼试配

在桥梁桩基施工前期，水下砼试配很是关键，其在施工前时常会出现一定的问题，大都是由于施工方忽视的缘故。因此，在施工前期，监理人员要时刻提醒施工方要重视水下砼试配工作，施工方专门组织专业人士来进行此部分的操作。在开展水下砼试配时，应多做几种配合比实施方案，并将配比的相关信息、数据等记录下来，根据28d后的结构强度参数与和易性等来设定最佳配合比参数。

4. 强化对机械设备的监管

为提升桥梁桩基施工质量，提高施工的基本效率，监理人员必须强化对机械设备的科学性监管，对机械设备的基本性能、故障等进行检修，特别是钻机设备。在实施桥梁桩基施工时，钻机与钻孔灌注桩的具体垂直度参数、地层钻进能力与孔身的基本形态等存在着密切的联系。

5. 强调对导管质量的管控

为保证后期桥梁桩基施工质量，还要对导管水密性进行科学的检查，观察导管的外表是否存在变形或锈蚀现象，还要对螺母与螺丝间的具体接合状况。近些年来，在钻孔灌注桩方面时常发生安全事故，很多都是由于导管质量不佳所致。

（二）施工过程的监理要点

1. 科学埋设与安装护筒

在安装与埋设护筒时，必须要精准。为了方便后续检查工作，要在护筒周边打上马桩，并使用棉线来将其拉直处理，相交的位置就是桩位的中心区域。在施工前，要对中心点进行反复的校正，还要对骑马桩的具体位置予以检查，了解其是否存在偏移问题。在潮汐区域护筒高度设计上，要充分结合涨潮的具体参数，及时考虑涨潮时的最大参数值是多少，然后结合水位变化来确定护筒高度。

2. 控制钻孔进度，调整泥浆浓度

开始钻孔操作时，监理人员应对施工人员的行为进行监督，结合地层结构差异来调整钻进的实际速度。若黏土层比较纯，应适度减缓钻进的速度，这样可方式发生糊钻的现象；如若使用冲击锤参与施工，要适度降低冲程，降低泥浆的浓度参数；若碰上砾石层、卵石等，要将降低钻进的速度，否则很可能发生钻杆断裂的情况，且冲孔时，也要控制速度，并适度减少扬程，以防止孔位偏移问题的发生。

3. 清孔

清孔属于钻孔灌注桩施工体系中的关键环节。等到终孔部分检查完毕后，应及时做好清孔处理，不可间隔过长时间，否则会让泥浆、废渣等的沉积量逐步增加，为清孔工作带来困难，导致发生塌孔问题。实施清孔操作时，必须严格控制好清孔质量，将泥浆的密度控制在 $1.1g/cm^3$ 左右。测量沉积废渣厚度时，要利用取样盒等到清孔操作完毕后，吊到孔的底部，等到灌注砼之前将其取出，进而测量出沉渣厚度。沉渣的厚度要符合设计要求，否则就需要重新开展一次清孔操作。

4. 制作与安放钢筋笼

使用钻机实施钻进操作时,应制作钢筋笼。且钢筋笼的制作必须依照设计图纸的相关信息,还可设置临时性的支架,来达到固定钢筋笼的效果,同时还要对焊接质量进行检查,焊接口要予以错开,严格控制钢筋笼的具体垂直参数,进而可为吊装提供比那里,如若刚度系数不够,应及时进行加密处理,待到完成清孔工作后,要规范安放钢筋笼结构,安放的时间要越短越好,旨在防止在孔部的底层形成大量的沉积渣;在焊接吊笼时,要保持两节钢筋笼垂直焊接,保证落笼操作的顺利度,且不可触碰孔壁的泥浆层,然后,使用相对较粗的刚健来将钢筋笼固定在护筒结构上。

开展桥梁桩基施工时,为提高施工质量,必须强调对施工技术与施工方案等进行审查,还要对管理者、特殊人员的相关资格证书、上岗证等进行审查。桥梁桩基施工中,监理人员应秉持着跟踪式监管的理念,强调旁站监理,及时对监理记录、日志等认真进行填写,以督促施工方人员的行为,及时将施工现场的照片、影像资料等进行保存,以便为工程管理提供条件。只有在监理人员的监督与管理条件下,才能实现对桥梁桩基施工的科学性管理与规范,能大大提高施工质量。

第二节 桥梁深水基础施工

一、桥梁墩台概述

桥梁墩台基础均在地面或水面以下,其施工条件和受力状况都和上部结构不同,尤其是深水中修筑埋于河床很深的大型桥梁墩台基础的技术特别复杂,修筑好后又淹埋于水、土中。进行检查和修补很困难,属于隐蔽工程。所以,在设计和施工中对它进行认真研究和考虑是极其重要的。在桥梁基础工程中,根据一般传统的土力学地基和基础上介绍的水中围堰概念:当水深在 5～6m 以上时,不能采用一般的土围堰、木板桩围堰等防水技术施工的桥梁基础,称之为桥梁深水基础。对于深水基础的施工方案的选择尤其重要。

二、问题及解决方法

(一)桥梁深水基础类型

根据目前国内外已建成的桥梁深水基础情况,其类型主要有:桩基础(包括打入桩基础和钻孔桩基础)、管桩基础、沉井基础、组合基础(包括沉井加管柱基础和沉井加钻孔桩基础)和特殊基础(包括双承台管柱基础、锁口管柱基础、多柱基础、连续墙基础、沉箱基础和设置基础）。

桥梁深水基础，不仅深水环境对它产生许多直接作用，而且深水对其设计理论和施工技术都会提出一些特殊问题。比如，不论是基础类型选择、基础埋深确定、外荷载或作用力的计算以及地基承载力与沉降量的确定等问题，均与水深有关。深水基础的主要特点如下：

1. 基础所受的水平力，如水流冲击力、船舶碰撞力、水压力、水撞力、波浪力等，要比陆上或浅水基础大得多；

2. 深水基础的稳定性与安全度，一般常受水文条件控制。所以对桥梁深水基础，水文条件与地质条件具有同等重要的地位；

3. 深水基础除了需考虑环境水的侵蚀外，还需要考虑潮汐、洪水以及流水所夹砂石与流冰的直接碰撞、磨损等问题；

4. 深水基础类型选择一定要认真考虑，并作全面的可行性分析，因为它不仅关系到基础造价的高低，还直接影响到桥梁工程的成败、质量和工期；

5. 深水基础应具有高抗自然灾害能力，这就要求勘测设计时作大量、细致的勘测，而深水基础的地基勘测均需在水下进行原位勘测，工作条件差，要取得真实可靠数据难度大，这就要求其勘测手段更先进、可靠；

6. 深水基础属于水下隐蔽工程，其设计与施工时必须将水流流速、水深深度等因素及由水深所引起的其他约束条件联系起来综合分析，并采取相应措施；

7. 对于海湾、海峡和近海岛屿间的近海桥梁深水基础，更应考虑海洋环境产生的荷载力，如由台风、巨浪所产生的巨大水平力，应成为其设计和施工中必须考虑的重要控制条件；

8. 根据桥梁深水基础现状和发展来看，目前在水深大于100m的深水中修建的桥梁基础尚无先例。但海洋大陆架最大水深可达200m，而现在世界上最深的水下建筑，即1998年美国墨西哥湾修建的Bull winke石油钻井平台，水深达41lm。所以在水深200m条件下修建海上桥梁深水基础是可能的，但随着水深的增加，位置及可变的技术因素也相应地增加，其设计和施工的技术难度也将急剧增加。

（二）桥梁深水基础施工的影响因素

1. 水文与地质条件

桥梁深水基础所在处的水深、流速、冲刷、冲溶、侵蚀、水流方向、水位涨落幅度、漂浮物（船、冰）冲击力与波浪冲击力等，以及所在区域的地质状况是桥梁深水基础施工的重要条件和依据。水文资料主要包括：拟建桥梁所引起的冲淤变化及相应的水文改变；产生滑坡、泥石流的可能性和影响；各种漂浮物的冲击力的大小和性质；通航要求，包括通航登记、航道位置、最高最低通航水位、航道规划与整治规划等。地质资料主要包括：拟建桥梁所在处的地质勘测资料，包括地层分布、地形地貌等；曾经发生过或将来可能发生的有关影响基础耐久性与稳定性的地质现象等。

2. 气象与环境条件

在进行桥梁深水基础施工时，除了要考虑水文和地质条件外，还要考虑桥位处气象和环境条件，在某些情况下，气象或环境条件有可能成为控制因素。气象条件主要考虑的是风、气温和降水。风荷载对吊装设备、围囹结构露出水面部分等有着一定的影响；气温影响到施工过程中的维护；降水影响到施工工期。在邻近防洪大提时，采用一般打桩锤打桩时，会因振动和翻砂导致防洪大堤的下沉，甚至造成事故，所以在这种条件下，就要采用其他的施工设备。环境水或地下水对基础和临时围囹结构有侵蚀作用时，就要采取相应的措施。

3. 工期

工期也是深水基础施工方案选取时要考虑的一个重要因素。不同的施工方案所需要的工期不一样，特别在工期较紧时施工方案选择尤为重要。

4. 施工机械和施工技术力量

施工机械和施工技术力量也是桥梁深水基础施工要考虑的一个因素。施工方案新颖、高效固然是好，但施工机械制约或施工技术力量不足，也是不能采用的。

5. 工程设计

工程的设计对施工是先决性的，别无选择地必须按设计施工，因此，工程设计往往在决定施工方案和工艺选择时起关键作用。影响的因素主要有：结构、不同部位衔接、基础埋深等方面。

6. 安全、经济性要求

在施工方案的确定中，应本着安全、经济的原则去确定施工方案。

（三）施工方案的确定

1. 结构型式的选择

深水基础围水施工一般采用吊箱、围堰、沉井几种形式，其目的是利用围水结构，隔绝外部水体，抽干内部水后形成无水施工状态，从而进行承台及下部结构的施工。

2. 施工工艺选择

对于围堰施工，桩基础配承台的深水结构施工，一般有先围堰后钻孔和先钻孔后围堰两种工艺可采用，就项目的管理和技术要求，相对来说，先围堰后钻孔方法的优点是可节约工期、围堰形成的平台利于钻孔的施工，但其缺点也是很明显的：钻孔的振动易使围堰接头损坏；先下沉的围堰在未封底的情况下稳定性差，难以安全度汛；清土后围堰内水深加大，增加钻孔的护筒投入；围堰施工的巨大投入不能及时得到支付补偿，增大资金周转难度。

而先桩基后围堰的方法,在围堰下沉时还可利用桩基提供下沉辅助压力和导向。

本节从桥梁深水基础的现状出发,对深水基础施工方案做出了简要的介绍和分析,随着工程设计研究需要,在实际中需要特别考虑各种复杂的影响因素,充分分析工程特点、地质水文条件及工期、经济性要求,对钢围堰的结构、受力工况、施工技术要点进行了分析与研究,希望本节的归纳能为分析和设计中提供一定的参考。

第三节 桥梁高墩施工

一、桥梁高墩设计施工的特点和难点

随着我国公路建设的飞快发展,桥梁高墩技术在公路建设中成为施工的重要问题。我国桥梁高墩设计施工的特点和难点主要有以下几个方面:施工周期比较长桥梁高墩设计涉及一些高空作业,在模板的受力自成体系中,模板的受力性质有一定的规律。从这个方面进行考虑的话,对桥梁高墩的混凝土进行浇筑,高度一般控制在3m左右,而高墩的施工次数也比较多。加上会受到自然环境的影响,每一个桥墩的施工周期有的甚至是达到一个月之久。施工模板和机械设备的投入比较大单做桥墩在施工的过程中,一般涉及的时间范围比较长,但是桥梁设计的总工期有一个具体的限制。因此为了提高施工的效率,各个桥梁的高墩设计一般采用平行作业的方法进行施工。每一个桥墩都可以配备相应的模板,同时进行施工,各自成为一个施工体系,这样可以缓解施工进度的问题,但同时也会增加投入。同时,由于高墩模板的增加,在施工中需要配备大吨位的吊车,还容易出现吊车之间难以协调使用的问题,增加施工的成本。高墩施工控制有一定难度桥梁高墩施工中,由于高桥墩一般截面比较小、桥墩比较高、重心相对也较高,对施工定位、施工的精度等都有较高的要求。尤其是对桥梁高墩的接缝处理,要求比较高,需要保证接缝的密实性。如果桥梁高墩的接合不够密实,会对桥墩的质量产生很大的影响。另外,由于桥梁高墩施工一般都是高空作用,安全性也是一个重要的难点问题。

二、桥梁高墩施工技术

(一)我国桥梁高墩主要施工技术方法

我国桥梁高墩施工技术主要为以下3种技术:无支架施工、滑模施工、爬升模板施工。
(1)无支架施工。其工艺相对简单操作便捷,采用汽车吊配翻模施工,利用率高,成本较低,但是当桥墩过高时,则局限性较强,自身缺乏起重系统,必须利用塔吊进行配合,使得灵活性大大下降,同时施工成本也增高;(2)滑模施工。速度较快,模板与周转材料少,施工成本低廉,但是对混凝土外观质量控制难度较大,同时对桥墩的竖直度控制较难,一旦发送偏斜,难以纠正,影响桥墩施工精度;(3)爬升模板施工。它有着诸多的优点,例如外形小巧、质量较轻、安装与拆卸都较方便等,这使得桥梁高墩的施工迎来了一线曙光,但是这项技术在我国的发展还是较为有限,目前主要运用于房地产的建设施工中。因此将这项爬升模板施工技术引入到桥梁高墩施工的意义是非常重大的,它将推动我国桥梁施工行业的快速发展。

(二)施工工艺流程及施工过程中的注意事项

桥梁施工中高墩施工工艺也是相当重要的,只有保证高墩的施工工艺流程正确,才能够有效的保证高墩的施工质量。

1. 施工过程中的注意事项

其一,在绑扎钢筋和竖向筋接长中。在施工的过程中模板会逐渐提升,施工人员要充分利用模板滑升的时间来完成相应的工作,比如接长顶杆、绑扎钢筋等,从而节约施工的时间,保证施工的进度;其二,在横隔板施工处理中。横隔板的存在对于墩身整体的稳定性是相当重要的,因此在施工的过程中要注意定距离在空心的墩身中设置相应的横隔板,一般情况下这个定距离为10m,而横隔板的宽度保持在1m左右。同时在对横隔板进行施工的过程中要先将内模与内吊手架拆除,施工完成后再将其进行安装;其三,在滑模拆除中。模板的拆除的顺序对桥梁高墩施工也是相当重要的,一般情况下模板的拆除顺序与安装的顺序相反,就是后装先拆,这样就可以保证模板拆除人员可以返回到施工的地面上,避免因拆除顺序出错造成模板拆除人员的安全问题;其四,在线型控制中。线型控制的内容主要包括墩身的垂直度、轴线偏位以及高程。对于墩身的垂直度的控制,施工单位可以每隔一定的距离用激光检测仪来检验墩身的垂直度,保证偏差不会超过限值。对于墩身的轴线偏位施工单位采用的轴线测量架来进行控制的,这个检测结果是由线锤中心法与激光垂直仪相辅相成来完成的,从而有效地确保轴线偏位符合施工要求。对于墩身的高程施工保障,这个保障措施是由三种方式相结合来完成的,首先充分利用水准仪将地面的基准标高定位到墩身的支承杆上,再根据这个标高用直尺来进行定位,最后在利用全站仪进行引测,从而保证墩身的高程合乎施工要求。

2. 桥梁高度施工中的关键技术

(1)测量放样

桥梁基础施工的工程量较大,施工时间也是较长的。在桥梁施工的过程中都有着一个施工进度,施工进度存在的目的就是为了保证工程在计划的时间内完成,避免拖延工期。因此在保证施工工期的过程中,有一项施工工作是相当重要的,那就是桥梁高墩的施工测量放样。在进行测量放样时,施工人员首先要注意的就是将施工场地的垃圾或者是较高的桩子部分进行清理,避免影响到测量放样的步骤的实施;另一方面,测量放样具有较强的专业技术性,施工单位要采用专业的人士来进行施工测量放样,同时测量放样人员也要充分了解工程的现场施工情况,保证施工测量放样的计划性和所有数据的真实性,避免测量数据的遗漏而影响到施工的质量和施工的进度。

(2)支架搭设与验算

其一,支架搭设的技术要求。在支架施工的过程中,施工人员一定要严格把握施工的技术要求,从而保证施工的质量和安全性。例如在高墩施工的过程中脚手架就起着相当重要的作用,不仅可以支撑施工人员站在上面进行施工,而且脚手架较为安全稳定,材料运输也可以经过脚手架,因此其承受的荷载还是较大的,安装脚手架下面的基础的承载能力要够,同时脚手架的连接处要足够结实;其二,支架的搭设方式。支架的搭设之前一定要保证搭设基土具有足够的承载能力,避免支架在使用过程中下沉或者是倾斜,这是一个较为严重的安全问题,尽量采用双排碗扣件来进行支架的搭建,纵杆和横杆在搭设过程中要保持在1.2m的范围内;其三,支架的受力分析。支架在搭设之前一定要对其进行受力分析,支架不仅受到自身重力的影响,也会受到上部荷载的作用,因此一定要对支架进行受力验算,避免支架因为受力过大而出现安全问题。支架的受力一般都是从上到下的,所以支架受力最大的还是支架的底部,验算的最要对象就是支架底部和支架下面的基土。在对支架进行受力分析和验算的过程中,计算的人员一定要进行综合的分析所有的影响因素,例如桥梁的高墩可能处于水中,水流对支架的影响等,只有将所有的影响因素都考虑在内,才能够有效的保证支架的施工安全。

(3)模板工程

模板的施工对高墩的施工质量也是相当重要的,只有保证良好的施工技术才能够有效的保证施工的顺利进行,也可以保障施工的质量。在施工的过程中,模板工一定要按照施工的技术规范来确定施工模板的大小,保证尺寸的偏差限制在规范之内。模板的存在主要就是为了保障浇注混凝土的方便和质量,因此在进行模板施工的过程中一定要保证模板之间接缝严实,避免在浇注混凝土的过程中出现原料漏出的现象,所以施工单位可以采用机械安装,这样模板工程的质量可以得到有效的保证;另一方面,施工单位在选取模板的材料时要选用便于安装和拆卸的材料,这既方便了施工也节约了大量的时间。

(4)钢筋工程

高墩是桥梁的基础,它对于桥梁的安全是相当重要的,因此在进行高墩施工的过程中一定要保证高墩具有足够的承载能力,这对于桥梁的质量和使用年限是非常重要的,而高墩的承载能力主要体现在高墩中的钢筋的承载能力。因此,施工单位在进行高墩施工前一定要对高墩中的钢筋使用量、型号、长度以及钢筋放置的位置等进行分析计算,然后由专业人士再进行验算和评估,从而保证高墩中的钢筋具有足够的承载能力。同时钢筋工程另一个需要注意的方面就是钢筋在使用过程中的截取,换句话说就是如何合理利用钢筋,避免胡乱的截取较长的钢筋进行使用，当需要使用长钢筋时却没有合适的材料，这就造成了大量的材料浪费，不仅影响了施工的进度，也使施工单位浪费了大量的资源甚至会造成收益亏损。在钢筋工程中，钢筋对接是非常常见的，对接的长度过短会严重影响到钢筋的承载能力，而对接长度过长又造成了资源的浪费，因此合理的对接长度也是较为重要的。

（5）浇注混凝土

桥梁高墩施工的过程中，其负责承载能力的主要就是钢筋和混凝土，因此浇注混凝土对高墩的施工质量也是有着较大的影响的。混凝土不仅是构造高墩的主要材料，也是主要的承受力的材料和保护材料，它的质量直接影响到高墩的施工质量安全。所以浇注混凝土的工作人员要专业，不仅要保证浇注的工作严格按照规范来进行完成，也要对混凝土有着自己独到的见解，从混凝土的均匀程度、颜色等判断出混凝土搅拌的质量，保证浇注的混凝土严格符合施工质量要求规范，保证施工的质量。

综上所述，桥梁高墩施工技术在我国高速公路建设中至关重要，在施工过程中应严格依照国家规定的施工标准，结合地区地理环境和气候环境因素合理制定施工计划，要充分考虑高墩技术施工特点进行桥梁施工作业，严格质量监控，保障工程质量，以此提升我国高速公路桥梁施工的整体质量，并最终展现出我国高速公路对经济发展和文化交流的重要促进作用。

第四节 预应力混凝土施工工艺

一、预应力混凝土结构的材料与机具设备

（一）预应力混凝土的材料

1. 预应力钢筋

预应力混凝土结构的钢筋有非预应力钢筋和预应力钢筋。非预应力钢筋可采用Ⅰ—Ⅲ级的钢筋和乙级的冷拔低碳钢丝。目前国内常用的预应力钢筋主要有冷拔钢丝、冷拉钢筋、冷轧带肋钢筋、碳素钢丝、钢绞线、热处理钢筋、精轧螺纹钢筋等。用优质高碳钢盘条后经索氏体化处理、酸洗、镀铜或磷化后冷拔制成，其含碳量为0.7%~0.9%，直径为4mm~5mm。碳素钢丝根据深加工的不同，又可分为冷拔钢丝、消除应力钢丝、刻痕钢丝、低松弛钢丝和镀锌钢丝等。

（1）冷拔钢丝，是将高碳钢盘条后冷拔直接用于预应力混凝土的钢丝。由于冷拔后

钢丝呈现硬化，开盘时钢丝呈现螺旋状，没有良好地伸直性，并存在一定的残余应力，其屈强比低、伸长率小。因此，应用范围较窄，仅用于铁路轨枕、压力水管和电杆等。

（2）消除应力钢丝又称矫直回火钢丝，是冷拔后经矫直、回火（350—400℃）处理的钢丝，属于普通松弛级钢丝。冷拔钢丝经矫直、回火后，可消除冷拔残余应力，提高比例极限、屈强比和弹性模量，并能改善塑性获得良好地伸直性，可广泛地应用于房屋、桥梁、市政、交通等工程。

（3）刻痕钢丝，是将光圆高强钢丝经表面刻痕，用于先张法构件提高钢丝与混凝土的黏结强度。

（4）低松弛钢丝又称稳定化处理钢丝，是在冷拔状态下经回火处理的钢丝，其弹性模量和屈服强度提高，应力松弛率大大降低，是20世纪90年代提倡应用，生命力很强的一种钢丝，现已广泛用于房屋、桥梁、水利工程中。

（5）镀锌钢丝用热镀或电镀金方法，在钢丝表面上一层锌金属的钢丝，镀锌层平均厚度为27～50um，其性能与低松弛钢丝相同。镀锌钢丝的抗腐蚀能力强，但价格较高，主要应用于悬索桥和斜拉桥的拉索，以及环境条件恶劣的工程结构物拉杆。碳素钢丝的规格和力学性能应符合国家标准《预应力混凝土用钢丝》（GB/T5223—2002）的规定。

2. 钢绞线

钢铰线是用多根冷拉钢丝在绞线机上面螺旋形绞合，并经消除应力回火处理制成，预应力钢铰线按捻制结构不同可分为：1×2钢铰线、1×3钢铰线、1×7钢铰线等，其中1×7钢铰线用途广泛，1×2钢铰线和1×3钢铰线仅用于先张法预应力混凝土构件。钢铰线根据深加工的要求不同又可分为普通松弛钢铰线（消除应力钢铰线）、低松弛钢铰线、镀锌钢铰线、模拔钢铰线等，钢铰线的规格和力学性能应符合国家标准《预应力混凝土用钢铰线》（GB/T5224-1995）的规定。

3. 热处理钢筋

热处理钢筋是用热轧中碳低合金钢经过调质热处理或轧后冷却的方法制的。这种钢筋具有强度高、松弛值低、韧性较好、黏结力强等优点。按螺纹外形可分为带纵肋和无纵肋两种。由于这种钢筋为大盘卷材，所以施工中不需要焊接，主要用于铁路轨枕，也可用于先张法预应力混凝土楼板。

4. 精轧螺纹钢筋

是用热轧的方法在整个钢筋表面上轧出不带纵肋的螺纹外形。钢筋的接长用连接器，端头锚固可直接用螺母。这种钢筋具有连接可靠、锚固简单、施工方便、无须焊接和冷拉等优点，主要用于桥梁、房屋与构筑物等的直线筋。

（二）预应力混凝土

1. 高强度。规范规定预应力混凝土构件的混凝土强度等级不宜低于C30，当采用钢丝、钢绞线、热处理钢筋作预应力钢筋时，混凝土的强度等级不宜低于C40。预应力混凝土需要采用较高强度的混凝土，才能建立起较高的预压应力，并可减少构件截面尺寸，减轻结构自重。先张法构件采用较高强度混凝土，可以提高黏结强度。

2. 收缩、徐变小。可以减少由于收缩、徐变产生的应力损失。

3. 快硬、早强。可以尽早对构件施加预应力，加快施工进度，降低间接费用，预应力混凝土需采用早期强度高的混凝土。

（三）预应力施工的机具设备

1. 锚具、夹具与连接器的分类

锚具、夹具与连接器按锚固方式的不同，可分为夹片式（JM型锚具、单孔夹片锚具与多孔夹片锚具等）、支承式（镦头锚具、螺丝端杆锚具等）、锥塞式（钢质锥形锚具、槽销锚具等）和握裹式（压力锚具、挤压锚具等）四类。

2. 锚具、夹具与连接器工艺要求

（1）预应力筋用锚具的工艺性能，应满足下列要求：满足分级张拉，补张拉等张拉工艺的要求；具有放松预应力筋的性能；锚固时预应力筋的内缩值，符合标准《混凝土结构工程施工及验收规范》的规定。

（2）预应力筋夹具的工艺性能，应满足下列要求：具有良好的自锚性能；具有良好的松锚性能；能多次重用使用。

二、预应力混凝土结构的主要施工技术

（一）先张法

先将预应力钢筋张拉并锚固在张拉台座上，后浇筑构件混凝土，待混凝土达到足够的强度后再放张，以此实现预应力的方法。先在张拉台座上，安装设计规定的拉力张拉筋束，并用锚具临时锚固；再浇筑构件混凝土，经养护混凝土达到强度要求（一般不低于设计强度的75%）后，放张（即将临时锚固松开或将钢束剪断），让筋束回缩。筋束与混凝土的黏结作用阻止了钢束回缩，将回缩力传递给混凝土，使混凝土获得预压应力。

1. 先张法的特点：所用的预应力筋束，一般用高强钢丝、钢绞线，自锚型（通过预应力筋与混凝土黏结力实现锚固），不专设永久锚具。预应力筋通常采用直线配筋，不同截面的预加力作用点不能随使用荷载弯矩的变化而调整，因而，先张法只适用于中小跨径受

弯构件。

2. 先张法的优点：施工工序简单，张拉钢筋时用临时锚具固定，锚具可以重复使用，一般称为工具式锚具或夹具。在大批量生产时，先张法构件比较经济，质量也比较稳定。

3. 张拉设备与夹具：夹具是在先张法施工中，为了保持预应力筋的拉力并将其固定在张拉台座或设备上所使用的临时性锚固装置，常用的有墩头式夹具、锥销式夹具、夹片式夹具等。张拉设备要求操作方便、可靠，能准确控制应力，能以稳定的速率增大应力。先张法中常用拉杆式千斤顶、穿心式千斤顶、台座式液压千斤顶和电动螺杆张拉机、电动卷扬张拉机等拉张拉钢筋。

4. 预应力筋的铺设：为了便于脱模，在预应力筋铺设前，对台面及模板应刷隔离剂。同时，为了避免铺设预应力筋时因其自重下垂破坏隔离剂，污染预应力筋，影响预应力筋与混凝土的黏结，应在预应力筋设计位置下面先放置好垫块或定位筋后铺设。

5. 混凝土浇筑与养护：预应力钢筋张拉完毕后，即应帮扎骨架、立模、浇筑混凝土。构件应避开台面的伸缩缝和裂缝，当不能避开时，可在缝处先铺薄钢板或细沙等，然后浇筑混凝土。台座内每条生产线上的构件，应一次浇完，混凝土要振捣密实，特别是构件端部，更要求密实，以保证混凝土强度和黏结力。振捣时，应避免碰击预应力筋。混凝土未达到一定强度，不允许碰撞或踩动钢筋。当叠层生产时，应待下层构件混凝土强度达到 8～10N/mm^2 后方可浇筑上层构件的混凝土。混凝土的养护可采用自然养护或蒸汽养护：自然养护是指在平均气温高于5℃的自然条件下，用适当的材料如草袋对混凝土构件加以覆盖，并适当浇水，使混凝土在一定时间内保持足够的润湿状态；蒸汽养护实质是在湿热气体作用下，使混凝土发生一系列物理、化学变化，从而加速内部结构形成的速度，获得早强、快硬的效果。

6. 预应力筋的放张：放松预应力钢筋时，混凝土立方体抗压强度应符合设计要求，如设计无明确要求时，不得低于设计的混凝土立方体抗压强度标准值的75%。预应力筋的放张顺序应符合设计要求，当设计无专门要求时，应符合下列规定：对承受偏心与压力的构件，先同时放张预应力较小区域的预应力筋，再同时放张预应力较大区域的预应力筋；对承受轴心与压力的构件，所有的预应力筋应同时放张；当不能按上述规定放张时，应分阶段、对称、相互交错地放张，以防止在放张过程中构件产生弯曲、裂纹及预应力筋断裂现象。预应力筋放张前，应拆除侧模，使放张时构件能自由压缩，放张工作应缓慢进行，防止冲击。常用放张方法有：螺杆放张法、沙箱放张法、千斤顶放张法、楔形垫放张法、预热放张法等。

7. 堆放：堆放构件的场地应平整夯实。堆放时使构件与地面之间留有一定的空隙，并有排水措施。重叠堆放的构件，应吊环向上，标志向外。堆垛高度应按构件强度、地面承载力、垫木强度及堆垛的稳定性确定，跺与跺之间应留有一定的空隙。

(二)后张法

后张法是先浇筑混凝土构件,当构件混凝土达到一定的强度后,在构件上张拉预应力钢筋的方法。其施工的主要工序如下:浇筑混凝土构件,并在预应力钢筋位置处预留孔道;待混凝土达到一定强度(不低于混凝土设计强度等级的75%)后,将预应力钢筋穿过孔道,以构件本身作为支座张拉预应力钢筋,此时,构件混凝土将同时受到压缩;当预应力钢筋张拉至要求的控制应力时,在张拉端用锚具将其锚固,使构件的混凝土受到预压应力。

后张法的特点:预应力筋锚固通过专门的锚具来实现,需要相当数量的优质锚具。预应力筋通常采用曲线配筋,不同截面的预加力作用点随使用荷载弯矩的变化而调整,因而,后张法适用于大跨径受弯构件。

后张法的优点:预制构件不需要专门的张拉台坐(相对先张法而言),可以工厂制作,也可以工地现场预制。

1. 孔道留设

后张法的关键在孔道留设。预应力筋的孔道形状有直线、曲线和折线三种。孔道留设正确与否,是后张法构件生产中的关键之一。孔道留设方法有钢管抽芯、胶管抽芯、预埋管等,其基本要求是:孔道的尺寸与位置应正确,孔道的直径应比预应力筋的直径、钢筋对焊接头处外径或需过孔道的锚具或连接器外径大 10~15mm(对钢丝束或钢绞线束则大 5~10mm),预应力筋孔道之间、孔道与构件边缘之间的净距离不应小于 25mm;孔道应平顺,接头不漏浆,端部的预埋钢板应垂直于孔道中心线。

(1)钢管抽芯法

预先将钢管埋设在模板内的孔道位置,在混凝土浇筑过程中和混凝土达到终凝以前,间隔一定时间慢慢转动钢管,不使混凝土与钢管粘牢,等到混凝土初凝后、终凝前抽出钢管,即在构件中形成孔道,此法一般用于留设直线孔道。为了保证预留孔道的质量,施工时应注意以下几点:

①要求钢管平直、表面光滑、预埋前应除锈、刷油,安放位置准确;钢管在构件中用钢筋井字架固定位,井字架间距不宜大于 1.0m,与钢筋骨架扎牢。钢管每根长度最好不超 1.5m,两端各应伸出构件 100mm 左右。钢管一端钻 16mm 小孔,以便于旋转和抽管。较长的构件可采用两根钢管,中间可用 0.5mm 厚铁皮做成套管连接。

②掌握好抽管时间,抽管过早,混凝土未完成硬化,会造成塌孔事故;太晚,混凝土与钢管粘结牢固,抽管困难。具体抽管时间与水泥的品种、气温和养护条件有关。一般掌握在混凝土初凝以后,终凝以前,手指按压混凝土表面不显指纹时可抽管。常温下抽管时间约在混凝土浇筑后 3~6h。抽管前每隔 10~15min 应转管一次。

③抽管顺序宜先上后下地进行。抽管方法可用人工或卷扬机,抽管时,必须速度均匀,边抽边转,并与孔道保持在一直线上,抽管后应及时检查孔道情况,并做好孔道清理工作,

以防止以后穿筋困难。

由于孔道灌浆需要,在浇筑混凝土时,应在设计规定位置留设灌浆孔。一般情况下在构件两端和中间每隔12m设一个直径为20~25mm的灌浆孔,并在构件两端各设一个排气孔。灌浆孔留设可用木塞或白铁皮管。

(2)胶管抽芯法

留孔用胶管一般采用有5~7层帆布夹层、壁厚6~7mm的普通橡胶管。胶管安放位置正确后,用钢筋井字架固定,直线孔道井字架间距不宜大于0.5m,曲线孔宜加密;在浇筑混凝土前,在胶管中充水(或充气)加压到0.5~0.8N／mm^2,此时胶管直径可增大约3mm左右,然后浇捣混凝土,待混凝土初凝后,放水降压,胶管直径变小,并与混凝土脱离,随即抽出胶管形成孔道。胶管抽芯与钢管抽芯相比,弹性好、便于弯曲,不需转动。因此,它不仅可以留设直线孔道,而且在留设曲线孔道时更为方便。在没有充气或充水设备的单位或地区,也可在胶管内塞满细钢筋,能收到同样效果。使用胶管留设孔道,胶管必须有良好的密封装置,并应检查水压表压力是否正常,如有变化时,应检查有无破漏并随时加以补充。短构件留孔,可用一根胶管对弯后穿入两个平行孔道;长构件留孔,必要时可将两根胶管接长使用。

2. 预应力筋制作

(1)钢丝下料与编束 消除预应力钢丝放开后可直接下料,下料如发现钢丝表面有电接头或机械损伤,应随时剔除。采用墩头锚具时,钢丝的等长要求较严,同束钢丝下料长度的相对差值,即同束中最长与最短钢丝只差,不应大于L/5000,且不得大于5mm(L为钢丝下料长度)。为了达到这一要求,钢丝直料可用钢管限位法或牵引索在拉紧状态下进行。

编束可保证钢丝束两端钢丝的排列顺序一致,在穿束与张拉时不致紊乱。随着所用锚具形式不同,编束方法也有差异:采用墩头锚具时,先将内圈和外圈钢丝分别用铁丝顺序编扎,然后将内圈钢丝放入外圈钢丝内扎牢;采用钢质锥形锚具时,编束分为空心束和实心束两种,但都需要圆盘疏丝板理顺钢丝,并在距离钢丝端部5~10cm处编扎一道,使张拉分丝时不致紊乱。

(2)钢绞线下料与编束 为了防止在下料过程中钢丝绞线紊乱并弹出伤人,应将钢绞线盘卷在事先制作的铁笼内,从盘卷中央逐步抽出。钢绞线下料宜用砂轮切割机切割,不得采用电弧切割。钢绞线用20号铁丝绑扎编束,间距1~1.5m,编束时应先将钢绞线理顺,使各根钢绞线松紧一致。如果钢绞线是单根穿入孔道,则不必编束。

3. 预应力筋的穿束

(1)穿束顺序 预应力筋穿入孔道,简称穿束。穿束可分为先穿束法和后穿束法两种。先穿束法时在浇筑混凝土之前穿束,此法按穿束与预埋螺旋管之间的配合,又可分为以下三种:

①先穿束后装管。先将预应力筋穿入钢筋骨架内，后将螺旋管逐节从两端套入并连接；
②先装管后穿束。先将螺旋管安装就位，后将预应力筋穿入；
③二者组装放入。即在构件外侧的脚手架上将预应力筋与螺旋管组装后，从钢筋骨架顶部放入设计部位。

后穿入法是在混凝土浇筑之后穿束，此种穿入方法不占工期，便于用通孔器或高压水通，穿束后立即可以张拉，易于防锈，但穿束时比较费劲。

（2）穿束方法根据预应力筋一次穿入的数量，可分为整束穿法和单束穿法。对钢丝束一般应采用整束穿；对钢绞线优先采用整束穿，也可用单根穿。穿束工作可用人工、卷扬机和穿束机进行。

①人工穿束。可利用起重设备将预应力筋吊起，人工站在脚手架上将其逐步穿入孔内。束的前端应扎紧并裹胶布，以便顺利通过孔道。对多波曲线束，宜采用特制的牵引头，工人在牵头牵引、后头推送，用对讲机随时联系，保持前后两端同时用力。

②卷扬机穿束。主要用于超长束、特重束、多波曲线束等整束穿入。卷扬机的电动机功率为 1.5～2.0kw，卷扬机速度宜为 10m/min，束的前端应装有整束网套或特别的牵引头。

③穿束机穿束。穿束机是一种专门用来穿束的设备，主要适用于大型桥梁与构筑物单根钢绞线的穿入。

4. 预应力张拉

预应力筋张拉是生产预应力构件的关键。张拉时结构的混凝土强度应符合设计要求，当无设计具体要求时，不应低于设计强度等级的 75%。在预应力筋张拉中，主要是解决好张拉方式、张拉程序、张拉顺序、张拉延长值校核和注意事项等问题。在后张法张拉中，采用的主要张拉方式有以下几种：

（1）一端张拉方式：适用于长度 ≤ 30m 的直线预应力筋与锚固损失影响长度 $L_f \geq L/2$（L—预应力筋长度）的曲线预应力筋；

（2）两端张拉方式：适用于长度 >30m 的直线预应力筋与锚固损失影响长度 $L_f < L/2$（L—预应力筋长度）的曲线预应力筋；

（3）分批张拉方式：适用于长度 >30m 的直线预应力筋的构件或结构。由于后批张拉的预应力筋所产生的混凝土弹性压缩对先进的预应力筋造成预应力损失，所以先批预应力筋张拉力应加上该弹性压缩损失值或将弹性压缩损失平均值统一增加到每根预应力筋的张拉力；

（4）分段张拉方式：适用于多跨度连续梁、板分段施工情况；

（5）分阶段张拉方式：用于在后张传力梁等结构中，为平衡各阶段荷载，采用的一种方式。这种张拉方式具有应力、挠度与反拱容易控制、材料省等优点；

（6）补偿张拉方式：在早期预应力损失基本完成后，再进行补张拉。采取这种补张拉，可以克服混凝土弹性收缩损失、钢材应力松弛损失和混凝土徐变损失等，达到预期的预应力效果。

5. 孔道灌浆

预应力筋张拉并锚固后，应尽快地用灰浆将水泥浆压灌到预应力构件的孔道中去，其目的是防止预应力筋产生锈蚀，同时可使预应力筋与混凝土有效黏结，提高混凝土结构的抗裂性、耐久性及承载能力。

灌浆所用的水泥浆应有足够的勃结力，并有较大的流动性、较小的干缩性和泌水性。

应选用强度不低于 42.5MPa 的普通硅酸盐水泥，水灰比为 0.40～0.45，搅拌后 3h 泌水率控制在 2%。水泥硬化后的强度不应低于 $2.5N/mm^2$。为了增强孔道灌浆的密实性，水泥浆中可掺入对预应力筋无腐蚀作用的外加剂，如木质素磺酸钙、铝粉等。

灌浆前，用压力水冲洗和湿润孔道，灌浆压力以 $0.5～0.6N/mm^2$ 为宜。灌浆顺序应先下后上，以免上层孔道漏浆堵塞下层孔道。直线孔道灌浆时，应从构件的一端灌到另一端；曲线孔道灌浆时，应从孔道最低处向两端进行。

在灌浆施工中，应缓慢均匀连续进行，不得出现中断，并防止空气压入孔道而影响灌浆质量。排气通畅直至气孔排除空气、水、稀浆、浓浆时为止。在孔道两端冒出浓浆并封闭排气孔后，继续加压灌浆，稍后再封闭灌浆孔。对不掺入外加剂的水泥浆，可采用二次灌浆法，以提高孔道灌浆的密实度。

三、预应力工程施工技术控制难点和质量保证措施

（一）施工技术要求

工程的装卸层平台的主次梁主要使用了有黏结预应力筋，每层的施工后浇带的连接跨主次梁使用了无黏结预应力筋，预应力施工工艺应满足《混凝土结构工程施工及验收规范》和《无黏结预应力混凝土结构技术规程》的相关要求。

1. 钢束张拉施工过程

不设施工超张拉力。钢束张拉伸长量应控制在计算伸长值的 -5%～+10% 的许可范围内。

2. 当混凝土强度达到设计强度的 90% 之后，方可进行钢束预应力张拉。张拉时采用应力控制，应变校核的方法进行，实测伸长值与计算值的偏差应在 -5%～+10% 范围之内。施工中应做好现场施加预应力记录。

3. 在进行波纹管的安装施工时，按设计坐标要求设置架立定位筋以保证预应力筋的曲线定位，当波纹管与普通钢筋或其他管线位置有冲突时，应当首先保证波纹管位置的准确，并沿梁长每米设置焊接架立定位筋一道。

4. 曲线筋在端部垫板内侧垂直于垫板的平直长度不应小于 500mm。

5. 无黏结预应力筋在安装过程中，应注意防止被其他钢筋刺穿或划破无黏结预应力筋

的塑料套管，当有局部损伤时应用塑料胶带对其破损部位进行包裹绑紧。

6. 浇筑混凝土之前进行电焊作业时必须采取可靠措施保护无黏结预应力筋不受损伤。

7. 波纹管曲线坐标的峰点位置均应安装排气管，孔道压浆前要将排气管打开，充分排气和排出浓浆后再关闭排气管阀。

8. 锚垫板的安装应与波纹管或预应力筋垂直。

9. 浇筑混凝土在振捣过程中对预应力锚固区的混凝土必须振捣密实以防张拉时发生意外，但不得长时间用振捣棒碰触预应力筋或波纹管，以防止损坏无黏结预应力筋的塑料套管和防止波纹管破裂漏浆。

（二）预应力筋张拉完成后须严格做好封端工作，具体步骤为：

1. 多余钢绞线应采用砂轮片切除，剩余的外露钢绞线长度不小于30mm，严禁采用电弧切断；

2. 采用水泥砂浆封堵锚具夹片部位，同时清理孔道的排气出浆口，以保证孔道压力灌浆通畅，确保孔道浆体密实；

3. 有黏结钢束端部进行砂浆封头处理8h后才可以进行孔道压浆施工；

4. 用C40微膨胀细石混凝土封堵张拉端并振捣密实。孔道灌浆要求密实，水泥浆强度等级不应低于M40；

5. 预应力端部封锚要求：张拉、灌浆后，用砂轮切割机切割掉多余的部分，预应力筋的外露长度不宜小于直径的1.5倍，且不宜小于30mm。用环氧树脂涂封锚具即预应力筋，封闭前应将锚具周围的混凝土凿毛，冲洗干净。凸出式的锚头宜配置钢筋网片，用微膨胀细石混凝土进行封闭。

（三）预应力筋的定位

采用超常规的多跨抛物线造成钢绞线的定位非常困难，同时结构构件本身有密集的大直径非预应力钢筋，钢筋与预应力钢绞线束、锚具以及平面正交的、立体相交预应力钢绞线束之间的占位矛盾十分突出。所以在预应力筋定位时严格按设计要求曲线形式布筋，保证在垂直方向上各控制点高度达到规范要求，形成平滑曲线。当在预应力筋位置遇有施工洞及预留洞口时，预应力筋的位置不断不绕，可离洞口边30mm并束布置。根据曲线预应力筋的坐标位置，核对与非预应力筋的相关性，发现预应力筋与非预应力筋或其他布管（如电线管等）发生冲突时，经分析确定优先保证预应力筋的铺设，将普通钢筋位置移动，确保预应力管道位置正确，但禁止将钢筋截断，实际施工中有两个部位钢筋移位较大，采用同型号井字钢筋加固。然后按照确认的曲线坐标制作、布筋。

开始帮扎钢筋前，在垫层上放出墙边线和钢筋位置，根据钢筋的重叠顺序，将纵横钢筋、封闭箍筋依次就位，按设计的钢绞线在梁内的位置，将专用支架牢固焊接在梁内箍筋上，按照节点区域预应力筋铺设方案施工，并在钢筋笼中布置专用托轮若干，将绞线束由一端牵引、另一端传送,缓慢输送到位。牵引穿铺中不得损伤护套,顺次安放在专用支架的"U"形卡内,随即将U形卡扳成形,将绞线牢固固定,然后安装承压板、螺旋。

必须保证梁端40cm内绞线束与梁轴线平行,穿入预应力筋后再将上层钢筋依次就位,严格校对位置,固定牢固。

预应力筋和波纹管安装质量是确保预应力体系质量的重要基础,在施工中严格施工过程控制,保证灌注混凝土后波纹管不漏、不堵、不偏不变形,采取了如下措施:使用前对波纹管进行严格的检查,是否存在破损,发现损伤无法修复的坚决废弃不用;安装波纹管前去掉端头的毛刺、卷边、折角;认真检查,波纹管安装前必须做好以下工序,才能确保波纹管定位必须准确。

(四)预应力筋的穿束

1. 本工程曲线束型中,有大量超长、超曲的多波束型钢绞线束,采用机械牵引和人工推送相结合的方法整束穿入,取得较好效果。

2. 将钢绞线按计算长度下料,一端固定的钢绞线装好P式挤压锚后,理顺保持长短松紧一致,用绑丝按中距1米绑扎成束备用。

3. 穿束时必须注意保护波纹管,避免损伤,若有损坏,须及时用胶带密封或更换。固定端波纹管口用裹水泥浆的棉纱严密封堵。穿束完毕立即对钢管位置、定位和固定情况、灌浆管和排气管的固定和通畅情况、管道外壁的完好和密封情况进行检查、矫正。

(五)预应力筋的张拉

工程的装卸层平台的主次梁主要使用了有黏结预应力筋,每层的施工后浇带的连接跨主次梁使用了无黏结预应力筋,预应力施工工艺应满足《混凝土结构工程施工及验收规范》和《无黏结预应力混凝土结构技术规程》的相关要求。纵向主次梁钢束的张拉工艺方法均为两端同步分级张拉工艺方法施工;横向主次梁钢束的张拉工艺均为钢束一端固定,另一端张拉工艺方法施工;无黏结筋钢束均为一端固定,另一端张拉方法施工。

1. 钢束的张拉顺序

根据本工程的结构设计特点,平面单方向较长,张拉各个区域宜分开进行。根据现场施工条件和施工进度安排,并考虑结构主、次梁和纵、横方向梁的相关性,采用先张拉框架短方向(22m跨)主、次梁,后张拉框架长方向(110m跨)主、次梁的方式对预应力梁进行钢束的张拉顺序:

先张拉横向主梁钢束→再张拉纵向主梁钢束→然后张拉横向次梁钢束→最后张拉纵向次梁钢束。

由于主梁每梁钢束数量较多,每批次每梁张拉2束,所有同类的主梁钢束第一批次各梁2束张拉完毕后,再轮回第二批次各梁2束张拉,以此轮回直至完成钢束张拉。

2. 张拉力控制程序

0 荷载→初始张拉力（10%Fk）→量测伸长初值→20%Fk 张拉力→测伸长值→设计张拉力（Fk）→量测伸长终值→持荷稳压 2 分钟→锚固锁定。

另由于框架主梁内预应力束根数较多且为宽扁梁体系，为避免梁内预应力张拉过程中对梁产生不平衡扭矩，同时还考虑到尽量减少张拉设备的移动次数理顺张拉端预应力筋次序，减小施工难度，应对所有预应力宽扁主梁保证基本对称张拉。

3. 钢束的控制张拉力值

张拉工艺流程：穿入工作锚板→塞紧工作锚夹片→穿入顶压器→穿千斤顶→穿工具锚→塞工具锚夹片。

千斤顶安装：首先搭设操作台和千斤顶吊架，高压油泵、灰浆泵安装在屋面平台上，接通电源试车待用，注意顶压器不能空载试顶。

钢绞线在千斤顶穿心孔内不能相交；夹片锚孔要保持清洁，在工具锚的夹片和锚孔壁内涂石蜡，使其润滑便于退下；夹片三个为一组，出厂前已用弹簧或橡皮圈套在一起，不能混乱，塞夹片时三片一齐送进，工作锚和工具锚夹片用 D25 钢管套在钢绞线上用力敲紧夹片，注意务使其结合严密。张拉工序由张拉班实施，张拉前进行技术交底，并模拟演练，张拉前应先拆除板底及梁侧模板，不得拆除梁底支撑。

预应力梁采用两端张拉工艺，自中部向两端对称张拉。由于施加预应力的作用，预应力混凝土梁会出现反拱现象，在屋面用水平仪测量跨中水准点，由于梁板整体结构和钢绞线呈抛物线设置，根据经验反拱高度不大于 10mm。

预应力梁的两束钢绞线分两次张拉，可能造成梁发生侧向弯曲，在梁底部垂直于梁轴线拉一道横向通线，梁底侧面做出标记，测量张拉过程中梁跨中底部的侧向侧弯曲，当最终完成张拉后预应力混凝土梁应无侧向弯曲。

油泵操作：该工程用两台油泵，每端一台。每台油泵的一个油路接千斤顶，另一个油路接顶压器，回油管直通油泵的油箱。当千斤顶回油时，回油管再接到供油咀，原供油管直接到油箱。顶压器能自动回油，无回油管。

4. 后浇带预应力筋施工

为保证张拉千斤顶能够在后浇带内进行张拉操作，该工程后浇带预留宽度为 1800mm，后浇带处预应力筋采用张拉方式进行张拉。同时由后浇带两边与次梁边只有 100mm 混凝土，因此在此后浇带两侧各 100mm 范围预应力梁内各放置一道设计箍筋以加强预应力筋张拉过程中的混凝土整体性。同时针对柱边因梁腰筋、内部箍筋非常多，导致千斤顶无法进入梁内后浇带，因此需切除梁一侧部分腰筋，待预应力筋张拉完毕后将梁腰筋焊接回补，并将梁内部箍筋后装。

5. 预应力锚固安装和封堵

由于单根梁内预应力束较多且 22m 跨方向只能在一侧张拉，张拉端密集，同时梁柱节点区域普通钢筋密集，故张拉端需采用多种形式：柱边增设张拉墩头，通过在张拉墩头内安放预应力穴模（用聚苯塑料块制作）的方式将张拉端埋入节点内，梁边同样采用穴模将张拉端埋入主梁内。张拉端张拉完毕后用同等级细石混凝土对其进行封堵。

（六）灌浆

预应力混凝土结构中，预应力筋的防腐蚀问题及与结构混凝土的共同工作问题是通过压力灌浆充满预应力筋预埋孔道和预应力筋之间的空隙予以解决的，当后张预应力筋处于非水平的倾斜状态、多跨度弯曲状态时，水泥浆的泌水蒸发后形成无水泥浆存在的空间，使该处的预应力筋失去保护。而预应力筋在高应力（现代预应力结构中，预应力筋的应力通常在 1000MPa 以上）状态下对腐蚀损坏相当敏感（即应力腐蚀），造成预应力筋的腐蚀部位断面缺损，影响预应力混凝土结构的安全和耐久性。因此，灌装质量的好坏直接影响到预应力筋的防腐蚀性能、预应力构筑物的安全性能和耐久性能。所以在预应力孔道灌浆施工中，应注意：

1. 孔道压力灌浆

孔道压浆是国内采用最普遍的一种压浆工艺，它是使搅制合格的水泥浆体通过压浆泵和输浆管缓慢流动输入孔道，在出浆阀和排气阀充分排气溢浓浆后，由低至高关闭出浆阀和排气阀，然后压浆泵对浆体加压至 0.5MPa ~ 0.7MPa，关闭进浆阀和压浆泵完成孔道压浆工序。

孔道压浆的作用是保护预应力钢筋在长期工作中不被过早锈蚀，保证预应力筋与混凝土长期共同工作，更好地发挥预应力的有效作用，增强预应力构件的使用耐久性。要达到上述目的，孔道压浆必须做到孔道内水泥浆体的饱满和密实。

（1）孔道压浆的主要施工设备

排量为 $2m^3$ / min 的 SZ-2 水环式真空灌浆泵 1 台，真空压力表 1 个，QSL-20 型空气过滤器 1 个，15kg 左右秤 1 台，灌浆泵 1 台，配套高压橡胶管 1 根，灰浆搅拌机 1 台。

（2）孔道压浆的施工步骤

①准备工作

a. 检查确认材料数量，种类是否齐备，品质是否保证；

b. 检查机具是否齐备、完好；

c. 检查供水、供电是否齐全、方便；

d. 按配方称量浆体材料，减水剂首先溶于一部分水，待用。

②试抽真空将灌浆阀、排气阀全都关闭，抽真空阀打开；启动真空泵抽真空，观察真空压力表读数，即管内的真空度，当管内的真空度维持在时（压力尽量低为好），停泵约

1min 时间,若压力能保持不变即可认为孔道能达到并维持真空。

③搅拌水泥浆

a. 搅拌要求搅拌水泥浆之前,加水空转数分钟,将积水倒净,使搅拌机内壁充分湿润。搅拌好的灰浆要做到基本卸尽,在全部灰浆卸出之前不得再投入未拌和的材料,更不能采取边出料边进料的方法;

b. 装料顺序首先将称量好的水(扣除用于溶化减水剂的那部分水)、水泥、微膨胀剂倒入搅拌机,搅拌 2min;然后将溶于水的减水剂倒入搅拌机中,搅拌 3min 出料;

c. 水泥浆出料后应尽量马上进行泵送,否则要不停地搅拌;

d. 必须严格控制用水量,否则多加的水全部泌出,易造成管道顶端有空隙;

e. 对未及时使用而降低了流动性的水泥浆,严禁采用增加水的办法来增加灰浆的流动性。

(3) 压力灌浆施工工序

a. 将灰浆加到灌浆泵中,在灌浆泵的高压橡胶管出口打出浆体,待这些浆体浓度与灌浆泵中的浓度一样时,关掉灌浆泵,将高压橡胶管此端接到孔道的灌浆管上,扎牢;

b. 关掉灌浆阀,启动真空泵,当真空度达到并维持在 -0.06MPa ~ -0.09MPa 值时,启动灌浆泵,打开灌浆阀,开始灌浆,当浆体经过空气滤清器时,关掉真空泵及抽气阀,打开排气阀;

c. 观察排气管的出浆情况,当浆体稠度和灌入之前稠度一样时,关掉排气阀,仍继续灌浆 2min ~ 3min,使管道内有一定的压力,最后关掉灌浆阀。

(4) 清洗拆下抽真空管的两个活接,卸下真空泵;拆下空气滤清器和灌浆胶管,清洗灌浆泵、搅拌机、阀门、空气滤清器以及粘有灰浆的工具。

2. 真空灌浆

由于本工程预应力筋部分是多波超长曲线,为确保灌浆的质量,保证其密实度,实际施工中对超过 40 米的多波预应力筋采用了真空灌浆,取得了很好的效果。

(1) 灌浆浆体配比设计及试验

①配制的基本原则

为保证灌浆质量,需要配制一种高性能灰浆,根据厂家要求这种高性能灰浆与普通灰浆相比,在原材料的配比方面主要差异为低水灰比和多成分,增加部分微膨胀剂和减水剂,其目的是为了增加灰浆的密实度,改善灰浆性能,从而达到高强和耐久的目的;降低水灰比,减少孔隙、泌水,消除离析现象;降低硬化灰浆的孔隙率,堵塞渗水通道;减少和补偿灰浆在凝结硬化过程中的收缩变形,防止裂缝的产生。

②浆体特性要求及对应配比试验

厂家提出的技术指标:

流动度要求:搅和后的流动度为 30s ~ 40s。采用流锥仪测定流动度;

水灰比：为满足可灌性要求，一般选用水泥浆，水灰比应在 0.3 ~ 0.4 之间；

泌水性：小于水泥浆初始体积的 2%；四次连续测试结果的差值小于 1%；

体积变化率：0% ~ 2%；

强度：7 天龄期强度＞40MPa；

微膨胀剂（UEA）2%，减水剂 75%（水泥用量百分比）。

③对比试验结果

通过对比试验，实际施工时水灰比采用 0.33，同时在施工中，针对真空灌浆和普通压注浆进行了对比试验，对比试验所用的孔道材料、孔道长度、孔道内穿钢绞线的量全部相等，在同一时间压浆，灌浆 3d 后剖管检查。

试验结果显示：

a. 采用普通压装工艺进行灌浆的试样，浆体能较好地充满波纹管道，由少量泌水引起的凹坑主要集中在波纹管的高度 5mm 的凸出波形内，在两波形之间仅有少量凹陷小于 2mm、形状类似气泡的指甲大凹坑。说明采用普遍压浆工艺，容易产生遗留气泡，造成灌浆不密实，同时还存在水泥浆体干燥收缩而产生缝隙的问题。

b. 采用真空辅助压浆工艺进行灌浆的试样，掺入微膨胀剂和减水剂的水泥浆，浆体能很好地将塑料波纹管灌满。孔道的空气、水分以及混在水泥浆中的气泡被消除，减少孔隙、泌水现象，产生的微膨胀可以很好地抵消水泥的收缩，孔道密实度可以大大增加，真空灌浆的浆体早期强度高于普通压浆的浆体强度。

c. 当采用真空灌浆和普通压浆制作对比试样，经剖管作对比检查，整个浆体结构呈圆形，柱体密实无空隙，与波纹管结合密实，灌浆口近端和排气孔近端的浆体的结构形状几乎一样，表明均匀性较好，采用真空灌浆能使孔道保持良好的密封性，可消除混在稀浆中的气泡，减少有害水分的聚积空间，使浆体保压及充满整个孔道得到保证。能消除裂缝的产生，使灌浆的饱满性、密实性及强度得到保证。真空灌浆过程是一个连续且迅速的过程，还可提供均匀、密实不透水的灰浆保护层，密实度在 99% 以上。在施工效率方面还有了很大的提高，内径为 Φ75 的 40m 管道抽真空只需十几秒钟，灌浆只要 10 多分钟，而普通压力灌浆约需 50 分钟，大大缩短了灌浆时间，为施工提供了便利，节省了工期。

（七）预应力施工的质量保证措施

1. 原材料的质量控制

（1）钢绞线经过实地考察、竞标，选定江阴华新电缆有限公司 1860Mpa 级钢绞线，进场验收严格执行 GB/T5224—1995 标准有关规定，并经监理单位见证取样，合格后方可使用，预应力筋进场后应认真存放，严格保管，避免受到电气焊损伤，不能把向预应力筋作为电焊机的地线使用，受损伤的预应力粗钢筋坚决不能使用，现场堆放不超过一个月，并做好防锈工作；

（2）预应力筋下料时采用无齿砂轮机切割，下好的成品钢丝束不能有死弯及磨伤。下好料的钢筋贴上长度标签，按长度分类堆放，并挂好长度标签；

（3）锚夹具经实地考察及竞标，选定柳州建机总厂 OVM 系列锚具，进场验收严格执行 GB/T14370—98 标准中 I 类锚具要求试验，并经监理单位现场见证取样；

（4）灌浆用水泥采用某水泥厂 525# 普通硅酸盐水泥。按照 GB/T175—92 标准监理单位现场见证取样，合格后方可使用，水泥堆放期不宜超过一个月，受潮及结块后不能使用；

（5）膨胀剂、减水剂采用不含氯离子的外加剂，并经施工监理单位认可。

2. 施工机具的质量控制

（1）张拉机具油泵和千斤顶随时保持在良好状态，施工前油泵和千斤顶进行配套标出应力—油压曲线，油表及千斤顶做好编号记录，以避免使用中配错对，同时准备足够的备用油表、油泵及千斤顶；

（2）油泵千斤顶每半年应重新进行一次标定，大修后也须重新标定；

（3）灌浆设备随时保持在良好状态，同时备用一台，易损件现场应有足够的备件。挤压设备应与挤压锚具配套，易损件及挤压模应有足够备用；

（4）真空灌将设备整个连通管路的气密性必须认真检查，合格后方能进入下一道工序。

3. 施工的安全保证措施

（1）预应力施工中坚决贯彻安全第一、预防为主的方针，严格执行国家、上级主管部门有关安全生产的规定；

（2）认真做好安全教育和安全交底工作，现场施工负责人，下达每项施工任务时，施工人员要专门进行有关安全方面交底，对安全工作提出具体要求；

（3）建立安全检查制度，对现场施工安全进行监督、检查；

（4）施工人员进入工地必须戴安全帽，穿防滑鞋，作业时不准吸烟；

（5）对施工脚手架、张拉平台，施工负责人要组织人员事先进行检查，合乎要求后方可上架施工作业；

（6）所有进场施工设备，必须经常进行维护保养，完好率达到 100%，严禁带病运转操作；

（7）预应力筋张拉时，张拉人员必须站在千斤顶两侧位置，不准在千斤顶正面操作，且要加设防护板；

（8）张拉时，张拉位置下面不应有人作业或通行，避免工具、锚具掉落伤人；

（9）如夜间施工，施工现场应有足够照明；

（10）预应力施工，应严格遵守施工现场一切安全操作规程与要求，不得违章作业；

（11）加强防火用电教育，杜绝火患，规范用电的管理，做到人走电断；班组定期进行安全总结。

4. 预应力施工与总体土建施工的配合

预应力单项施工是总体结构土建施工的一部分，预应力施工中的波纹管安装，钢绞线穿筋和钢束张拉等项工作与模板、钢筋和混凝土等工序施工关系密切。因此，相互配合协调施工对施工进度的影响至关重要。

（1）施工工序的配合

梁底模板安装→主、次梁钢筋绑扎安装→梁预应力钢束架立定位筋焊接→梁预应力钢束穿筋固定安装或波纹管安装→梁侧模板关闭→预应力筋端部锚垫板和螺旋筋安装固定→预应力筋端部封模→安装质量检查→混凝土浇筑施工和养护→预应力钢束张拉和压浆施工→拆除梁板模板→预应力筋端部预留槽口封闭；

（2）工序的配合要求环环相扣，紧密配合，才能保证质量，确保施工进度。预应力施工要紧跟总体施工，确保总体施工进度的完成；

（3）由于柱子钢筋较多，在绑扎柱子钢筋时必须事先预留纵横向钢束波纹管位置。

5. 施工资料要求

（1）材料证明

1860MPa 钢绞线的出厂合格证和质量证明书；锚具产品的出厂合格证和质量证明书。

（2）材料检测报告和设备标定报告

1860MPa 钢绞线静载试验报告；锚具和挤压锚的静载锚固性能试验报告；张拉设备千斤顶和压力表的标定报告。

第五节　预应力混凝土简支梁施工

一、预应力混凝土简支梁施工技术

简支梁桥属于一种静定结构，并且具有构造简单、架设简便、内力稳定、抗外力作用强等优势。通常情况下，简支梁需要尽可能采用预应力混凝土结构，以提高其安全性与稳定性，另外，简支梁截面可以采用 I 形、T 形或者箱形等形式，具体设计需要对桥长、桥宽、跨径等具体因素决定，从而促使其使用功能的充分发挥。

（一）预应力空心板梁预制场设置

台座数量的设置需要根据具体的工程要求进行，并且保证台座顺着梁桥的轴向进行布置。为了提高预制预应力空心板梁的施工质量，保证在张拉过程中梁体的自重不引起台座的沉降，需要对台座基础进行加固处理。然后对板梁台座以及端头位的长度及宽度进行测量，并采用扩大地基承载面积的方法，根据测量结果进行基坑的挖掘与设置，并在其上部摊铺碎石，将碎石夯实以后，需要浇筑一定厚度的钢筋混凝土。在处理以后的扩大基础上进行台座施工，台座两边需要设置硬质泡沫，目的在于防止漏浆现象的出现。除此之外还需要重视排水设施的设计与规划，因此需要设置纵横排水设施，预制场纵向主排水沟设置在两龙门轨道的外侧，横向排水沟需要与纵向排水沟相连接；底部采用条型混凝土基础，并在上面铺设一定厚度的钢板作为底模，其尺寸需要根据施工图纸与施工要求进行确定。

（二）板梁的预制施工技术要点

1. 施工准备工作

空心板梁的施工准备工作主要包括预制场地的建设、龙门吊安装、材料的储备及模板的加工等工作程序。其中，预制场的建设极为重要，需要利用已经填筑好的路基对施工场地进行规划，板梁的底座基础需要进行处理，并用混凝土对表面进行平摸，然后将梁端底座进行加固处理，吊装用的龙门吊利用贝雷片进行拼装。

2. 模板加工

通常情况下，简支梁桥的板梁的外模板需要利用专业模板厂的组装式钢板进行安装与设置，并尽可能地减少模板的焊接缝。在面板水平加劲采用槽钢横竖加劲，并保证面板与加劲之间采用间断焊接缝。在模板使用之前需要对其是否与施工要求与标准相符合进行检验，并做好模板表面的除污除锈工作，保证模板的清洁与平整。

3. 模板的拼接与拆除

对于外模板的拼装与拆除来说，需要利用比较简易的小型龙门吊的电动葫芦进行作业的开展，并保证模板安装之前，首先完成钢筋骨与端模板的安装，然后再对波纹管及两侧模板的安装与拼接。在底层混凝土浇筑完成以后需要进行内模的安装，如果需要拆卸，其顺序需要依照安装的顺序进行。为了确保模板接缝足够平顺，并且避免漏浆问题的出现，需要采用一系列的有效措施：（1）模板接缝处需要采用硬质泡沫衬垫，同时用打磨机打磨平整；（2）每次拆模之后需要将模板表面进行清理，在其干净以后需要进行机油的涂抹，保证在下一次使用时不出现生锈的问题；（3）每次立模之前需要将模板的表面进行清理，去除上面的污垢与铁锈，并涂上适量的脱模剂，从而完成立模。

4. 钢筋的制作与安装

钢筋原材料的选购需要对其生产许可证以及出厂合格证进行检查，并在其进场之前需要对进行一定的试验，确保其使用性能。钢筋材料的存放需要避免雨水的冲刷与腐蚀，其制作需要在施工棚中进行，制作好的半成品与成品钢筋需要分类堆放，并保证其制作与安装需要避免在结构的最大应力处设置接头，并应可能使接头交错排列，接头间距相互错开，并设置一定的间距,保证钢筋安装时的质量。

5.钢绞线的安装

钢筋绑扎的过程需要将波纹管绑扎在钢筋结构上,并依照施工图纸开展施工,同时波纹管的接头需要进行密封设置,保证混凝土浇筑的过程中有水泥浆渗漏到波纹管中;其次,钢绞线的使用需要对其各项使用性能进行试验,并用砂轮对钢绞线进行切割,然后分根梳理顺直,避免有缠绞扭麻等现象的出现。在钢绞线穿接以前需要对其孔道的畅通程度进行检查,保证其中没有杂物的存在,并注意避免划伤波纹管。

6.混凝土浇筑

在混凝土浇筑之前,需要对模板的尺寸进行检查,并保证预埋件位置及预应力筋预留管道的定位正确无误,如果模板由缝隙,需要用海绵以及泡沫进行填补。浇注混凝土之前需要对下料的配合比进行科学合理地确定,各项材料均需要符合施工标准的要求,并保证混凝土浇筑的过程中始终由专业技术人员进行把关。除此之外,混凝土的浇注应该按照一定的顺序、方向与厚度进行分层浇筑,从梁的一端一层一层循环进展至另一端向相反方向进行投料,上层混凝土必须在下层混凝土振捣密实之后才能进行浇注。

(三)板梁移动与存梁

在板梁移动之前,需要对空心板梁的保养提起足够的重视与关注,并在张拉压浆以后对其强度与稳定性进行检测,待其各项指标符合施工标准以后,才能对其进行起吊运输。对于板梁的堆放来说,需要在空心板的两端利用两点搁置的方式进行固定,并避免使板梁上下两端颠倒搁置。除此之外,存梁场地需要干净清洁,并且需要按支点位垫牢,从而提高板梁固定的安全性与稳定性。

由于预应力空心板梁具有结构新颖、操作简便、梁体轻、承载能力轻等特点,因此简支梁桥的安全性与稳定性较强。就目前来看,预应力混凝土简支梁的施工已经得到了相对深入的研究,并一直得到有效的优化与改进。由此可见简支梁施工的重要性,因此施工过程中需要严格依照设计要求与相关规范实施各项措施,并严格细致地做好各项施工环节的质量控制,从而提高简支梁桥的施工质量。

二、预应力混凝土简支梁病害防治

在桥梁建设中,预应力简支梁占了相当大的比例,如何在设计、施工、后期维护中预防预制梁病害的发生,延长混凝土预制梁的使用寿命,成为摆在工程技术人员面前的重要课题。只有对预制梁的主要病害进行分类,分析病害产生原因及特点,才能做到有的放矢,针对性防治预制梁产生的病害。

（一）预应力简支梁常见表面缺陷及原因

钢筋混凝土简支梁的缺陷主要包括：蜂窝、麻面、漏筋、表层脱落等。

1. 蜂窝、麻面

蜂窝的产生原因主要包括：第一，施工不当。在施工中如果不进行混凝土的振捣，或者振捣不恰当，运输中发生离析现象，支模阶段的缝隙较大，都会导致水泥砂浆大量散失，引发缝孔产生；第二，结构设计不恰当或者材料使用不合理。如果钢筋密度过大，混凝土的骨料直径大小不合理，坍落度过高，都可能引发蜂窝出现。在蜂窝部位会产生应力集中，使结构强度、抗腐、抗磨等性能有所下降，严重者对桥梁的稳定性构成影响。麻面的产生原因主要是在施工中采用了不光洁的模板，或者模板的润湿程度不足，都会导致混凝土中的水分流入到模板当中，进而出现麻面。

2. 漏筋

由于施工质量问题导致漏筋出现。当灌注中钢筋保护层垫块出现移位时，钢筋与模板就会紧密贴合，保护层范围中振捣不足或者出现漏振。由于外界的因素，如果桥梁出现裂缝，或者阴雨天气雨水进入到裂缝当中，钢筋就会出现锈蚀，导致表面层大范围脱落以及漏筋出现。

3. 磨损

造成这一病害的原因主要包括三类，分别为：混凝土的灌注强度较低、表面层骨料数量多、车轮磨损过度。速度较高的水的冲刷，水流当中夹带着较多的砂石，如果桥梁出现磨损严重情况将直接影响局部结构的稳定性甚至会造成局部破坏。

4. 剥落

出现剥落的原因有：第一，保护层厚度过小。如果保护层的厚度过小，很容易引发在自然状态下混凝土的表层结构吸收大量水分，造成结构物表层和内部的湿度不均匀，产生湿度应力。当干湿交替反复作用于混凝土面层，就会导致表层结构的破坏，导致脱落。当保护层受损以后，便会形成对钢筋的锈蚀；第二，结构存在裂缝；第三，钢筋表面层锈蚀、膨胀，当形状改变过度时，就会导致面层剥落；第四，如果环境温度过低，可能导致冻结现象的出现，反复的冻融会导致混凝土强度的降低进而出现剥落；第五，侵蚀作用严重。如果出现车辆撞击或者其他硬度较大的物体作用在物体的表面，都会导致表面结构出现破损。

（二）预应力简支梁裂缝缺陷及原因

导致混凝土结构产生裂缝的原因有多种，复杂程度较高。按裂缝成因主要分为以下两种：非荷载引起的裂缝，包括由于混凝土干缩、骨料膨胀、温度应力、施工不当引起的裂缝；荷载引起的裂缝，包括直接应力裂缝和次应力裂缝两种。

1. 非荷载引起的裂缝

（1）干缩裂缝

跨度大小不同的桥梁上均会产生裂缝，尺寸相对较小。宽度数值约为 0.03～0.05mm，用手触摸结构的表面，会有凸凹的感觉，表面由于混凝土的收缩引发表面层出现龟裂。如果混凝土表面层由于缺少水分导致内部损失较小，可能导致表面层产生较大的收缩。内部收缩出现不均匀性，内部的收缩对表面层的收缩产生限制作用。表面混凝土的结构受到拉力的作用进一步发生龟裂，导致网状结构出现裂缝。

（2）骨料膨胀裂缝

骨料膨胀引起的裂缝可以分为两类：第一类，混凝土碱骨料反应。是指骨料中特定内部成分在一定条件下与混凝土中的水泥、外加剂、掺合剂等中的碱物质进一步发生化学反应，导致混凝土结构产生膨胀、开裂甚至破坏的现象，严重的会使混凝土结构崩溃。混凝土碱骨料反应根据反应机制可分为碱硅酸盐反应和碱碳酸盐反应；第二类，含有氧化镁骨料、硫酸盐骨料、生石灰等活性物质。此类物质遇水发生化学反应，并产生膨胀。此类病害的发生一般是由外界的水分经由混凝土中的毛细孔渗入到混凝土内与活性物质发生化学反应。骨料膨胀病害产生的条件有三点：（1）混凝土骨料中含有一定量的碱硅酸活性物质，例如蛋白石、玻璃质二氧化硅等；或碱碳酸活性物质，例如菱形白云石等。当有害物质超过一定量时，会对混凝土构件产生损害；（2）混凝土中的碱；（3）混凝土中存在的液态水。这两类病害一旦发生，结果不可逆，对结构物危害极大。

（3）温度应力裂缝

温度应力裂缝是混凝土箱梁早期开裂的主要原因，温度应力与混凝土凝结硬化时的水化热、养护制度、撤除蒸汽养护罩及拆模时的环境温度、结构的约束情况等密切相关。混凝土浇筑完成后的初凝阶段，水泥水化反应快速释放大量的热量，但热量积聚在混凝土内难以散发，导致混凝土内部温度迅速升高，而表面温度低，因此造成混凝土芯部与表层、表层与外部环境形成内外温差。当混凝土内外温差较大，其产生的不均匀的温度应变在受到混凝土结构件本身约束和外界约束时，将在混凝土硬化过程中产生较大的温度应力。当混凝土产生的这种温度应力达到一定程度而超过混凝土抗拉强度时，混凝土结构就会开裂。在降温阶段，由于混凝土较差的导热性，且结构内外降温速率不同。当混凝土受自身的非线性温度场约束，或混凝土内外形成较陡的温差梯度时，外部混凝土的收缩明显大于内部混凝土的收缩，内部混凝土对外部混凝土的收缩提供了约束，产生了混凝土表面的约束拉应力。当约束拉应力超过混凝土抗拉极限时，梁体就会产生裂缝。因此，温度裂缝是造成箱梁开裂的主要因素之一，尤其降温阶段应作为重点关注的问题。

（4）梁侧的水平裂缝

水平方向裂缝出现的原因多是由于施工中操作不当而产生，包括：在分层浇筑阶段，间隔时间过长；分层浇筑厚度过大，导致混凝土振捣不到位容易出现水纹，严重的会导致梁体产生水平裂缝。

（5）端部出现裂缝

这种裂缝的产生原因有以下几点：保护层过度；氯盐进入保护层；梁体张拉后产生上拱没有及时从模板上提梁，导致梁体、梁端不均匀受力；梁体张拉时，梁端混凝土强度不足。

2. 荷载裂缝

荷载裂缝顾名思义是指混凝土桥梁在承受荷载作用下产生的裂缝。荷载裂缝分为两种：在直接应力作用下产生的裂缝称之为直接应力裂缝；在次生应力作用下产生的裂缝称为次应力裂缝，次应力裂缝多属张拉、劈裂、剪切破坏。

（1）下缘受拉区域出现裂缝

在桥梁的跨度中间存在较多的裂缝。梁的跨度尺寸如果过大，裂缝数量较多。从上部的翼缘向上部开始，一直到翼边缘和梁肋板相接的位置为止，裂缝的间距尺寸约为 0.1 ~ 0.2m，宽度尺寸约为 0.03 ~ 0.1mm。大部分都是由于混凝土收缩以及梁结构受到扰动引起的。此外，腹板上也会存在纵向裂缝。这种裂缝较为多见，且一般跨度尺寸较大。如果跨度尺寸大于 12m，在腹板部分会产生数量较多的裂缝。在梁的高度中间裂缝跨度尺寸较大，一般在 0.15 ~ 0.3mm 之间。如果跨度尺寸不大于 10m，就会出现较小的裂缝。裂缝一般从肋部向上方位置逐渐延伸，越向上方延伸，尺寸就会越小。如果没有达到腹板的端部，可能是由于设计缺乏合理性或者施工质量较差，养护工作不及时以及环境温度较低而导致。

（2）腹板上部出现斜向裂纹

斜向裂缝是钢筋以及混凝土施工结构中出现概率较大的一类裂缝。出现的位置通常位于跨的两部，距离跨度中间的距离越大，倾斜角度越大。如果距离跨度中间较远，就会产生较小的倾斜角度。倾斜角的范围一般在 150° ~ 450° 之间。第一道裂缝的出现位置在距离支座 0.5 ~ 1m 的范围中，裂缝的宽度尺寸一般小于 0.3mm。这种裂缝出现的原因一般是由于设计方面存在缺陷，主拉应力数值过大，导致混凝土无法承担裂缝的载荷，在施工阶段没有控制裂缝出现的速度以及发展状况。

（三）预应力简支梁钢筋锈蚀缺陷及原因

1. 钢筋的钝化膜

钢筋在碱性环境下其表面生成一层致密、难溶解的化合物，从而阻止钢筋锈蚀，这层氧化物膜称为钝化膜（主要成分是三氧化二铁和四氧化三铁）。

2. 钢筋锈蚀原因

混凝土中钢筋的锈蚀首先就是对钢筋钝化膜的破坏，其锈蚀主要是因为以下两点：

（1）在潮湿的条件下，空气中的二氧化碳由外向内逐渐中和混凝土中的氢氧化钙称为混凝土的碳化。当碳化深度达到钢筋保护层时，开始侵蚀钢筋的钝化膜。一旦钝化膜被破坏，在潮湿空气中，钢铁表面会吸附一层薄薄的水膜。纯水是弱电解质，它能电离出少量的 H+ 和 OH-，同时由于空气里 CO_2 的溶解，使水里的 H+ 增多。结果在钢铁表面形成了一层电解质溶液薄膜，它跟钢铁的铁和少量的碳（或其他杂质）恰好构成了原电池，从而使钢筋产生锈蚀；（2）混凝土中或外部渗透进入的氯离子也会形成对钢筋钝化膜的破坏。氯离子是极强的去钝化剂，对钢筋的锈蚀起到催化作用。综上所述，钢筋腐蚀与混凝土的碳化（混凝土碱性的丧失）、氯离子侵蚀以及水分和氧的存在条件是分不开的。

（四）预应力简支梁常见病害的防治要点

1. 在大多数情况下，预应力简支梁的病害并非由于单一因素造成，常常是多种病害共同作用的结果。预防病害的发生要比病害的治理更重要，在小缺陷发生后应及早处理，防止小缺陷逐步演变成大的病害；

2. 好的开始是成功的一半，科学、严谨的设计是桥梁是否成功的基本保证。只有以科学合理的设计为基础，才能生产出优质的预应力简支梁；

3. 设计时应合理的配置构造筋，避免结构断面突变而产生应力集中。把结构断面的突变段设计成渐变段，在应力集中的薄弱环节合理的配筋，可以有效提高桥梁的抗裂能力。选取构造筋的数量、直径要适宜；

4. 设置合理的保护层厚度，提升钢筋混凝土保护层的密实度，可以有效阻止外部有害物质（如氯离子和水）对混凝土预制梁的侵蚀，延缓混凝土的碳化速度；

5. 掺入优质的掺合料，可以有效提高混凝土的密实度，改变混凝土的内部孔隙结构，阻止混凝土中有害物质如氯离子的扩散。混凝土模板要具有良好的刚度和稳定性，拼接严密；混凝土振捣要到位，可以有效防止混凝土出现蜂窝、麻面等质量缺陷；

6. 严格控制混凝土中有害物质含量。混凝土中碱含量一般控制在 3.0kg/m3 以内。采取以下措施：选择含低碱的水泥（≥0.6%），不使用碱活性的集料可以有效防止出现碱骨料反应。控制混凝土中氯离子含量，可以防止钢筋因氯离子扩散而出现锈蚀；

7. 及时对混凝土进行养护，控制混凝土内外温差可以有效防止混凝土出现早期裂缝。混凝土的养护时间不低于 14 天，避免混凝土结构内外温差过大。首先，要降低混凝土的入模温度，不应高于 30℃，使混凝土凝固时其内部在较低的温度起升点升温，从而避免混凝土内部温度过高；其次，采取延长拆模时间和外保温等措施，使内外温差控制在 15℃之内，降低水化热降温引起的拉应力，减少温度裂缝；

8. 严格的原材料质量控制，砂石料级配合理。应用设计允许的最小水泥用量和能满足和易性要求的最小用水量，不要用过大的坍落度，可以有效地控制混凝土出现干缩现象；

9. 一般病害的发生是以水为载体，桥梁防水是桥梁结构防腐的第一道屏障。有效的防水层和排水系统，精心设计的结构细部，可以延缓桥梁结构出现钢筋锈蚀、有害物质侵蚀等病害的发生。

综上所述,结合实际的施工项目,合理制定施工方法并妥善分析,针对常见病害进行分类,明确导致病害产生的影响因素。进一步细致的分析,结合工程建设的实际环境条件以及建设状况,明确需要采取的施工手段和病害防治措施,实现病害发生概率的降低。针对已经存在的问题及时采取有效的解决办法,实现工程建设质量的稳步提高。

第六节 支架现浇连续梁施工

支架现浇连续梁施工的方法又称满堂支架法或就地浇筑法,是一种比较原始的施工方法,施工过程明确,易于对安全质量进行控制,可多工序同步作业,施工周期相对较短,是目前现浇连续梁所采用的主要施工方法之一。该种施工方法适用性较广,桥梁高度较低或交通不便的偏远地区极其适用。

一、支架设计方案

连续梁现浇支架基础采用钻孔桩+钢筋混凝土条形基础预埋钢板,上承 $\Phi 630 \times 10mm$ 钢管柱,钢管柱顶部采用双拼 I56b 横向工字钢分配梁,横向工字钢顶部设置贝雷片,贝雷片上部铺设横向方木,搭设碗扣式支架,在支架顶部承托上、底板下铺设纵横向方木,在方木上铺设桥梁专用竹胶板作为底模,侧模及翼缘板模板采用定型钢模,形成梁体混凝土支撑体系。

二、施工工艺

(一)支架施工

1. 地基处理

支架桩基采用钻孔灌注桩,旋挖钻成孔,长线法统一制作钢筋笼,水下浇筑混凝土。桩基成型后,开挖基坑,"环切法"人工凿除桩头,施工钢筋混凝土条形基础并安装预埋钢板。

2. 支架钢结构部分安装

①钢柱吊装前,清理预埋钢板钢柱上面的泥土等杂物,使用汽车吊吊装,达到指定位置时,拧紧预埋螺栓,防止钢管柱位移同时起到防倾覆作用,钢柱校准完成后方能松

开钢丝绳；②钢管柱的校正：钢管柱定位轴线允许偏差1mm；垂直度：500/L；（L为钢管柱高度），即每米允许偏差2mm；③钢管柱连接，钢管柱纵横向连接均采用槽钢，先在设计位置焊接耳板，然后从上至下依次焊接横纵向槽钢；④I56b双拼工字钢分配梁在专用焊接台架上加工制作，并焊接肋板及预留应力释放孔，整体吊装，精确调整至设计标高，并采用加劲钢板与钢管柱焊接固定；⑤为保证贝雷梁系统的整体受力和结构性能，在施工过程中单榀贝雷梁上下必须垂直，每榀贝雷梁之间必须平行，不能有倾斜和扭曲等情形，架设后的贝雷梁顶面必须在同一个平面上，不能有错台。贝雷梁轴线控制：贝雷梁架设时控制轴线偏差，轴线及高程偏差应控制在5mm之内。

贝雷片安装完成后，复测贝雷片平面位置及高程，应满足以下几点要求：①贝雷梁对中偏差小于1cm；②贝雷梁前后偏差小于1cm；③贝雷梁严禁碰撞其他物体、造成损坏或变形；④贝雷片连接处必须严格安装贝雷销，且设置相应防脱销轴。核对无误后，将贝雷片下横梁与工字钢横梁采用U形钢筋卡扣连接固定。

3. 支架防倾覆措施

①支架防倾覆地锚。在碗扣式支架搭设完成后，从架体顶部纵向水平杆引下Φ18mm钢丝绳作为缆风绳，底部设置1m×1m×1.5m混凝土地锚基础，缆风绳引下过程中不得与架体构造部分相互受力，与地面夹角宜为30°～45°，并采用手拉葫芦紧固，至手拉无晃动为宜；②"×"型缆风绳加固，为加强整个支架体系的整体性及稳定性，将碗扣式支架与钢管柱I56b工字钢横向分配梁连为一体，在每根横向分配梁处位置的线路左右侧各设置1组"×"型缆风绳加固，使碗扣式支架与工字钢分配梁相互锁定，连为一体；③钢管扣件反压碗扣支架加固，传统支架均利用其自重与其支撑部分连接，如遇极端恶劣天气时，其稳定性将无法保证，为了增加碗扣支架与其支撑贝雷片之间的连接，则利用钢管扣件将碗扣式支架的扫地杆与贝雷片上横梁锁定，使支架两个部分连为一体，稳定可靠，安全受控。

4. 支架预压及监测

①支架预压重量按经过计算的梁体自重、施工荷载、模板重量等总重的120%进行预压，以消除支架的非弹性变形，并获得支架弹性变形。在加载预压之前测出各测量控制点标高，观测断面布置于底板处顺桥向距墩中心线5.75m设第一个断面，然后每隔4m设置1个断面，每断面5个点，墩中心线两侧对称布置，分别布设于翼板、腹板、梁中心；②采用预压砂袋加载的方法进行预压。加载分3级进行，即加载0、60%、120%。加载至该级荷载1h后进行支架的变形观测，以后间隔6h监测记录各监测点的位移量，当相邻两次监测位移平均值之差不大于2mm时，方可进行下一级加载；③全部预压荷载施加完成后，应间隔6h监测记录各监测点的位移量；当连续12h监测位移平均值之差不大于2mm时，分三级开始卸载，每级卸载并静止6h后，监测记录各监测点的位移量。

（二）模板设计与安装

1. 模板设计

（1）侧模：侧模面板均采用 d=6mm 钢板，并设置纵横向加强肋，横向设对拉背棱，模板均经过检算满足受力要求；（2）底模：底模采用桥梁专用竹胶板，规格为 1.22m×2.44m×0.02m，下设横纵向方木于碗扣支架顶托上；（3）内模：内模采用桥梁专用竹胶板，规格为 1.22m×2.44m×0.02m，下设横纵向方木于钢管支架顶托上。

2. 模板安装

（1）人工配合吊车安装腹板侧模，控制好模板角度和标高。然后铺设底模，按预压监测数据计算并预设反拱值，并根据弹性变形、设计预拱度及时调整反拱值。底模与底模、底模与侧模模板缝间隙采用双面胶，以防漏浆。最后检查复核各部位模板标高和线形；（2）内模安装：内模采用钢管脚手架+顶托+方木支撑。

（三）支座安装

1. 支座安装应在模板安装时进行，安装时要在活动支座端设置支座预偏量。
2. 支座安装时必须使 4 个支座位于同一平面内，误差不应大于 2mm。
3. 支座安装前复测桥墩中心距离及支撑垫石高程，检查锚栓孔位置及深度是否满足要求，检查支座连接状况是否正常（但不得任意松动上、下支座连接螺栓），安装过程如下：①凿毛支座就位部位的支撑垫石表面，清除预留锚栓孔中的杂物，并用水将支撑垫石的表面浸湿，安装灌浆模板，底面设一层 4mm 厚橡胶防漏条，通过膨胀螺栓固定在支撑垫石顶面；②支座四角采用钢楔调整标高，四角高差不大于 2mm，支座水平偏差不得大于 2mm，在支座板与桥墩的支撑垫石顶面之间预留 20mm～30mm 缝隙，支座就位后，灌注无收缩高强度灌浆材料；③灌浆采用重力式的灌浆方式，从支座中心向四周注浆，灌注支座下部及锚栓孔处空隙，估算浆体体积，备料充足，一次灌满；④强度达到 20MPa 后，拆除钢模板，检查是否有漏浆处，必要时对漏浆处进行补浆，并用砂浆填堵钢楔块抽出后的空隙，拧紧下支座锚栓。

（四）梁体钢筋定位及安装

因为梁体钢筋数量极多，且间距密集，传统绑扎容易造成现场绑扎间距与图纸设计间距不符的现象，为改善并杜绝出现此类问题，采用等 75mm 边角钢精准开槽定位钢筋，且端头模板采用 6mm 钢板+75mm 等边角钢加工制作，根据设计图纸预留钢筋槽口，精确定位钢筋位置，极大地提高了钢筋绑扎效率及钢筋间距的精确度。

（五）预应力孔道定位及安装

梁体预应力施工是连续梁施工中的关键工序，而预应力管道的安装定位则是施工中的重中之重。

先在模板上标记出预应力孔道设计位置，采用预应力波纹管定位筋及"U"型定位卡准确定位预应力波纹管，定位筋与梁体钢筋骨架焊接，使用"U"型定位卡将预应力波纹管牢固地固定于梁体骨架上，防止混凝土浇筑时波纹管移位。"U"型定位卡间距波纹管直线段为50cm，弯曲段为30cm。为防止后期预应力波纹管漏浆堵管，采用比设计波纹管内径小10mm塑料抽拔管在浇筑混凝土前插入，浇筑混凝土时定时抽拔，混凝土初凝后拔出。

（六）梁体混凝土下料及振捣施工工艺

1. 连续梁混凝土施工难点

（1）梁体高、混凝土方量大、结构复杂；（2）钢筋、管道密集、重叠交叉，混凝土振捣困难；（3）梁体处于悬空状态，施工空间狭窄。

2. 支座处砼浇筑

支座上方两侧各布置两个下料孔，下料孔采用Φ110PVC管作为下料管，管底距支座板1m，该下料管随混凝土浇筑高度上升而向上拔出。

3. 腹板砼浇筑

为防止部分粗骨料聚集位置在底板浇注后（即混凝土等强期间）凝固不能与后续浇注的混凝土不能与之结合，采用Φ100mm直径消防软管作为布料口，布料口沿顺桥向设置间距为3m。

4. A0#段扩大段振捣

在扩大段顶部向下50cm及100cm位置分别交错设置两排振捣窗口，窗口尺寸为30cm×30cm，振捣棒通过窗口振捣扩大段混凝土，同时观察底板区域混凝土的振捣情况并安排人员直接从中隔墙下到箱内进行捣固。

5. 锚后混凝土振捣

锚垫板后方钢筋密集，应对每个锚垫板后方逐个进行振捣，在锚垫板上方80cm左右开设捣固孔，根据锚垫板距离模板间距，并使用Φ20mm专用振捣棒进行振捣。

（七）预应力张拉压浆及封锚

1. 预应力张拉

（1）预应力筋制作，钢绞线下料长度按梁段长度加千斤顶的工作长度加钢绞线穿束时的连接长度加富余长度10cm计算；钢绞线的切割采用砂轮机切割，不允许出现散头现象；钢绞线下料够一束的数量后经梳筋板梳理后用细铁丝绑扎，每间隔1.5m绑一道，以便运输和穿束；（2）穿束：本桥采用人工穿短束及人工及卷扬机配合吊车穿长束的方法穿束；穿束前将前端安放引导头，整束穿入；（3）张拉：按照设计要求在规定时间段进行预应力张拉作业，张拉程序为：0→初应力（0.2σcon）→σcon→持荷5min→两端分别锚固。张拉时实行张拉力与伸长值双控，锚下张拉控制应力以油表读数为主，以伸长值加以校核，实际伸长值与理论伸长值相差应控制在±6%，否则应暂停张拉，待查明原因并采取措施加以调整后再继续张拉。

2. 预应力孔道压浆

（1）张拉完毕后，预应力孔道需在48h内进行管道压浆，孔道压浆采用真空压浆方法；（2）施工步骤为：准备工作→抽真空→搅拌水泥浆→压浆；（3）水泥浆配合比，通过试验确定为：1∶0.111∶0.356（水泥∶管道压浆剂∶水），水胶比不大于0.33，且不得泌水。水泥浆初凝时间不小于4h，终凝时间不大于24h；（4）水泥浆的拌制应随伴随用，置于储浆罐的浆体应持续搅拌，水泥浆拌制均匀后，应经孔格不大于3mm×3mm筛网过滤后方可压入孔道。压浆温度应在5℃～30℃，同一管道压浆应连续进行，一次完成；（5）压浆应达到管道另一端饱满和出浆，并应达到排气孔排出与规定稠度相同的水泥浆时方可停止，此时要关闭注浆管闸阀，使孔道中的水泥浆在有压状态下凝结。水泥浆终凝后，方可卸拔压浆阀门。

3. 封锚

（1）凿毛。在封锚之前先进行锚穴凿毛，凿毛在端模拆除后进行，采用手持电镐，凿毛要充分均匀，凿毛面积不小于75%，深度不小于5mm，表面无灰浆。

（2）封锚钢筋。①封锚钢筋按设计图加工点焊，尺寸准确，以便放入锚穴中；②为加强后灌注部分混凝土与梁体的连接，利用原梁体预留钢筋使之与封锚钢筋连为一体，放置钢筋网片，网片保护层不得小于35mm，允许偏差为0mm～5mm。

（3）混凝土的灌注。封锚前先用清水湿润锚穴4周，便于新旧混凝土面的粘接，然后加固封锚模板，再分次填塞封锚混凝土。封锚混凝土不能有空洞、不饱满现象，与梁体混凝土面平齐，错台不超过2mm。

（4）混凝土的养护。封锚混凝土的养护方法采用塑料薄膜覆盖密封自养。在初凝后的12小时之内必须加强养护，充分保持混凝土湿润，防止封锚混凝土与原混凝土之间产生裂纹。

（5）防水涂料施工。封锚混凝土养护结束后，目测封锚干燥度，当封锚砼不再有潮湿痕迹时，在混凝土面表面涂≥1.5mm厚的聚氨酯防水涂料。

支架现浇连续梁施工，为确保施工安全质量，必须从施工的每一道工序及环节严格把控，形成可靠有效的管理体系，养成规范施工的良好习惯，是保证施工安全质量的重要手段。在施工的各个阶段，根据支架受力情况的变化，在不同工序完成前后，对支架进行检查，及时整改，确保了施工的安全质量。

第七节　悬臂浇筑连续梁桥施工

一、基础概述

（一）预应力混凝土连续梁桥的结构特点

预应力混凝土连续梁桥，由于其地形适应性强，加之设计和施工技术日趋成熟，跨越能力大、造价小，加之其受力合理，近年来在桥梁建设中被广泛采用。连续梁桥具有桥型优美、整体性能好、结构抗扭刚度大、变形小、抗震性能好，尤其是主梁变形时挠曲线平缓，桥面伸缩缝较少、行车平稳舒适、成桥后养护工作量小等优点。

预应力混凝土连续梁桥的截面形式主要是箱形截面，箱形截面抗扭刚度大，结构在使用和施工过程中都具有良好的稳定性，预应力混凝土连续梁采用箱型截面不仅可以提高了结构的稳定性，而且由于箱形截面中心混凝土被掏空，使得桥梁的自重大大减小，从而在很大程度上提高了桥梁的跨越能力。

（二）预应力混凝土连续梁桥的发展

预应力混凝土连续梁桥在我国始建于 20 世纪 60 年代，当时仅限于中小跨径。随着材料科学的发展，高强度预应力钢材、高性能混凝土、高承载力支座和大吨位预应力锚固体系应用于连续箱梁中，使其跨越能力大大增加，目前在 40m～150m 范围内，预应力混凝土连续箱梁桥占主导地位。1985 年建成的主跨 111m 的湖北沙洋汉江大桥，是我国第一座主跨突破 100m 的连续梁桥。2001 年建成主跨达 165m 的南京长江二桥北汊桥，是我国目前最大跨径的预应力混凝土连续梁桥。

在世界经济快速发展的 21 世纪，随着世界各国基础建设事业的发展，桥梁工程到也在迅猛发展。在基础理论方面，通过大量的研究和实验，对桥梁结构的不断优化，为桥梁建设的发展奠定了理论基础；在建筑材料方面，高性能钢材和高强度混凝土材料的应用，为桥梁的发张坚定了坚实的物质基础；在桥梁施工技术上，随着桥梁建设理论不断地应用和总结，为桥梁的施工提供了宝贵的经验。

（三）预应力混凝土连续梁桥悬臂浇筑的特点

悬臂浇筑施工法又叫作分节段施工法，它是针对桥梁上部结构施工的一种方法，它是以桥墩为中心向两岸逐节悬臂接长，对称施工的一种方法。悬臂施工最早应用于钢桁悬臂拼装。由于悬臂施工方法独特的优点，后来被广泛应用于预应力混凝土悬臂梁桥，拱桥以及斜拉桥等。近几十年来随着交通事业的迅速的发展，桥梁建设规模的不断扩大，悬臂施工法在国内外大跨径预应力混凝土桥梁和连续刚构桥中得到广泛采用。据相关资料统计，从1952年以来国内外100以上大跨径桥梁中，采用悬臂浇筑法施工占80%左右。悬臂浇筑施工时0号块和边跨现浇段主要是在支架上或是在托架等结构上施工，待混凝土强度达到设计要求后，在0号块上安装挂蓝。而其他阶段施工主要是以挂蓝为支撑体系，以桥墩为中心，对称向两岸利用挂篮浇筑梁段混凝土，待混凝土达到要求强度后，张拉预应力，再向前移动挂蓝，准备下一节段的混凝土浇筑。悬臂浇筑的每一节段不仅要承受自身的混凝土重量和施工机具人员等荷载，还要承受后期浇筑各节段混凝土施加的荷载作用，因此，保持悬臂对称浇筑是保证结构受力平衡和安全稳定的基础。一般悬臂浇筑0号块长5～10米，其余节段长为3～8m，不宜超过8m。悬臂浇筑施工方法特别适用于宽深水河流和大山谷、施工期水位变化频繁不易水上作业的河流、以及通航频繁球施工时需要留有较大净空的河流及谷深不易架设满堂支架施工的桥梁。

悬臂浇筑施工法的优点是施工费用少、材料用量少，多孔跨径桥梁可以同时施工减少了施工工期，而且避免搭建落地支架的困难，无须大型起调与运输设备，主要施工设备是一对能行走的挂篮。挂蓝可在已经张拉锚固并与墩身连成整体的梁段上移动、绑扎钢筋、立模、浇筑混凝土、张拉预应力都在挂蓝上进行。完成本段施工后，挂蓝对称向前移动到下一个阶段，进行下一节段梁体的施工，如此循环前进，直至悬臂梁段浇筑完成。预应力混凝土连续梁桥采用悬臂浇筑施工方法，需在施工中进行体系转换。体系转换一般发生在两个施工阶段：悬臂合龙施工阶段和墩梁连接方式改变施工阶段，对于多块连续梁，这种体系转换将交替进行，直至最后全桥完成。关于墩梁连接方式的转换，通常在悬臂浇筑时采取墩梁临时固结，形成T构。

悬臂浇筑施工的主要工艺特点：①影响结构参数准确性的因素很多，而且不易控制；②主梁的刚度较大，节段的局部变形小；③挂蓝的变形对梁体的局部变形有较大影响；④对预应力混凝土连续梁桥，已施工梁段上出现的误差几乎无法消除；⑤未施工节段的立模标高主要由后续节段的影响决定；⑥桥梁的施工线性不易控制，容易造成节段衔接不平顺，影响桥梁的美观。

（四）预应力混凝土连续梁桥悬臂浇筑施工控制的重要性

在桥梁建设中桥梁施工是最关键一个环节，桥梁施工质量好坏和施工技术的先进程度不仅影响桥梁建成后的运营而且也影响整个桥梁建设事业的发展，桥梁使用控制技术不仅是桥梁施工技术的组成部分，而且它自始至终存在于桥梁施工中。桥梁在施工是一个复杂而且漫长的过程，在这个过程中将受到很多无法实现估计到的因素的影响，比如设计理想状态和现场施工状态、设计材料性能和实际材料性能、施工测量误差、临时荷载作用、地震的偶然荷载作用等很多方面的差别，施工中如何在施工过程中消除各种因素影响使施工和理想的设计状态相吻合，是桥梁施工中最重要的任务。桥梁施工控制就是在施工过程中运用各种现代理论方法使施工中各种误差减小到最低，达到施工与设计相吻合。

对于悬臂浇筑分阶段施工的桥梁而言，要使结构成桥线形和成桥内力符合设计的最终状态，是一件非常空难的事。例如在预应力混凝土连续桥在悬臂施工过程中，如果预拱度没有计算准确，不仅会影响到后续施工中各节段的标高而且还会影响到全桥的成桥线形。为保证桥梁线性和内力符合设计要求，在施工过程进行控制是非常重要的。

桥梁施工控制不仅是桥梁建设的安全保证还是桥梁长期运营监测评估的先决条件。因为桥梁施工方法均按预定的方案进行。在每一个施工阶段中，结构的内力和变形是可以通过计算预先知道的，结构的实际变形可以通过水准测量测出实际内力可以通过预埋的应力测试原件得到，这些实际数据不仅可以掌握现阶段施工的真实状态，而且可以作为桥梁建成运营期间的资料长期保存起来，从而保证桥梁施工的安全和为运营阶段的养护工作提准确的、可靠的数据。

二、预应力混凝土连续梁桥施工控制理论

（一）施工控制的目的

由于悬臂浇筑施工的预应力混凝土连续梁桥是分节段施工的，其结构受力复杂，不确定因素多，施工难度大，对施工技术和施工精度要求很高，每一阶段施工质量的好坏都会影响下一节段甚至更多节段的施工质量。所以为了保证施工质量，尤其是营运时的使用质量，就必须实行施工监控，否则就有可能导致梁体节段衔接不平滑影响桥梁的外在美观，甚至还会造成梁体产生裂缝、跨中挠度过大等严重病害，不仅会影响桥梁的使用寿命，甚至还会影响行车安全。连续梁桥的使用监控目的就是为了保证桥梁在施工过程中的结构安全，确保连续梁桥在施工完成后的外形和内力状态是符与设计要求相符，并且可以检验设计是否合理，为施工和设计积累经验，为桥梁建设增加宝贵的财富。

（二）施工控制的内容

预应力混凝土连续梁桥在悬臂施工时，从开始施工到桥梁建成竣工结束的整个过程中将受到很多不确定因素的影响，而设计图纸只是总目标，没有考虑施工过程，那么在施工过程中如何保证桥梁建成和符合设计要求是一项极为复杂和工作，而桥梁的施工控制内容正是在桥梁在施工过程中，为每一施工阶段做出理论指导，使桥梁成桥后的最终符合设计

要求。连续梁桥施工监控只要包括三个内容：

1. 结构几何线性控制

预应力混凝土连续梁桥几何线形控制，就是使结构在施工中的实际位置状态与预期状态之间的误差在容许范围内，并使成桥线形符合设计要求。目前，预应力混凝土连续梁桥施工控制高程一般以成桥后 3 年时间作为混凝土收缩、徐变影响的控制条件。

2. 结构应力控制

由于连续梁桥结制在外观检查时不容易发现问题，所以只能通过连续梁桥结构关键部位应力监测来反映出结构实际的受力状态，如果所测实测应力值与理论应力值差别过大就要进行排查原因，若不是因为仪器或测量引起的偏差，而是由于荷载引起的结构实际受力与设计理论应力状态有较大的差别，那么将会对桥梁结构造成不可忽略的影响，甚至导致桥梁结构的破坏和坍塌，因此对桥梁结构应力状态实施严格监控是十分必要的。

3. 结构稳定控制

桥梁结构的稳定性是桥梁结构安全的首要前提。在桥梁施工过程中一定要首相确保结构的稳定性，稳定性不像结构的应力和线性一样出现问题桥有明显的预兆而且可以在施工过程中或是施工过后通过一些方法加固处理，为结构的失稳是没有预兆的，桥梁结构一旦失稳，它不仅会带来巨大的经济损失而且有可能会造成人员伤亡，这些损失将是无法弥补的。在桥梁的建设中，世界各国都曾出现过桥梁在施工过程中由于结构失稳而导致全桥破坏的事件，其中广为人知的使加拿大的魁北克（Quebec）桥，由于悬臂端下悬杆腹板巧取而突然坍塌，造成 19000 吨钢材和 86 名建桥工人落入水中，只有 11 人生还。因此，在桥梁施工过程中对结构构件的局部稳定性和整体稳定性加以控制也是非常重要的。

（三）施工控制的计算及分析方法

1. 前进分析

前进分析从桥梁结构的实际施工过程开始，按照实际桥梁结构施工步骤进行结构的应力和挠度计算分析的方法，它是依据施工过程的推进，对桥梁结构不断变化的边界条件、荷载形式以及加载位置、外界环境、徐变和几何位置的真实情况的模拟，后面阶段的施工是在前面施工的基础上进行的，只要前面每个节段施工满足要求了设计要求，那么随着施工的推进到最后成桥状态，其应力也肯定满足设计要求。

（1）前进分析的优点

前进分析不存在倒退分析中混凝土收缩徐变难以计算的问题。因为前进法是按正常施工预期的顺序进行计算分析的。前进分析是从结构的初始状态开始的，这种施工过程对计算就显得容易些，如果在某一阶段应力没有达到设计要求，就不难对其进行调整，不像倒退分析重新拟定初始应力。前进分析可以充分考虑施工过程中各种因素的影响，这使得在施工过程中监控工作更具针对性和控制性。

（2）前进分析的缺点

前进分析的应力和挠度计算模型是由设计标高出发的，但为了保证成桥线形达到设计标高，实际结构是按施工立模标高进行的，是考虑了结构在自重、挂蓝等荷载作用下的挠度而预先往上的一个抛高值而不是按设计标高进行施工的。因此实际结构应力和挠度与模型理论计算是有差别，这就势必会导致应力计算和挠度计算与实际结构的偏差。

2. 倒退分析

倒退分析法以设计图纸上成桥状态为出发点，根据实际施工过程的逆顺序，一步一步倒拆结构计算得到的各个施工阶段的桥梁结构的变形、内力状态就是各个施工阶段结构施工的理想状态。因为倒退过程中难以考虑混凝土徐变，所以倒退分析法一般作为预应力混凝土桥梁施工控制前进分析方法的一种辅助分析方法。

（1）倒退分析方法的优点

倒退分析法是从理想的结果出发，以结果为目标反算各施工阶段的影响因素，这使得施工监控计算分析工作目标明确、正对性强。只要设定好了结果（成桥状态）就可以反算出与之相对应的各施工状态。

（2）倒退计算方法的缺点

混凝土的收缩徐变对于大跨径和特大跨径梁混凝土桥梁的影响是不能忽视的，必须考虑其对桥梁结构的影响，而混凝土的收缩徐变与结构的形成历程有关，其计算只能按时间顺序正向进行。倒退计算只能倒退施工过程和施工顺序，但不能倒退时间，而时间又是影响混凝土收缩徐变的重要因素，因此原则上倒装计算法无法正常进行混凝土收缩徐变的计算。

（四）影响连续梁桥施工监控的主要因素

1. 结构控制参数

在悬臂浇筑连续梁桥施工控制过程中，对桥梁真实结构进行模拟的各种数据称之为结构参数，结构的控制参数是否与结构的真实值相符，直接影响结构分析结果的准确性。在实际桥梁施工控制中，结构的控制参数总是和理论值存在一定的偏差，那么若何使模拟分析更接近结构的真实状态，是桥梁施工控制中首先需要解决的问题。桥梁结构的控制参数主要有以下几个方面：

（1）结构构件截面尺寸。在结构施工过程中截面尺寸不可能完全和实际相符，都会存在偏差，这种偏差将导致结算过程中截面特性的偏差，影响结构内力、变形等结果。因此，施工控制过程重要严格按照把偏差控制在规范规定的范围内；

（2）结构材料弹性模量。混凝土材料具有时效效应，不同时刻混凝土材料的强度和弹性模量与规范规定的标准值之间可定存在差异。弹性模量的不同将直接导致结构的变形不同。因此，为使材料的弹性模量和实际相符，就要在施工过程中根据进行现场测试抽样，确定某一时刻材料的真实弹性模量值，及时对计算模型进行修改；

（3）材料容重。影响结构内力与变形的另一个主要因素是材料的容重，比如说，施工中对混凝土材料的容重是取 25Kn/m^3 还是取 26Kn/m^3 要根据具体结构钢筋的体积含量确定，不同随便取值，错误的取值将对结构的分析产生不可估计的影响；

（4）施工荷载。在任何桥梁的施工过程中总会产生这样那样的施工荷载，对于悬臂浇筑施工来说，临时荷载在设计中时没有考虑的，但在施工过程中，他将直接导致结构的内力变形等有结构的设计状态不符，所以在施工控制分析中不能不考虑临时荷载的存在，一定要根据实际情况进行取值；

（5）预加应力。预加应力是预先施加给结构的一种力，它的大小将直接影响结构的内力和变形，而影响结构预加应力大小或预加应力损失多少的因素很多，比如，预应力钢筋的松弛系数，张拉工艺、灌浆工艺、混凝土材料的弹性模量等，施工控制必须对其大小做出准确估计。

2. 施工工艺

在桥梁施工监控中，施工工艺的好与坏直接关系到施工监控目标和成桥线形能否实现。所以施工工艺必须满足控制的要求，对于施工监控中由于施工条件等诸多因素不可能达到理想状态，虽然在施工过程中误差的出现不可避免，但可以减少误差。

3. 施工检测

由于测量仪器、测量方法、数据采集等误差存在，导致结构监测总是存在一些误差。这些误差将导致两方面的结果，一是使错误的结果造成真实的假象；二是使真实的结果被误认为错误。因此，正确的检测结果对施工控制非常重要。在控制过程中，一方面要的合法减少误差，另一方面是要在进行分析时计入必要的误差。

4. 结构模型计算分析

不管使用哪种计算分析方法，都是对实际桥梁结构进行简化。这种简化和真实情况之间肯定存在误差，例如，边界条件处理、模型化的本身精度等。控制需在这方面做大量工作，需要时还要进行专门的试验研究，以使计算模型所产生的误差减小到最低限度。

5. 温度变化

在不同的温度下对结构应力、变形进行量测，结果有明显的差别，如果施工控制中没有考虑温度的影响，势必难以保证施工控制的准确性。所以，必须对温度变化加以考虑。一般情况下都是将某一特定温度作为控制的理想状态，从而把温度变化对结构的影响降低到最低。

6. 混凝土材料收缩徐变

对预应力混凝土结构桥梁而言，由于混凝土材料收缩、徐变会对超静定结构产生次内力,从而对结构的变形有较大的影响,这主要是由于工期、天气、环境等原因的影响使各节段混凝土加载龄期短不相等引起的。控制中要予以认真研究,以期采用合理的、符合实际的徐变参数和计算模型。

7. 施工管理

桥梁施工控制是桥梁施工的组成部分,施工管理直接影响桥梁施工质量、进度等。对于悬臂施工的混凝土连续梁桥来说,如果T构两端的进度不一致,就会使两悬臂产生不同的收缩徐变变形,而收缩徐变变形不容易准确估计,所以容易造成悬臂梁端挠度不容易控制,从而使施工难度增加。

三、预应力混凝土连续梁桥悬臂施工技术

(一) 桥墩顶临时固结施工技术

预应力混凝土连续梁桥在采用悬臂浇筑施工方法时,连续梁在整个施工中通常会经过数次体系的转换,墩顶临时连接→边跨合龙→中跨合龙→拆除墩临时连接,最终完成体系装换形成超静定的连续梁桥。关于墩临时连接方式的转换,一般都是在悬浇时需采取墩梁固结的临时体系,使结构的受力状态呈静定T形刚构悬臂梁,主梁理论上要求需T构两悬臂端完全对称浇筑,但在实际施工过程中经常会出现一些不平衡荷载(临时荷载,施工机具的堆放等)及一些特殊情况(挂蓝坠落,地震等)的发生,为确保梁体结构在施工过程中的稳定、安全,也需对墩、梁间实施临时固结,待主梁合拢后再去掉墩顶临时固结体系,使主梁支撑于永久支座之上,经过体系转换形成超静定连续梁。

1. 临时固结方案形式的选择

工作机理:在墩顶两侧设锚固钢筋和硫磺砂浆共同组成联合受力体系。优点:此受力体系结构简单、操作方便、花费时间少、结构强度高,在梁体施工过程中比较稳定安全,而且抗冻性能、抗疲劳性能和承受重复荷载的能力较好。缺点:硫磺熬制过程中,可能会产生有毒气体二氧化硫,因此在熬制过程中,施工人员应注意有毒气体的防护,佩戴防毒口罩,穿防毒服并应保持通风,以防止二氧化硫中毒。

2. 临时固结的设计

悬臂混凝土时,理论上要求两侧完全对称同时浇筑,但实际上会出现很多临时荷载、偶然荷载和节段施工误差重量,经过分析比较,在进行边跨合拢段混凝土浇筑时,中墩临时固结受理最不利。

3. 临时固结的拆除

硫磺砂浆具有凝结硬化化快、强度高、处置方便、安全经济等优点。大桥拆除临时固

结体系所采用的方法是在临时固结支墩上部铺设一层厚度约为4cm的硫磺砂浆,并在砂浆中部预先埋设电阻丝,当拆除临时固结时只需要通过对电阻丝通电,当温度达到一定程度后硫磺便可融化,临时固结体系便可方便的拆除。

(二)托架预压

1. 托架预压目的

(1)进一步检验托架的承载力及稳定性,确保结构的安全可靠;

(2)消除安装时产生的非弹性变形和在重载下的弹性变,为0号块的立模标高提供可靠的数据。

2. 托架预压过程

(1)测点布置:预压测点的布置的位置主要为能在全过程收集准确、可靠的托架变形数据,以便计算分析。牛腿等支点、纵梁与横梁交叉处支点是托架预压时的主要观测点。

(2)托架预压荷载的加载等级

为通过预压得出0号块施工的有效数据,预压荷载的需分级加载,为30%~50%~100%~120%。在加载前,用红油漆对各测点的具体位置做出标记,用精密水准仪测出加载前的初始高程,加载30%后,测出各测点的高程;加载50%后,测出各测点的高程;继续加载到100%后,测出各测点的高程;加载至混凝土重量的120%时,再测出各测点的高程;荷载持荷12h、12h、24h、24h,分别测出各测点的高程,直到测点的标高不再变化或有微小的变动,然后卸载至完毕,再测出各测点的高程。加载过程中,要有专业的检测人员对托架的各受力关键部位进行检查,发现问题立即停止加载,查出原因处理完后并确认安全后方可继续加载。

(3)预压结果的计算

通过对几种不同加载等级下测点标高的比较,分析计算出托架的非弹性变形和弹性变形,用于指导托架立模高程的调整,保证立模标高的准确性。

(三)挂篮的施工工艺

1. 大桥挂篮选择

挂篮是悬臂浇筑箱梁的主要施工设备,挂篮的功能主要是为支撑梁段模板、调整位置、绑扎钢筋、浇筑混凝土、拆模和在挂篮上进行张拉工作提供工作平台。挂篮除强度和稳定性应保证安全可靠之外,还要求构造简单、操作方便、造价低、材料用量少,刚度好变形小,装、拆、移动灵活和施工速度快等。随着材料工业的不断发展,材料的选择性越来越大,挂篮的结构设计也在不断优化,致使挂篮的结构不断向轻型化发展,挂篮自重呈现出不断下降的趋势。据统计,最初的平行桁架式挂篮自重与悬浇梁段的最大重量比约在0.8~1.2之间,有的甚至高达2以上。后期出现的挂篮自重与悬浇梁段的最大重量比则逐渐下降为:

三角形组合梁式挂篮为0.79,曲弦桁架式(弓弦式)降为0.50,菱形挂篮降为0.33,滑动斜拉式则降为0.31。

大桥挂篮其上部结构为菱形,挂篮底模和侧模通过吊杆连接在前横梁和两端伸出的小横梁上,菱形结构后端锚固于箱梁梁体顶板上,没有平衡压重,行走方便,结构简单且受力明确,自重小。菱形挂篮结构形式简单、受力明确合理和移动方便一次到位等特点。大桥挂篮在同类型大桥施工中使用过,效果较令人满意。

2. 挂篮预压及变形控制

根据《建设工程安全生产管理条例》规定,挂篮的安装拆卸必须由具有相应资质的单位承担,挂篮安装完成后,安装单位进行自检,出具自检合格证明,并向施工单位进行安全使用说明,办理验收手续并签字。必要时,安装单位应派技术人员协助施工单位使用挂篮,挂篮使用前,施工单位应组织验收小组或委托具有相应资质的检验检测机构对整套挂篮系统进行检查验收,确认拼装符合要求并出具安全合格证明文件后,方能交付使用。

(1)预压的目的

①进一步检验挂蓝的承载能力、稳定性及挂篮后锚点的抗倾覆能力,确保挂蓝结构在施工过程中的安全可靠;

②消除安装时产生的非弹性变形和确定在荷载作用下的弹性变,为模标高提供可靠的数据。

(2)加载方案及测点的布置

加载方案及测点的布置关系到挂篮变形值的准确性,挂篮安装完成后调整到施工块梁段状态,模板底模安装完成后,在底模和横梁上布置好测点如图,用精密水平仪测出挂篮测点高程的初始值后,并逐级进行加载,即50%、70%、100%、130%,为保证施工过程中挂篮的安全,最大加载荷载为最重施工块段的1.3倍。在每一级加载完成后,停滞12小时后用精密水准仪测出挂篮的变形值,并进行下一级加载。加载完成后,绘制出挂篮的变形曲线,计算出挂篮的弹性变形值,控制好箱梁悬臂浇筑时的挠度。

3. 挂篮施工要点

(1)挂篮的下降高程,应严格按照设计给定的高程进行调整;

(2)梁体顶板预留孔应准确,避免使锚杆受弯;

(3)抗剪键应与已浇筑梁段预留抗剪键槽塞紧,以避免挂篮发生水平移动,将中锚杆剪坏,影响挂篮使用;

(4)挂篮后锚杆处、牵引杆处锚固螺栓一定要拧紧,并不定期检查;

(5)挂篮前行移动时,一定要平稳前移。若有偏斜情况,要及时予以调整;

(6)悬臂灌筑混凝土时,应从挂篮的前端分层均匀地向挂篮尾端进行;

(7)行走轨道系统除要经常检查有没有变形外,还要经常进行润滑保护。

（四）纵向预应力施工技术

1. 预应力管道定位

大桥纵向预应力筋基本上同时存在平弯和竖弯，在预埋管道时应准确布置，定位钢筋应在管道弯曲处适当进行加密，防止管道错位。如预应力管道位置和普通钢筋冲突时，一定要在保证管道位置不变的同时，禁止截断普通钢筋，如到万不得已必须截断普通钢筋时，须请示设计单位并由设计单位书面确认后方可截断部分普通钢筋，截断的部分应及时加强处理。

2. 预应力钢绞线张拉

张拉钢绞线前必须按规范要求对千斤顶、油泵进行校正，对所有参加张拉操作人员都要进行设备使用的正式培训，同时还要选派经验丰富的技术人员在现场指导预应力张拉施工。当混凝土强度达到设计图纸规定的强度要求后，按设计规定先后次序，分批、对称进行预应力的张拉，应严格按照张拉程序进行。当设计图纸没有明确规定时，张拉时混凝土强度应不低于设计强度值的75%。张拉预应力钢筋时，施工现场的环境温度不宜在-15℃以下。张拉预应力前，预应力钢束应能在张拉点之间自由的滑动。

3. 孔道真空压浆

为了保证预应力钢束在张拉状态下不发生滑丝现象及长期放置发生预应力筋腐蚀等原因造成预应力损失和影响结构的耐久性，在一批预应力筋张拉完毕后，应立即进行孔道压浆。真空压浆优化了工艺使灌浆更加趋于完善合理，可以减少预应力损失更好地提高后张预应力混凝土结构的耐久性。

（1）压浆前准备工作：为保证孔道压浆通顺，并使浆液与孔壁结合良好，压浆前应用压力水清洗孔道，冲洗后应将道内所有积水用空压机吹干。压浆前需对排气孔、灌浆孔、排水孔等做全面检查，并对灌浆设备进行安装检查。

（2）水泥浆的技术要求

①孔道真空压浆水泥浆应用净浆，当孔道直径相对预应力钢束较大时，可在水泥浆中掺入适量细砂。为不使灌浆后构件的强度减小，水泥浆强度应与混凝土构件强度相同。灌浆时水灰比一般不控制在不大于0.4~0.45，水泥品种用因选用硅酸盐水泥或普通水泥；

②稠度（流动性）：在稠度测定仪上进行测定，水泥浆自仪器筒内流出时间在14s~18s之间；

③析水性：将500cm³的水泥浆注入量筒内，静置3小时后析水量不大于2%。

（3）真空压浆的优点

①在灌浆前对孔道进行真空压力测试，可以预先排除孔道内的气体、水分及水泥砂浆中的气泡，减少泌水现象的发生，使浆体的密实度增强，从而在很大程度上得到了改善压

浆质量；

②先进的浆体配备工艺，使裂缝产生的可能减少，基于孔道内存在的负压，浆体中的稀薄浆等质量较小物体会首先流入负压容器，等稠浆流出后，孔道中浆体就能与压浆处的稠度保持一致，从而提高浆体密实性使浆体得强度得到了保证；

③真控压浆的过程不仅迅速而且连续，在缩短了灌浆时间的同时，更重要的是提供密实的水泥浆；

④真空灌浆过程中孔道具有良好的密封性，孔道真空具有压力差，可以是整个孔道充满浆体，特别是对一些异形关键部位也有很好的密实性。

（五）合拢段施工技术

合龙段施工是连续桥梁整个悬臂浇筑施工中最为关键的一步，合拢段施工水平的高低直接关系到合龙后的桥梁的线形能否与设计线性相吻合，而且也关乎着合龙段混凝土在预应力钢束张拉前因温度变化、混凝土收缩徐变等原因造成的混凝土开裂等问题。因此，合龙段施工质量是整个悬臂浇筑过程施工技术是否达到先进水平的重要标志之一。边块、中跨合龙段均利用吊架施工。边跨合龙施工时，在最大悬臂最后1个块件（即7号块）上制作水箱，并注水进行配重。加水箱配重既简单又易行，同时对配重的控制较为准确。水箱压水为一半合拢段混凝土重量（根据合拢段高差，及整个桥梁的线性情况可稍做调整），在浇注合龙段混凝土时同步卸载。中跨合龙段施工时，先在2个悬臂端压重（原则梁段两端压重一样，可根据高差情况适当减调整），最后选择一天中温度较低时段快速锁定，锁定后立刻浇注混凝土。

合拢段采用劲性骨架锁定，当合拢段合拢后环境温度不断上升时，温度变化在一定范围内时合拢段的劲性骨架能够代替合拢段混凝土结构承担悬臂梁膨胀所施加的压力；当温度升高超出一定的范围，如果增大的压力超过劲性骨架结构的承载能力时，就必须拆除支座的临时约束，此时劲性骨架锁定应能承受支座的摩阻力和张拉临时预应力索施加给合拢段的压力。因此在合拢段采用劲性骨架锁定，就是为了防止合拢段混凝土在强度不足之前过早的承受温度升高所产生的压力或在合拢段混凝土强度不高时承受部分合拢段的压力。当全桥中跨合拢段施工完成后，温度下降时，合拢跨两悬整个最大悬臂梁段收缩使梁长缩短，而混凝土材料不能承受拉力，合拢段与两悬臂梁段连接处将出现拉应力使合拢段开裂，产生裂缝。在合拢段张拉预应力临时索的原因就是依靠张拉的预应力索拉住两悬臂梁端部，给合拢段预先施加压力，当梁体温度下降时，保证合拢段劲性骨架在解除支座前承受温度产生的拉力，避免梁体开裂。

（六）悬臂浇筑过程中的注意事项

1. 对称施工

悬臂浇筑施工时要注意连续对称施工，避免不对称施工对悬臂浇筑T构造成不利影响

（挠度变化、应力变化等）。

2. 临时荷载安置

施工期间原材料（钢材、水泥、模板、钢绞线等），临时荷载，要运至墩顶。原则上，材料堆放到墩顶后根据施工需要再由工人分批搬运到工作面，但是，在施工现场经常可以看到施工材料的随意堆放。材料的随意堆放或者在悬臂梁段不对称的分配，不仅会对施工人员构成安全威胁，同时也会对施工测量及悬臂端挠度造成潜在的不可估量的影响。

3. 定期对施工设备进行安全检查

为了确保施工安全，施工过程中要经常对挂篮、施工模板、吊装系统等进行检查，防患于未然，在施工过程中，经常会有，施工挂篮因焊缝撕裂，导致挂篮倾覆、坍塌等的工程事故，不仅造成人员伤亡，而且造成不可估量的经济和工期损失。

第八节 钢管混凝土拱桥施工

一、基本概述

（一）拱桥概念

拱桥（Arch bridge）是一种承压受力为主的桥型，在我国已有数千年历史，以其独特的造型，优美的曲线，良好的受力性能，深受民众的喜爱。钢管混凝土拱桥作为现代桥梁，融合了当今社会高端制造业及科学技术水平，具有超强的承载力、优良的抗震性、较大的跨越能力，既经济又美观，在我国正异军突起。

（二）钢管混凝土拱桥发展概述

拱桥主要承重结构是拱圈或拱肋，当竖向荷载作用此类结构时，在桥墩或桥台处将拱肋传递过来的部分内力转化水平推力；由于水平推力的存在，作用在拱圈或拱肋上的弯矩则相应减小，充分利用了地基承载力及发挥了混凝土材料的抗压强度高的特性，大大节省了工程材料。拱桥圆润的曲线在城市能增添一道靓丽的风景，在山区能与自然浑然一体，具有较好的景观效果。在合适的地形、地质条件下，拱桥以其造型优美、经济合理的优势，特别是山区公路的建设得到广泛应用。

纵观拱桥的发展过程，其跨径、造型、规模一直受工程机械、工程技术、工程材料以及力学理论的制约。拱桥的发展从材料应用来看，拱桥材料从藤、竹、木、石、砖等最原始的材料发展到水泥、钢材及高分子化工材料。拱桥材料的发展与应用使得我国拱桥从木拱桥、石拱桥、砖拱桥过渡到钢铁拱桥、钢筋混凝土拱桥及新兴的钢管混凝土拱桥成了必然。

由于战争和自然界的侵蚀，古代木拱桥已不复存在，有文献记载的古代东渭河桥为木拱桥，现代的木拱桥多出现于公园或风景区，有名的泗溪木拱桥。公元606年河北赵县修建的安济桥是至今保存尚好的古代石拱桥，在中国桥梁史上占有重要地位。安济桥为单孔敞肩圆弧拱，净跨37.02m，由28道等厚石圈砌而成，在大拱上叠砌小拱，此施作方法早于西方近800年。18世纪欧洲工业革命爆发后，冶铁技术的提高和钢铁行业的飞速发展，钢材得以用于拱桥，使其跨径大幅增大，如1931年，澳洲建成了跨径503m全钢结构桁拱桥——悉尼港大桥。2003年，我国建成了主跨550m的上海卢浦大桥刷新了当时世界中承式钢拱桥跨度记录。2009年，竣工通车的重庆朝天门大桥是目前世界上最大跨径钢拱桥，该桥主跨552m。19世纪，钢筋混凝土大规模用于桥梁建设，有名的钢筋混凝土拱桥有克罗地亚的KRK桥；1997年，我国建成了当时世界上跨径最大的劲性钢骨架混凝土拱桥——重庆万县长江大桥，主跨达到420m。

钢管混凝土（concrete filled steel tube，CFST）是指在钢管中填充混凝土或钢管内外都包裹混凝土的一种新型组合材料，是在劲性钢筋混凝土结构、螺旋配筋钢筋混凝土结构及钢管结构的基础上演变和发展起来的。钢管混凝土材料具承载能力高、抗震性能好、耐火性能强、施工方便、经济效果明显等优势，是较为理想的压弯材料。一方面，钢管对混凝土有约束作用，使混凝土处于三向受力状态延缓了混凝土开裂；另一方面，内填混凝土阻碍了钢管的横向变形使得稳定性大幅提高，从而大大提高了结构或构件的承载能力。钢管混凝土拱桥（concrete filled steel tube arch bridge）即主要受力构件拱肋应用钢管混凝土材料的拱桥。

调查显示，最早应用钢管混凝土于拱桥的案例可追溯至19世纪70年代末期。1879年，英国修建赛文（Severn）铁路桥时桥墩钢管灌注了大量混凝土，当时主要目的是为了防止钢管内部锈蚀，却没有发挥钢管混凝土的力学优势，并不是完全意义上的钢管混凝土拱桥；20世纪30年代初，法国应用钢管混凝土建造了一座跨度9m的上承式钢管混凝土拱桥。苏联在涅瓦河上建造了一座跨度101m下承式钢管混凝土拱桥（沃罗达尔斯基拱桥）；20世纪30年代末，苏联在谢季河上建造了一座跨度140m的上承式钢管混凝土拱桥。20世纪80年代后期，混凝土泵送技术的应用，使得钢管混凝土技术又悄然兴起。2001年，西班牙建成了主跨126m上承式钢管混凝土拱桥——Arco del Escudo桥；2005年，日本建成了主跨240m的长崎新西海钢管混凝土拱桥。

我国钢管混凝土研究始于20世纪50年代，直到20世纪90年代钢管混凝土才正式应用于拱桥，1990年，四川旺苍东河大桥建成标志着我国钢管混凝土拱桥事业拉开序幕。与国外相比我钢管混凝土拱桥技术起步较晚，但发展较快且规模庞大。伴随改革开放的大潮流，短短二十几年的建设，我国钢管混凝土拱桥事业取得了辉煌成就。据不完全统计截至2015年6月，已建成的钢管混凝土拱桥中，跨度200m及以上的约有40余座，大于

100m 的钢管混凝土拱桥 179 座，跨度大于 50m 的钢管混凝土拱桥 400 余座。2013 年在我国四川建成了世界上跨径最大钢管混凝土拱桥——合江长江一桥（又作波司登大桥）跨径达 530m。目前，我国钢管混凝土拱桥建设仍在持续发展，跨径 507m 的中承式拱桥——四川合江长江三桥已经开工建设，跨径 450m 的上承式拱桥——贵州大小井桥已经完成施工图设计，大量的钢管混凝土拱桥正在前期研究和勘察设计中。

（三）钢管混凝土拱桥的发展趋势及存在的问题

1. 发展趋势

20 世纪 60 年代，我国开始研究钢管混凝土，并相继应用于船舶、冶金、电力行业的单层厂房。1990 年，旺苍东河大桥通车，标志钢管混凝土成功应用于拱桥，我国钢管混凝土拱桥事业迈开了第一步。经过几十年的理论研究及实践探索我国钢管混凝土事业取得了丰硕成果，钟善桐提出统一理论并编著了《钢管混凝土结构》一书；蔡绍怀提出了极限平衡理论编写了《钢管混凝土结构》；蒋家奋、汤关祚根据钢管混凝土理论及试验结果得出了半理论半经验公式编纂了《三向应力混凝土》；韩林海编写了《钢管混凝土结构—理论与实践》。国家部门及地方行业陆续颁布了相应规范，如电力部国家建材工业局颁发了《钢管混凝土结构设计和施工规程》（JCJ01-89）、中国工程建设标准化协会颁布的《钢管混凝土结构设计和施工规程》（CECS28：90）、电力部组织编写了《钢—混凝土组合结构设计规程》（DL5099-97）。为规范我国钢管混凝土拱桥事业发展，住建部联合质检总局 2013 年 11 月颁布了《钢管混凝土拱桥技术规范》（GB50923-2013），2015 年 8 月交通运输部颁布了《公路钢管混凝土拱桥设计规范》（JTG/TD65-06-2015）。

经桥梁工作者们几十年的探索、实践，500m 级钢管混凝土拱桥已取得圆满成功，在此设计与建造技术基础上，进行适度的改造和深化，700m 级钢管混凝土拱桥的建设不会有大的技术门槛。

2. 主要存在的问题

（1）套箍力作用问题

钢管混凝土因为套箍效应的存在大大提高了结构承载力，使得钢管混凝土广泛应用于土木工程。钢管混凝土"套箍作用"发生的前提条件是核心混凝土的横向变形大于钢管的横向变形，此时核心混凝土已经具有相当高的应力，这是桥梁设计中必须避免的，该效应只能作为桥梁结构一种潜在的强度储备。

（2）稳定问题

钢管混凝土拱肋相对于钢管拱肋或钢筋混凝土拱肋而言，同等荷载作用下钢管混凝土拱肋横截面相对于空钢管或混凝土截面积小，拱肋稳定性下降。此外，由于钢管混凝土拱桥属于自架设体系，在施工过程中结构体系需多次转换，拱桥施工过程横向稳定问题突出，研究钢管混凝土拱桥稳定有着重要意义。

（3）温度问题

钢管混凝土拱桥绝大部分裸露于大气中，在太阳暴晒或骤然降温的情况下，由于且钢管导热系数大于混凝土，钢管在温度变化下变形大于核心混凝土变形，两者之间存在较大的自应力，甚至导致钢管和核心混凝土脱空即钢管与核心混凝土分离，特别是在拱顶部位，从而大大影响结构的承载力，应该极力避免。

（4）吊装阶段拱肋线形控制

肋线形严重影响着拱肋合龙以及合龙后结构的受力状态，因此做好吊装阶段钢管混凝土拱桥线形控制工作显得尤其重要。虽然目前对拱肋吊装阶段线形控制方法进行了研究，并提出了许多线形控制方法，由于在实际施工中难以全面考虑各种施工因素的影响，吊装阶段拱肋线形控制方法需深入研究。

（5）混凝土灌注对拱肋线形的影响。

当钢管混凝拱肋合龙拆索后，下一步工作即拱肋灌注混凝土，由于混凝土是一种强度随时间及状态而变化的材料，目前对灌注过程的混凝土还无法精确模拟，对混凝土各阶段的徐变、收缩也还有待进一步的研究。此外，由于材料自重对拱肋线形影响最为明显，所以需对不同的灌注顺序进行优化分析。

二、钢管混凝土拱桥稳定及施工控制理论

桥梁结构需要解决的几大问题：结构强度问题、结构刚度问题、结构的稳定性问题。随着材料科技的发展，各种高强度、低伸缩、质量轻的新材料不断出现，材料不再是制约大跨度桥梁发展的主要问题，桥梁稳定和施工控制技术成了最关键的因素。

桥梁结构稳定问题贯穿于桥梁设计、桥梁施工及成桥运营状态，历史上曾出现许多因失稳而丧失承载能力的工程事故。如，1875年，俄罗斯的科夫达整体倒塌；1907年，加拿大魁北克大桥施工期间整体坠河；1970年，美国哈特福特城体育馆网架突然掉地上；1998年，我国重庆市彩虹拱桥坍塌破坏；2005年，苏州梅堰古镇偃月桥突然断裂；2010年昆明机场航站区东引桥垮塌。事故造成了极大的人力、物力、财力损失，以及极为不利的社会影响。因此，研究桥梁结构的稳定性及施工控制，尽量避免由此引起的问题具有重要意义。

（一）钢管混凝土拱桥稳定理论

所谓结构失稳是指作用在结构上的外力增加到一定限值时，结构稍有外部扰动，则变形或位移迅速增大，使得结构的稳定性减弱甚至完全丧失承载能力的现象，稳定分析也称屈曲分析。结构失稳就其性质而言有平衡分岔失稳（第一类稳定）、极值点失稳（第二类稳定）和越跃失稳（第三类稳定，有时也归为第二类稳定），就空间位置而言有平面内失稳和平面外失稳。

当拱结构所承受的外部荷载达到临界荷载时，结构的平衡受到扰动，在竖向平面内偏离原来的拱轴线，发生对称或不对称失稳纯弯变形即平面内失稳；当拱偏离竖平面内的拱轴线转为空间的弯扭变形，即平面外失稳或侧倾失稳。

像这种在临界平衡状态出现分支点，可能维持原来的平衡状态，也可能由原来的平衡转向新的平衡状态的失稳问题，我们称第一类稳定问题。第一类稳定问题在数学上即求解平衡方程的特征值问题，特征值求解在各类有限元分析中也称为线弹性屈曲分析，通过特征值屈曲分析求得结构处于临界状态的分岔点及屈曲模态。第一类稳定只适应于理想的、完善的结构，然而实际工程中这种理想的、完善的构件及结构是不存在的；由于材料在生产、运输、安装过程中不可避免的产生初弯曲、初应力，结构往往表现为极值点失稳即工程中的第二类稳定。第二类稳定问题求解其实质是不断修改荷载作用下结构的几何非线性、材料非线性的刚度矩阵，求解有限元平衡方程。在外荷载不断增加的情况下，结构刚度矩阵不断变化，最终使得结构切线刚度矩阵发生奇异，结构开始变得不稳定，此时结构外加荷载达到了极限，外加荷载即结构的极限荷载或压溃荷载。

由于第一类稳定线弹性屈曲分析的方便性，在实际工程分析中占有重要的意义。首先，可以通过线弹性屈曲分析，预测非线性屈曲分析的荷载上限；其次，可以利用线弹性屈曲分析的第一阶模态，模拟非线性屈曲分析的初始缺陷。

1. 面内屈曲

（1）圆弧拱的面内屈曲

有大小为 q 的径向荷载作用于圆弧拱。荷载刚作用时，拱结构沿拱轴线方向发生弹性变形，此变形为纯压缩变形。若忽略拱轴向压缩变形的干扰，此时拱截面弯矩为零，拱轴线与压力线为同一条轴线。

随着径向荷载继续增大，拱所受荷载与变形不再呈线性变化，圆弧拱脱离原拱轴线位置；荷载达到临界值状态时，圆弧拱产生很小的变形，令变形为 v，在此基础上建立圆弧拱的平衡方程。

（2）抛物线拱的面内屈曲

受机械设备、工程材料的限制，我国古代修建的拱桥几乎全是圆弧拱桥，且均为上承式拱桥，其特点是数量多而跨径小。对于现代化要求较高的大跨径拱桥，由于其拱上荷载的分布与古代拱桥的拱上荷载存在显著差异，圆弧拱桥已完全不能满足现代交通需求，从力学角度看，悬链线或抛物线才是拱桥的合理拱轴线。理想的合理拱轴线拱截面内弯矩为零，只存在轴向压力。然而，轴向压力沿拱轴线并不是恒定的，其轴线曲率也不是恒定的，想要得出解析解十分困难。实际钢管砼拱桥的拱上结构一般都设有连续梁桥面系，结构产生屈曲时两者同时变形且相互影响，要得到此类结构的临界屈曲荷载解析解几乎是不可能的，多采用数值解。

2. 圆弧拱的侧倾失稳

当结构横向刚度小于面内刚度时，结构易产生面外屈曲即发生侧倾失稳。不同的拱桥结构必存在不同的拱轴线、不同的截面形式、不同的边界条件、不同性质的荷载及分布位置，最终将产生不同的临界屈曲荷载。在大跨度钢管混凝土拱桥设计，既要计算面内承载能力又要考虑面外稳定。

（二）非线性理论

19 世纪后期，研究发现应用线性力学求解与实际结果偏差太大，"非线性"这一概念开始出现于各类杂志论文中，大批专家学者投入非线性理论研究。经过半个世纪的探索研究，随着计算机的应用，20 世纪 60 年代开始将有限元法与计算机结合，非线性问题逐步走向实用阶段。

结构的力学行为本质上讲是都是非线性的，当求解结果只需要满足工程精度要求时，可假定单元发生了微小变形，材料应力-应变遵循胡克定律，边界条件为理想约束，即三个基本方程均为线性方程。若几何方程、平衡方程和本构方程，其中有一个不满足线性关系即为非线性关系时，问题即转变为非线性问题。常见的非线性问题有几何非线性、材料非线性、状态非线性。

1. 几何非线性有限元理论

几何非线性问题包括了大位移大应变（也称有限应变理论）和大位移小应变（也称有限位移理论），钢管混凝土拱桥的几何非线性主要是指拱轴线与荷载压力线的偏离引起的有限位移问题。

钢管混凝土拱桥考虑几何非线性时，平衡方程还应该考虑的初应力、大位移对单元刚度矩阵的影响。考虑大位移的影响时，有限元方法存在两种列式法：T.L 列式法和 U.L 列式法。

2. 材料非线性有限元理论

因构件应力超出弹性极限，从而导致构件材料的弹性模量 E 成了应力 σ 的函数，使得基本控制方程表现出非线性，这就是所谓的材料非线性问题。拱桥结构所受荷载超出构件的极限承载力时，局部结构或部分构件的应力超出材料弹性极限而屈曲变形，随着荷载继续增加，最终因构件屈曲而导致结构整体失稳。因此，研究材料非线性，对于解决桥梁非线性稳定问题具有重要的意义。

（1）塑性力学计算假定

工程常见的蠕变、黏弹性、非线性弹性、非线性塑性、粘塑性等都属于材料非线性问题。对于一般的钢筋混凝土桥梁材料非线性主要指弹塑性问题和混凝土的徐变。塑性力学主要的研究目的在于探索材料进入塑性阶段后的应力及变形规律。有限元方法研究材料弹塑性的基本思路：假定材料塑性变形包括弹性变形和塑性变形；弹性变满足胡克定律，塑性变形通过塑性理论求解。计算塑性变形需满足三大定律：屈服准则、强化规律、流动法则。

①屈服准则

随着荷载的增加，材料开始产生不可恢复的变形，此时，材料即进入初始屈服阶段，材料应力状态所应满足的条件，称为初始屈服条件或屈服准则，屈曲条件主要用于判断材料是否进入屈服。在复杂的应力条件下，用屈服函数来表示屈服条件。

②强化规律

强化规律主要是用来描述材料塑性应变的发展，不同的塑性材料塑性应变发展不一，理想的塑性材料屈服条件不变，加工后的硬化材料屈服条件就不适用了。我们根据不同的问题作不同的计算模型，工程常用的强化法则有：等向强化（BISO/MISO）、随动强化（BIKN/MKIN）和混合强化。

（2）弹塑性本构矩阵的增量表达式

目前，利用有限元方法计算弹塑性问题时一般采用弹塑性增量理论。因为该理论既能反映结构的加载历程又能反映结构卸载情况。研究弹塑性增量理论得从弹塑性本构矩阵开始。

（三）桥梁施工过程控制

1. 施工控制的基本内容和目的

施工控制又称为施工监测监控。施工监测，在拟定施工控制方案后，通过专业的监控监测设备对现场结构的线形、内力进行实时监测，为施工监控收集结构的行为数据。施工监控，结合计算机模拟、分析功能对结构对收集的真实数据、监控参数进行跟踪与预警，并进行结构施工评估、分析，查找原因误差原因，减少误差。

实际工程中制定的控制目标有：结构变形控制目标、最大应力控制目标、以及施工安全控制目标等。这些控制目标之间相互关联、相互影响，在施工过程中对这些控制目标的处理和调控就显得非常重要。钢管混凝土拱桥施工控制的主要对象是施工过程中钢管混凝土拱桥的线形、内力。目的，是将拱桥结构在施工过程中产生的应力、线形控制在设计允许范围内，以达到来优化施工工序，提高施工工艺水平目的，最终保证结构施工顺利进行，建成高安全性的优质工程。不同的桥梁结构采用不同的控制方法，但其控制思想是一致的，通过对拱桥结构的应力、线形现场量测，收集数据并与计算机仿真预测结果进行对比，分析误差，查找原因，及时采取纠偏措施，对下一阶段施工做预测，使实际结果最大程度逼近设计要求。

2. 施工控制分析方法

大跨度桥梁的施工均采用分阶段逐步完成的施工方法，结构的最终形成，须经历一个漫长而又复杂的施工过程以及结构体系转换过程，对施工过程中每个阶段的变形计算和受力分析，是桥梁结构施工控制中最基本的内容。因此，须通过合理的计算方法和理论分析来确定桥梁结构施工过程中每个阶段在受力和变形方面的理想状态，以便控制施工过程中每个阶段的结构受力状态，使其最终的成桥线形和受力状态满足设计要求。目前，进行施工过程控制分析的方法主要三种，正装分析法、倒装分析法和无应力状态分析法。

正装分析法又称前进分析法（forward analysis），是按照桥梁结构实际施工加载顺序和边界变化情况来进行桥梁结构内力、位移及稳定性计算，进而确定施工阶段结构内力、位移及稳定性理论值，为施工阶段控制提供理论指导。正装分析法能较好地模拟桥梁施工过程，能较好地考虑与施工过程有关的多种因素，如临时施工荷载、环境温度、混凝土的收缩、徐变等，能确定桥梁结构的最终成桥状态，因此正装分析法在桥梁结构施工控制分析中占有重要地位。欲得到各个施工阶段的位移、内力须采用正装分析法进行计算。

倒装分析法（backward analysis）即按照桥梁结构施工加载顺序的逆过程来进行结构分析。倒装分析的目的就是获得桥梁结构在各个施工阶段理想的安装位置（主要指标高）和理想的受力状态。在实际工程中，桥梁设计图只给出了成桥的最终设计标高和设计线形，施工过程各状态标高和线成桥内力都是未知的，要得到初始状态和各施工阶段的理想状态，我们从理想的成桥状态开始倒拆结构计算各施工阶段的理想状态和初始状态。倒装分析的缺点就是难以考虑与时间有关的效应，如考虑混凝土的收缩、徐变特性。

无应力状态分析法指用构件或单元的无应力长度和曲率保持不变的原理进行结构状态分析的方法。因为在桥梁结构施工中或建成后，不论结构温度如何变化，如何加载即在任何受力状态下，各构件或单元的无应力长度和曲率恒定不变，这种方法适用确定钢管混凝土拱桥的钢管下料长度，不适于施工预测，控制桥梁当前和未来所处的实际状态。

三、钢管混凝土拱桥施工方案

（一）钢管拱施工方案介绍

钢管混凝土拱桥凭借其自身优势在我国公路和城市桥梁中发展迅速，施工方法也逐步成熟，主要常用的方法有转体施工法、缆索吊装法、斜拉悬臂法。

1. 转体施工法

转体施工法是一种适合于单跨拱桥的施工方法，现有的使用转体施工为施工工艺的拱桥主要有重庆涪陵乌江大桥、广州丫髻沙大桥、贵州北盘江铁路桥、京杭运河特大桥、日本神原溪谷大桥等。转体施工具有变复杂为简单、避免水上高空作业、结构受力安全可靠、施工设备少、用料省、施工速度快、费用低等优点，但同时也具有技术成熟度较低，竖向转动时不易控制，一般在中小跨径拱桥中使用的缺点。

钢管混凝土拱桥在施工时最常使用的是竖向转体施工法，应将钢管拱分为两段同时由两端向中间施工直至合龙，整个过程需要不断地进行定位调试，具体施工工艺可按下述步骤进行：

(1) 在两端同时浇筑钢管拱和索塔的基础和承台。并且在索塔外侧两端同时进行临时边拱施工，供后面转体时拉起主拱所用；

(2) 在设计好的位置精确预埋开始段主拱钢管，并安装好竖转施工时要用到的铰支座；

(3) 搭建起钢管拱两端的索塔，对竖转铰支座进行调试使其处于精确的位置；

(4) 搭建部分拼接过程中需要用到的支座，接着开始段主拱钢管继续拼接部分钢管拱，中间留出符合要求的通航水道；

(5) 安装拱肋横撑防止横向力过大，并且在边拱和已拼接的钢管拱上指定位置按要求设置临时挂索锚固点；

(6) 在主拱两侧安装竖转扣索及平衡索，索线一端连接在锚固点。一端连接在索塔上，用来吊起主拱；

(7) 将一侧靠近索塔处的部分支架拆除，做通航水道用，接着拼接完两端剩余的主拱和横撑。在接下来的施工中对通航船只进行管制监督；

(8) 在两岸已拼接好的主拱指定位置上安装反力架和反力支架顶端转向块。并且测量放样主拱肋锚点位置，安装拱肋上扣索体系锚固点；

(9) 安装主拱竖转扣索和索塔的尾索并加以调试，确保扣锁体系施工过程中安全可靠。并且拆除主拱肋临时扣索和临时锚固点；

(10) 竖转拆除支架一侧钢管拱到设计标高，施工时要不断检测做出调整以控制精度；

(11) 检测另一侧的各项索线、横撑和锚固点等，达到标准后按要求竖转到指定标高；

(12) 检测主拱肋线性，锁定扣挂钢索，微调液压提升系统使钢管拱轴线线型符合设计要求后转运合龙段钢管，使用焊接完成安装，实现主跨合龙；

(13) 拆除合龙段临时设施，封固拱脚，完成钢管拱安装。转体施工法施工过程中必须严格保证竖转时的精度，随着竖转角度的变化严格控制扣索索力的变化，竖转时控制速度，确保施工中的安全以及施工过程的顺利进行。

2. 缆索吊装法

缆索吊装法施工属于无支架施工方法中最常用方法之一，在峡谷或水流条件对施工很不利的河段上建造拱桥，或采用有支架施工法很不经济或者遇到困难时经常缆索吊装法进行施工。缆索吊装法运用非常频繁，经过长期的实践，其已经取得了很大的进展并且积累了很多的经验。目前，我国单跨缆索吊机最大跨径已经超过 500 米，缆索架桥设备已经实现工厂化生产。缆索吊装法的优点是设备跨越能力大，横向和纵向运输灵活，适应性广，施工稳妥方便，是修建大跨度混凝土拱桥和钢管混凝土拱桥的主要方法。除了以上所说的浙江钱江四桥和重庆菜坝园长江大桥以外，使用缆索吊装法进行施工的拱桥还有长沙湘江大桥、四川宜宾鸣溪大桥和广东南海三山西大桥等。

缆索吊装法施工的具体施工工艺：

（1）进行钢管拱预制，预制时应该使用立式预制，以便于后面拱肋的起吊及运送；

（2）将缆索吊装设备安装就位。缆索吊装设备包括主索（承重所用）、牵引索（牵引跑车水平运输）、起重索（起吊构件）、跑车（装载构件）、浪风索（保证塔架和拱肋稳定）、扣索（临时固定拱肋、调整其高程）、塔架（提高主索高度和支承各索）、地锚（锚固各索）、卷扬机（动力装置）、滑轮等；

（3）将预制好的钢管拱放置至河两侧待运的地点，开始由两侧向中间进行起吊运送，起吊时受吊重拉力影响，宜选用柔软耐磨、不宜打结的钢丝绳，一端与卷扬机滚筒相连，另一端固定于对岸的地锚上，这样当跑车在主索上沿桥跨往复运行时，可保持跑车与吊钩间的起重索长度不随跑车的移动而改变；

（4）将待安装的钢管拱节段吊至安装位置上方，调整前后吊点高度，然后放下钢管拱节段，调整相邻钢管拱节段接头对齐；

（5）安装钢管拱内法兰接头螺栓、吊装节段的扣索以及侧向缆风。逐渐拉紧扣索、缆风索并放松吊点使拱肋节段就位，通过反复收放扣索、缆风索，调整好拱肋轴线，锚固后放松主吊点；

（6）检测已安装好节段各监测点坐标、标高，采用扣索卷扬机收放扣索，将钢管拱节段调整到位；

（7）开始进行合龙，合龙段采用活动法兰，预先将合龙段内法兰收回管内。起吊合龙段管至安装位置，初步对位后，将合龙段管内活动法兰伸出，与安装好钢管拱的法兰连接。再采用手拉葫芦将合龙段调整到位后，在主管外侧焊接三块码板，临时固定。再将合龙段管内的活动法兰与南岸的固定端法兰螺栓固接。然后再次复核钢管拱节段坐标、标高无误后，将法兰接口外包板焊接就位；

（8）钢管拱接口焊接完毕后，开始放松扣索；两侧拱肋横撑安装完毕后，放松侧向缆风。完成主桥钢管拱安装。

3. 斜拉悬臂施工法

斜拉悬臂施工是一种适用于大跨径桥梁的施工方法，且在我国使用较为频繁，技术较为成熟。现有的使用斜拉悬臂施工法为施工工艺的拱桥主要有重庆巫山长江大桥、湘潭湘江四桥、安徽黄山太平湖大桥等，世界第二大跨径的前南斯拉夫 KRK 拱桥也是采用斜拉悬臂施工法架设的。斜拉悬臂施工法的优点主要有其适应于大跨径桥梁的架设；受地形影响小，减少了河道、峡谷等对大桥建设形成的障碍；实现机械化和循环重复作业，可改进工艺并提高工程质量，使中段合拢更加容易实现。但悬臂施工法也有其不可回避的缺点，悬臂施工法施工监控流程比较繁杂，施工误差很难避免，若是使用斜拉悬臂施工浇筑法还必须等到所有墩台施工完成后才可以开始进行施工，而且浇筑过程必须等到强度达到设计强度时才能进行下一道工序，对工期要求非常高。

拱桥斜拉悬臂施工主要包括悬臂浇筑和悬臂拼装两种方法，在我国一般使用悬臂拼装法，具体施工工艺可按下述步骤进行：

（1）架设施工中需要的墩身，卷扬机、三门滑车、临时钢拉杆（用 C30 混凝土锚固住墩身一端）、简易钢吊架（底端用临时牛腿撑住）；

（2）将钢管拱沿桥跨划分为若干奇数段预制，将拱肋、立柱通过临时斜杆和上弦杆组成临时桁架拱片；

（3）用横梁和临时风构将两个临时桁架拱片组成空间框架；

（4）将每段框架用之前架设的工具整体运输至桥孔由拱脚向跨中逐段悬臂拼装至合龙；

（5）拆除多余的设施完成钢管拱的安装。

（二）钢管拱施工评价指标体系的构造

1. 成本

成本即此次工程的投资，成本控制是整个工程最直接的利益所在，其影响可以渗透到工程的每一个角落。设计单位和施工单位在设计施工过程中应采取最佳的施工方案保证工程的成本控制，在确保优异质量的情况下为国家节省建设资金。成本投资主要包括人工费、机械费、材料费、其它费。

2. 工期

工期是一个工程不可回避的问题，工期的设定对施工方案选定有很大的影响，能否在施工工期内完成工程，将极大地关乎大家的利益，不管是何种施工方案，都应尽量满足工期的要求，将损失减少到最少。钢管混凝土拱桥施工的工期主要分为钢管拱预制、钢管拱起吊、节段拼装与焊接、合龙四个方面。

3. 技术可行性

技术可行性是一座钢管混凝土拱桥钢管拱施工中的保障因素，每一座桥在施工时都会有自己的困难之处。比如桥梁需在悬崖峭壁上高空作业、桥梁本身杆件自重很大、当地环境保护要求很高、桥址雨水丰富、气候多变、防洪防汛等。这些困难之处会加大对工程技术可靠性的要求，而不同的施工方案在应对不一样的困难时会发挥不一样的作用，因此技术可行性在工程施工中也是十分重要的一个评价指标因素。通过查阅资料以及对各施工方案的研究，将技术可行性细分成了拼装精度、焊接质量、施工安全保证、防洪防汛四个方面。本书的三种施工方案都属于无支架施工法，因此对拼装精度、焊接质量的要求很高，这两者达不到要求，将对整个施工过程造成致命地打击。施工安全保证是每座桥都必须保证的一个指标，在桥梁建设过程中要保证施工人员安全以及桥梁的质量，避免造成不必要的人员、财产伤亡，更不能造成桥梁的塌方。在江河流域的桥梁对防洪防汛的技术要求很高，要采取受洪汛影响小的施工方案或者提前预防洪汛的到来避免造成不可挽回的后果。

4. 施工条件

施工条件包括材料运输、施工所需机械配置、施工场地等。不同的施工方案对施工条件的要求是不同的，应在保证工程质量的情况下尽量使用可以节省材料运费、施工机械花费较少并且与现场环境可以相匹配的施工方案。

5. 环境保护

现代社会人们的环境保护意识越来越强烈，我国一直在倡导从粗放型经济向高效型经济转型，特别是随着党的十八大将科学发展观写进党章后，环境保护更是成了一个重中之重，不可忽视的指标。国家明确规定，施工过程中的泥浆、弃渣不可随意抛入江河之中，不能污染当地的饮水资源，不可对当地和下游的老百姓的生活造成影响。施工过程中还应做好施工现场的美观与遮挡工作，安抚好老百姓，不可造成有碍视听的后果。由国家的规定中可以看出环境保护可细分为文明施工和施工环保两个方面。

四、钢管混凝土拱桥施工监控

（一）桥梁施工监控内容及方法

1. 桥梁施工监控的内容

（1）几何（变形）监控

在桥梁施工控制过程中，结构的尺寸控制是桥梁施工控制的基本内容。不论用什么施工方法，桥梁结构在施工过程中总要产生变形，并且结构变形受诸多因素的影响，极易使桥梁结构在施工阶段的实际位置与预期状态产生偏差，这样桥梁的合龙难以顺利进行，或成桥线形状况不符合设计要求。因此，必须对桥梁实施监控，使其实际状态值与预期状态值的误差在误差容许值的范围内并且成桥线形状态符合设计要求。

（2）结构应力监控

桥梁结构在施工过程中以及在成桥状态中的受力情况是否与设计相符是施工监控中的重要问题，通常通过结构应力的监测来了解实际应力状态；结构应力监控的状况相比变形控制较难发现，若应力监控不力，将会危害结构，严重时甚至会造成结构破坏，因此，比较于变形监控，对结构应力的监控显得更关键。

（3）结构稳定性控制

桥梁结构的稳定性控制也是桥梁监控的一重要方面，结构的稳定性与强度有着同等甚至更重要意义。加拿大魁北克桥在施工过程中由于失稳而导致全桥破坏的例子，说明在施工过程中，不仅要严格控制变形和应力，同样要严格控制各阶段结构构件的局部和整体稳定。然而现阶段对可能出现的失稳现象还没有可靠的监测手段，为此应建立一套全面的桥梁监控系统，对于桥梁的施工安全和运营都具有极其重要的意义。

（4）安全监控

一方面，只有保证了桥梁施工过程中的结构安全，才谈得上其他控制与桥梁的建成；另一方面，上述变形、应力、稳定性得到了控制，安全也就得到了控制。在施工监控中，需根据实际情况，确定安全监控的重点。

2. 桥梁施工监控方法

对于桥梁施工监控方法的选择，不同的桥梁结构、施工方法及具体监控项目，其监控方法也不相同，具体情况还得具体分析。一般来讲，桥梁施工监控方法有开环控制法、闭环控制法、自适应控制法、最大宽容度法等[30]。

（1）开环控制法

对于开环控制法，人们早期已无意中采用了这种方法，如预设拱度。开环控制法是单向性的，一般是指根据计算出的桥梁成桥阶段的结构理想状态和各施工阶段计算荷载求出结构的预拱度，在施工中严格施工，并不需根据结构的反应来改变施工的参数，它就基本上在完工后能达到结构理想状态的几何线形和内力状况。这种方法没有控制误差和修正误差的功能，主要适用于结构简单、跨径不大的桥梁结构。

（2）闭环控制法

对于结构复杂、跨径较大的桥梁体系，尽管可以如开环控制一样在设计计算中精确计算出成桥状态和各施工阶段的理想结构状态，但是施工中的结构误差和测量误差是不可避免的，而且随着施工过程不断推进，误差积累起来不可忽略，最终施工完毕时，实际的线形与内力状况偏离结构理想状态较远，这就要求对施工状态与理想状态之间的误差进行及时纠正，而纠正的控制量与方法是由误差反馈计算所决定的，这样就形成了一个反馈的闭环系统。这种情况中，虽然无法实现结构理想状态，但可以使已经发生误差的结构进而达到最优状态。

（3）自适应控制法

闭环控制方法只是在施工误差产生以后，通过被动的调整减小已出现误差对最终结构状态的影响，使结构达到最优状态；而自适应控制就是在反馈控制的基础上，加上一个误差识别过程。对于分段施工，各施工阶段实际结构状态达不到理想结构状态是误差生成的重要原因之一，当结构的实测状态与理论状态不相符时，对各个有可能引起误差的参数进行实时识别，分析误差产生的原因，根据该原因重新调整计算，使模型的输出结果与实测结果相一致，这就是自适应控制。

（4）最大宽容度法

最大宽容度法是设计时对于主梁标高和内力给予最大的宽容度，这个宽容度就是误差的容许限值，这种做法减少了控制的难度，但也会产生其他问题。

(二) 桥梁施工监控的影响因素

进行桥梁施工监控是为了最大限度地实现施工实际状态与理想设计状态的吻合。要达成上述目标,首先就必须全面了解可能影响桥梁施工状态的所有因素,以便做到有的放矢。

1. 结构参数

结构参数是施工控制中模拟结构分析的基本资料,在桥梁的施工监控必须对其认真考虑。实际中,一定的误差存在是无法避免的,桥梁的结构参数是很难完全与设计结构参数相吻合。因此,施工监控中,我们要做的就是如何尽量减小误差,使桥梁的实际结构参数与理想参数尽可能地接近。桥梁结构的参数主要包括:

①结构构件截面尺寸。施工中各构件截面总会存在一定的尺寸误差,合理限值范围内的误差在结构验收规范中也是允许的,但这种误差一旦超过合理限值,将相应影响结构几何变形、内力状况等的分析结果;

②结构材料弹性模量。结构的材料弹性模量直接关系着结构变形,其对分析结果的影响,对超静定结构来说更明显。施工过程中应随着施工的不断进行,经常性地进行现场抽样试验,获得材料弹性模量值,并进行修正;

③材料容重。材料容重一般说来是造成结构变形的重要元素,对于实际的材料容重和设计值之间存在的误差,应进行实时识别,施工监控中应准确计入,并对于混凝土类材料应特别注意集料与钢筋含量对容重产生的影响;

④施工荷载。施工荷载作为临时荷载,在监控分析中,对受力与变形的影响是不容忽视的。在实际桥梁监控中一定要根据实际取值;

⑤预加应力。对于预应力混凝土结构内力与变形控制,预加应力是需要考虑的重要结构参数,但施工监控中只能综合各种因素对其做出合理估计,因为预加应力值受诸多因素的影响,如弹性模量、管道摩阻、张拉设备等,不能准确计算。

2. 温度变化

桥梁结构的变形与应力会随温度的变化而变化,不同时刻量测结果也是不一样的。这就导致在施工监控中不能忽视这项因素,否则难以保证得到的数据体现了结构的真实状态,也难以保证监控的效果。因此,温度变化是施工监控中必须考虑的因素。通常的做法是选定某一特定温度来排除温度变化对结构状态造成的影响,由于早晨在一天之中温度变化较小,一般选择在早晨来采集数据。

3. 材料收缩、徐变

对于混凝土桥梁结构来说,材料收缩与徐变对结构内力、变形有较大的影响,这主要因为施工过程中混凝土普遍存在着加载龄期相对短、各阶段龄期差别大等状况,监控中需要认真仔细研究,采用合理的徐变参数,建立符合实际的计算模型进行桥梁结构分析。

4. 结构分析计算模型

在进行实际桥梁分析中，总要简化桥梁结构，建立结构分析计算模型，在这种简化中，各种假定和处理、精度要求等会使模型与实际之间有一定的误差存在。实施桥梁施工监控，这也是需要注意的一个方面，最大限度地减少由结构分析计算模型产生的误差，以便更好地分析各施工阶段的理论值。

5. 施工工艺

施工工艺与施工监控两者是密不可分的。施工监控是为了更好地施工，施工的好坏又会影响到施工监控的目标的实现。因此，在施工监控中，应时刻要求施工工艺符合要求，而且，当发生误差时，在进行监控分析是必须计入并相应处理。

6. 施工监测

桥梁监测是桥梁施工监控最基本的手段之一，包括结构温度监测、应力监测、变形监测等。在监测过程中，测量仪器本身、测量方法、数据处理等各方面都可能存在误差，这就导致了施工监测不可避免地存在误差。测量的误差可能使数据看起来比较吻合，而实际已有一定的误差，也有可能出现相反状况，结果进行调整处理造成实际状况相差甚远，这些都表明保证测量数据的准确可靠至关重要。

随着社会的发展、人口的增加、城市外扩，交通成了经济扩张中很重要的一个环节，而桥梁则是帮助人类连接江河湖海的交通组成部分。钢管混凝土拱桥是在桥梁发展的后期由钢筋混凝土拱桥衍生进化而来的一种更为优质、施工更为方便的桥型。钢管混凝土拱桥地出现在很大程度上解决了拱桥多年以来因为自重而无法增大跨度的难题。一种优质桥梁的兴起必然会在社会上得到广泛的使用，施工方案也会随着理论知识和实践经验的完善逐渐增多，面对着满目琳琅的候选施工方案，只有进行正确地选择才能以最小的投入得到最大的收益。并且，桥梁施工监控是桥梁建设安全的有力保证，是确保桥梁工程质量的关键手段。

第九节　矮塔斜拉桥施工

一、矮塔斜拉桥概述

（一）矮塔斜拉桥的结构和受力特点

矮塔斜拉桥作为一种组合体系桥梁，兼有连续（刚构）桥的刚性结构和斜拉桥的柔性结构特征，是一种在结构和受力上特色鲜明的桥梁形式。

矮塔斜拉桥的主梁梁高介于梁式桥与传统斜拉桥之间，约为连续梁桥的一半，斜拉桥的两倍，截面一般采用变截面形式。同时，由于桥塔较矮，为了充分利用矮塔的高度，拉索多成扇形布置，在桥塔上拉索一般从塔上部集中通过。斜拉索在主梁上一般布置在1/3中跨和1/2边跨处，这样不仅在主孔中部和边孔端部有无索区，而且在桥塔旁也有一段明显的无索区，使得矮塔斜拉桥在桥跨布置上更灵活，可以根据荷载要求选择拉索的根数和布置拉索区的位置。将其设计成独塔双跨或多塔多跨等不同的结构形式，也使得多塔斜拉桥刚度不足和各跨间相互影响的问题得以避免，发挥了多跨连续梁桥的优势。

结合上述矮塔斜拉桥的结构特点，在受力形式上矮塔斜拉桥不同于传统斜拉桥以梁的受压、索的受拉来承受竖向荷载，也不同于连续梁（刚构）桥以梁的直接受弯、受剪来抵抗竖向荷载，它是用较大刚度的主梁受压弯来承受大部分竖向荷载，以少量的拉索受拉分担部分竖向荷载。同时由于拉索的倾斜角度较大，所以斜拉索提供的竖向分力较小，分担竖向荷载的能力有限，但水平分力较大，可以增加主梁的压应力提高主梁抗剪性能。

（二）矮塔斜拉桥悬臂施工方法简介

现代桥梁施工方法有支架现浇法、移动模架法、悬臂浇筑法、悬臂拼装法、顶推法等。矮塔斜拉桥由于其结构形式的特点，一般采用悬臂浇筑的方法。早期的悬臂施工方法是借鉴了钢桥悬臂拼装的思想，用于修建预应力混凝土刚构桥，后来被广泛应用于预应力混凝土连续梁桥、连续刚构桥、悬臂梁桥、斜拉桥等桥梁的施工中。其有如下特点：

第一，对于预应力混凝土矮塔斜拉桥，在悬臂施工时，主梁的受力与成桥后主梁受力状态较为接近，且施加的预应力钢束既能满足施工需要也能为成桥后结构受力提供预应力效应；

第二，悬臂浇筑施工没有支架，占用空间小，能够保障桥下的通航通行需求的同时节省了支架的费用以及搭设支架的工期；

第三，对于多跨矮塔斜拉桥各墩可以同时施工，加快施工进度，缩短工期；

第四，采用预制挂篮，可以提高变截面箱梁模板架设的施工速度，且施工作业大部分都在挂篮中进行，作业环境安全整洁。

（三）矮塔斜拉桥施工监控概述

随着大量桥梁工程的建设以及公众对桥梁等重大工程安全性的关注，桥梁施工监控的重要性逐渐被人们所重视。事实上，任何一座桥梁的施工都是一个系统工程。在这个系统中，会存在许多不确定因素影响这设计目标的实现，导致实际成桥状态与理想成桥状态存在一定的差异。而如何对这些误差进行甄别和调整就体现了施工监控的重要性。

在现代桥梁施工技术中，监测与控制是重要的组成部分，是确保桥梁施工质量的关键，而且是实施较为复杂的一部分。最早系统的把工程控制理论应用到桥梁施工管理中的国家是日本，其在修建日野桥时，就应用计算机技术建立了关于应力—挠度的观测、预处理和计算分析的控制系统，实现了从施工到控制中心到施工现场的闭合控制过程。到80年代后期，日本成功利用计算机联网传输技术建立了自动监控系统。随后，日本又将该系统植入微型计算机中并附加了配套的测量参数和计算参数数据库，大大提高了施工监控的精度、速度和安全度。在此后的几十年里，桥梁施工监控技术在国外迅速发展，不断地进步和创新，不仅应用更加广泛，而且监控方法也从人工控制向着智能控制发展。桥梁施工监控系统在国外早早地被建立起来，并组织起来完善的管理体系，之后又将监控体系纳入到常规的施工管理工作和桥梁服役阶段的管理体系中。

我国在桥梁施工监控理论方面的研究起步较晚，初期只是对施工中结构的内力变形问题进行了分析。首次应用现代施工控制思想对主梁挠度和索塔位移进行有效的监测和控制还是在上海柳港大桥的建设工程中。此后，施工监控在国内的桥梁建设中受到广泛重视并得到迅速发展。目前，急需解决的问题是对桥梁全寿命周期的监测的理论和方法的研究。

二、矮塔斜拉桥施工控制理论与方法

矮塔斜拉桥是高次超静定结构，结构内力变化复杂，成桥后的结构内力和变形受施工工序和环境变化的影响很大。因此，对矮塔斜拉桥几何线形和内力状况的分析控制成了施工过程中最重要的一环。这就需要施工控制的内容充实、切中要点，采用的施工控制的方法合理规范、简便实用，施工过程的分析计算准确可靠、条理清晰。另外，由于在施工过程中各种不确定因素的随机影响，施工控制的理论误差会呈现逐渐增大的态势，因此，就要求将理论的控制方法和分析方法与实际情况相结合，不断地修正理论值与实际值之间的偏差，以保证施工控制的准确性。

由此可见，矮塔斜拉桥的施工控制是安全高效施工的有力保障，是桥梁施工技术的重要组成部分，不仅联结着桥梁的设计与施工两方面，而且在桥梁的全寿命周期中也发挥着不可忽视的作用。

（一）矮塔斜拉桥施工控制工作内容

矮塔斜拉桥施工控制工作内容的制定主要围绕两方面：一是如何保证桥梁结构在施工过程中的稳定和安全；二是如何确保施工中的桥梁在达到成桥状态时最大限度的接近设计状态，满足设计和施工规范要求。因此，对于不同类型的桥梁，由于结构体系的不同，施工方法的不同以及所处环境的不同其具体的控制内容会存在些许差异，矮塔斜拉桥的施工控制内容总体上来说，主要包括几何（线型）控制、应力控制、索力控制和稳定控制等。

1. 几何控制

在施工过程中，桥梁结构由于受到例如自身重量、外部荷载、温度变化等因素的影响，不可避免的会产生变形。产生变形并不可怕，可怕的是对变形控制不力导致主梁线型严重偏离理论值，影响主梁顺利合龙，危及施工安全，因此对桥梁的几何线形控制是重中之重。矮塔斜拉桥的线型控制主要包括主梁线型控制和索塔偏位控制两部分内容。

主梁的线型控制主要是主梁竖桥向的高程控制，一般采用几何水准测量的方法。对于悬臂施工的桥梁来说，需要随着施工进度实时的跟进监测每一节段控制水准点的标高，并与理论标高值进行对比，来控制主梁线型的发展趋势。主梁线型控制另一项内容就是主梁横桥向的控制即桥轴线控制。对于矮塔斜拉桥主梁悬臂浇筑施工方法来说，每一节段混凝土的施工都有可能会受到挂篮变形、模板变形、节段超重等影响而引起梁体的局部变形甚至梁体扭转变形等。为了保证边、中跨的顺利合龙，必须控制桥轴线的偏差值。

索塔的偏位控制主要包括顺桥向和横桥向两个方向的变形值控制。矮塔斜拉桥桥塔在施工过程中要承担相当部分的通过拉索传递的主梁荷载，在桥塔两侧不平衡索力、不均匀温差等因素将会导致桥塔不同程度的变形，因此在每次浇筑完节段混凝土和张拉完斜拉索后必须要观测桥塔的偏位程度。

在几何控制过程中需要制定相应的评判标准对施工监控的结果予以评定，通过规定误差的限值不断纠正施工控制结果，使其达到设计的状态要求。一般的，误差限值与桥梁结构、桥梁设计标准有关，需要跟随施工进度具体情况具体控制。

2. 应力控制

预应力混凝土矮塔斜拉桥的施工一般采用悬臂浇筑施工方法，施工周期较长，结构受力复杂多变。除荷载引起的结构应力之外，混凝土的收缩徐变、日照温差变化等都会引起应力的不均匀变化，为掌握主梁截面应力的变化规律，控制截面应力的变化范围，桥梁施工控制必须对主梁的截面应力水平进行监控，而且其应力监控是一个长期且持续的过程。目前混凝土应力监测主要采用的是间接测量法。间接测量法是一种采用预埋的应变计测出相应位置处混凝土的应变量，然后根据混凝土应力应变关系换算出应力的测试方法。矮塔斜拉桥悬臂施工方法在进行应力监测时一般会根据施工阶段结构计算结构选定主要控制截面，原则上有悬臂段根部、最大正负弯矩截面、结构受力变化截面、结构尺寸变化较大截面以及其他从设计角度需要考虑的控制截面等。应力控制的内容除了包括施工过程中的主梁应力监测外，还包括另一项重要监测的内容——索塔应力。矮塔斜拉桥索塔作为压弯构件，在承受荷载时塔身可能会存在不平衡应力，因此，为保证塔身的稳定和索塔自身强度的要求，对索塔进行应力监测也是非常必要的。

3. 索力控制

在矮塔斜拉桥的结构设计中，虽然是主梁受力为主，但斜拉索也要承受相当一部分的荷载，在分担主梁结构自重、施工阶段荷载等方面发挥重要作用，而且索力控制的优劣还会对成桥线型产生一定的影响，所以制定合理的索力监测方案，采用精确地索力分析和监测方法，了解拉索张拉后的实际状态也是矮塔斜拉桥施工监控工作中非常重要的内容。目前施工现场索力测试的方法一般有压力油表测量法、压力传感器测量法和频率法等。

现阶段采用比较多的是频率法，频率法是利用拉索振动频率与拉索索力的计算关系，通过测量斜拉索的振动频率和结构参数来计算出斜拉索的张拉力，该方法精度一般能够满足工程需要，而且适用范围广、环境适应性强，在桥梁施工监控工作中广泛采用。

4. 稳定控制

由于采用悬臂浇筑施工方法，对于大跨度的预应力混凝土矮塔斜拉桥来说，桥梁结构的稳定问题依然是其施工过程中需要关注的一点。随着悬臂段的不断增加，桥梁整体的刚度在不断降低，尤其在最大悬臂段阶段桥梁结构的稳定性问题更为突出。所以，在施工控制中也需要多注意结构稳定问题。

（二）矮塔斜拉桥施工结构分析方法和过程控制方法

桥梁施工控制的核心思想就是对施工过程中的结构实际状态与设计目标状态之间的偏差进行准确的计算分析并加以有效的修正，以保证桥梁在施工过程中的安全稳定以及成桥的变形和受力状态满足设计和规范要求。因此，如何对桥梁的施工阶段进行精确地计算和如何对在施工过程中出现的施工误差进行有效的修正成为桥梁施工控制最核心的也是最需要解决的问题。矮塔斜拉桥施工控制工作包括施工过程的模拟分析、控制方法的选取以及误差识别与修正等内容。

1. 矮塔斜拉桥施工过程模拟分析方法

矮塔斜拉桥的设计与施工必须对实际的施工过程进行详细的模拟和分析计算，包括节段混凝土的浇筑、预应力的张拉、斜拉索的张拉以及收缩徐变等时差效应都需要进行详细的模拟，从而得到其施工各阶段的结构受力和变形状态，才能更好地对施工过程进行有效的控制。

正装计算法是指按照矮塔斜拉桥实际施工过程进行模拟分析的方法，通过选择既定的控制参数并按照正确的施工顺序一直计算到施工完毕，得到的最终成桥状态基本与预定的理论成桥状态相吻合。正装计算法的优点在于可以在每一个施工阶段中把混凝土的收缩徐变等时差效应考虑进去，但计算过程中结构节点坐标的迁移，最终成桥线型不能完全满足设计需要。

倒退计算法就是在结构满足设计条件下，将结构按照施工过程的逆过程进行倒拆计算，分析每次拆除一个施工阶段对剩余结构的影响，最终可以得到结构最初始的状态用于正装计算，但是倒装计算法不能考虑混凝土的收缩徐变和几何非线性的影响。

为了弥补正装与倒装计算法的不足同时，在实际的施工过程模拟中，一般采用将正装计算和倒装计算并用的方法，从两个方向不断逼近原始状态，从而最终确定合理的初始状态和施工状态。

无应力状态法分析的基本思路是采用完全线性理论对斜拉桥解体，只要保证单元长度和曲率不变，则还原后的结构内力和线形将与原结构保持一致。对于预应力混凝土矮塔斜拉桥来说，无应力状态法可以在斜拉索的索力控制中可以发挥作用。

2. 矮塔斜拉桥施工过程控制方法

桥梁的施工控制事实上是桥梁工程技术与现代控制理论两学科相互融合而发展起来的，控制方法大致可以分为：开环控制法、闭环控制法和自适应控制法。

（1）开环控制法

开环控制法是指在设计阶段充分考虑整个桥梁结构的荷载状态、环境影响参数，然后通过准确的施工过程仿真模拟，制定合理的施工顺序，计算出每一步的施工状态，最后依据理论参数指导施工的方法。但对于矮塔斜拉桥这种大跨度桥梁，实际施工状态与模拟计算的施工状态是有一定的差距的，微小的施工误差或者施工参数的改变均有可能使得成桥后的线型和内力状态不能满足设计规范要求。

（2）闭环控制法

闭环控制法相较于开环控制法，加入了对施工误差的调整纠偏的过程，是一种反馈控制方法。在矮塔斜拉桥的施工控制中，采用能够及时对施工误差起到调整、控制、纠偏作用的控制方法是施工控制的必然要求，闭环控制法在误差的修正调整方面更为严谨更为科学，与开环控制方法相比更有优势。

（3）自适应控制法

自适应控制法是一种参数调整方法。相较于其他误差调整方法，自适应控制法更具有主动性和预测性。自适应控制法的核心思想是参数识别、参数估计和参数调整。在实际的施工过程中，我们可以采用搜集试验数据和实测内力变形数据的方法，分析比较实际参数数据与理论参数数据的差异，对桥梁结构参数进行准确的识别和估计。对于采用悬臂施工工法的预应力混凝土矮塔斜拉桥来说，在施工初期，从墩顶开始的前几个施工阶段，结构的相对线刚度较大、结构变形小、参数误差影响小。因此，在施工阶段初期对结构计算参数进行修正，并将修正结果反馈到计算模型中，经过几个阶段的调整计算模型可以更好地反映实际施工状态，极大地提高矮塔斜拉桥施工控制的控制精度。

3. 矮塔斜拉桥施工控制影响因素

在进行矮塔斜拉桥施工过程模拟分析以及结构分析时，理论模型计算结果往往与实际施工结果有一定的差异，这是由于施工过程中有许多不确定因素会对结构的变形和受力状态造成不同程度的影响，所以这些施工差异的产生是不可避免的。为了更好地对矮塔斜拉桥进行施工控制，进行施工控制影响因素的分析是必不可少的，其主要影响因素有以下几个方面：

（1）结构设计参数

矮塔斜拉桥结构分析在选择结构参数时往往会采用施工图纸提供的设计参数，其参数的准确与否会直接影响到结构计算的准确性。矮塔斜拉桥的结构设计参数主要包括：①结构断面尺寸；②材料容重；③材料弹性模量；④混凝土的收缩徐变效应；⑤预应力荷载；

⑥斜拉索初张力；⑦二期荷载；⑧主要施工荷载；⑨温度荷载等。

（2）结构计算模型

结构计算模型是对实际结构的理论模拟，期间往往存在些许结构上的简化或者近似模拟，例如边界条件的简化，单元类型的假定，材料特性的设定，荷载效应的设置，环境因素的模拟等。因此，在施工控制中要不断调整计算模型，尽可能减小理论模型与实际情况之间的差异，使模型能够真实地反映实际结构的受力变形状态。

（3）施工方法

桥梁结构的施工方法对桥梁施工过程的影响是显而易见的，不同的施工工法对桥梁施工过程中结构的变形受力以及结构体系的转换会产生不同的效应，对施工控制提出的要求也不同。针对采用悬臂浇筑法施工的预应力混凝土矮塔斜拉桥，主梁线型的控制可以通过设置预拱度和调整索力来完成。

（4）温度效应

对于矮塔斜拉桥这种高次超静定结构，整体的升降温和局部的温差变化都会对桥梁结构变形和内力状态产生较大影响。而且实际的温度场不容易模拟，温度效应不容易预测、温度变化不容易掌握，这给施工控制带来了许多麻烦。如果不考虑温度的影响，施工控制也就难能精确，所以，在进行试验或者测量工作时一般选择温度恒定的时间段，以减少温度效应的影响。

（5）主观因素

主观因素也就是人为因素，主要是施工控制以及施工管理工作的开展情况。矮塔斜拉桥施工控制的数据采集工作需要对施工中的桥梁结构的主梁标高、桥塔偏位、混凝土应力和拉索索力进行准确的测量。这期间就有测量误差的产生，因此，在测量工作之前一定要选用精度高的仪器，并进行标定以确保测量仪器的准确性。同时，测量工作也要制定严格的测量方案，并安排定期的复测，以确保测量结果的真实有效。

4. 矮塔斜拉桥施工控制误差调整理论与方法

矮塔斜拉桥的施工控制是一个复杂的系统工程，产生误差是不可避免的，这就需要在整个过程中做好前期预测和后期调整两大工作，为完成这两大工作，常用的误差控制理论和方法有：设计参数识别、卡尔曼滤波法、灰色控制理论、最小二乘法等。

（1）参数识别

设计参数误差是引起桥梁施工误差的主要因素之一，由于各个结构参数对桥梁结构的影响大小不同，有的可能产生正负交替的小范围误差，有的可能会随着施工的推进而不断叠加的大范围误差，这就对参数的识别提出更高的要求。

首先，需要进行参数的敏感性分析，得到主要的设计参数。参数的敏感性分析一般采用有限元结构分析方法，即在既定的结构模型上，通过改变特定的参数，计算由此引起的结构位移和内力的变化程度来判断该设计参数是否是主要的设计参数。结构行为对参数的变化响应敏感的,该设计参数就是主要设计参数,反之就是次要设计参数。

(2)卡尔曼滤波法

卡尔曼滤波法是将状态空间的概念与随机估计理论相结合,将信号过程的输入与输出关系用状态方程来描述。按照递推公式,依靠新的观测值和前一刻的估计值就可以算出新的估计值。

卡尔曼滤波法在大跨度预应力混凝土矮塔斜拉桥施工控制中的应用主要体现在利用离散线性系统对施工误差的预测和调整中。尤其在悬臂浇筑施工工法中,我们可以通过对已完成阶段的测量对下一阶段进行预测和估计,使得以后的结构变形状态与理论状态相符,这就是卡尔曼滤波法的实际工程意义。

(3)灰色系统理论法

灰色系统是相对于白色系统和黑色系统来讲的,灰色系统是信息不完全、不明确的系统。在悬臂浇筑的矮塔斜拉桥施工控制中,灰色系统理论法一般是以各阶段的预拱度值作为初始值来建立灰模型,即 GM 模型,是一种对原始数据进行重生成再加工来预测系统未来发展变化趋势的一种预测控制方法。

三、矮塔斜拉桥施工技术

(一)分丝管安装技术

分丝管是矮塔斜拉桥索塔鞍座的一种重要表现形式,起着固定拉索中钢绞线的作用。灵江大桥每个索塔内设置了 22 个斜拉索鞍座,每个斜拉索鞍座对应一个分丝管。因此,为保证鞍座位置安全的准确性,应对分丝管的定位进行有效控制。对此,可采用试拼法确定分丝管和索塔模板的位置。首先,进行索鞍段模板组装,水平放置索塔侧面模板,利用水准仪进行找平后将索塔前、后面模板相连接,并借助临时组件进行顶面固定,依据相关规定进行模板位置调整;其次,在所组装的模板上进行钻研,固定锚垫板,从而安装第一排分丝管,实现分丝管安装的找平与固定。此外,确定分丝管所在位置后,将其与锚垫板进行焊接。并重复上述操作完成后续工作。

(二)索塔浇筑技术

索塔位于矮塔斜拉桥中央分隔带上,为钢筋混凝土实心矩形截面,横桥向宽 2.0m,顺桥向长 4~5m,塔身上布设了一定的鞍座,用以实现斜拉索的有效通过。由于索塔整体结构受力复杂,钢筋布置数量较大,加之各种预埋件、分丝管较多,因此在实践施工中索塔浇筑为索塔施工关键技术。在此过程中,需严格依据"清除梁顶表面浮浆、杂物→底部段钢筋安装→底部段模板安装→测量放样→底部段混凝土浇筑→分丝管安装(需测量放样)→索鞍段钢筋安装→索鞍段模板安装→索鞍段混凝土浇筑(需测量放样)→顶部段钢筋安装→顶部段模板安装→底顶部混凝土浇筑（需测量放样）→混凝土养护、拆除模板"工艺流程进行操作。在此实践操作过程中，应科学设计混凝土配合比，用以从根本上保证索塔浇筑质量。与此同时，也需注意以下几点要求：第一，对索塔钢筋进行编号管理，依据编号顺序进行实践规范性操作；第二，为降低分丝管、预埋部件等对索塔建筑的影响，在钢筋安装过程中需预留混凝土振捣空间；第三，在吊装过程中需控制好模板安装的精确度，保证浇筑过程中不会出现模板跑偏问题；第四，在钢筋混凝土工程中，需依据工程建设要求与相关规定，合理选择混凝土原材料，通过配比试验，确定混凝土配合比，在养护工作中需根据当地气候条件科学选择养护方法，如夏季施工时，在拆模前应采用蓄水养护法进行处理，在拆模后利用性能较好的养生液进行养护。

（三）主梁混凝土浇筑技术

由主梁的设计结构可知，主梁结构的混凝土施工与一般连续箱梁混凝土施工存在一定的差异性，对此需根据矮塔斜拉桥主梁结构特征，加强主梁混凝土浇筑技术的研究。研究与实践经验总结发现主梁挂篮技术是主梁混凝土浇筑施工的关键技术。根据灵江大桥连续梁段设计的分段长度、外形尺寸与断面方式，设计挂篮形式为菱形三角挂篮，由走行系统、承重系统、锚固与悬吊系统、模板系统共同组成，设计挂篮使用最重梁段3150KN，挂篮自重约83t。在挂篮悬臂混凝土施工过程中需遵循"挂篮设计、制作→挂篮拼装、试压→挂篮移动、调校、锚固→底板及腹板钢筋绑扎→预应力管道施工→安装内外模板（螺杆）施工及腹板堵头模板→顶板钢筋绑扎→安装顶板堵头模板→安装预应力管道、模板、纵、竖向预应力管道→混凝土浇筑、养护→预应力张拉、真空压浆"施工流程进行具有操作。其中在进行塔吊安装时，需做好测量放样工作，利用沙袋分级加载法，进行预压，用以验证挂篮系统的稳定性与整体强度。此外，施工过程中需采用一定的安全保障技术，如设置安全网、上下走行梯等，提升施工安全性。

第十节 无背索斜拉桥施工

一、基本概述

（一）基本介绍

我国幅员辽阔，大小山川河流遍布全国各地，在最近十几年的桥梁建设中，斜拉桥因其跨越能力强、造型优美等特定成为工程师眼中的宠儿。斜拉桥是由主塔、斜拉索和主梁三类构件组成的一种结构体系，其结构可以等效的看作用斜拉索代替桥墩支点的多跨弹性支承连续梁体系，可以有效地减小主梁弯矩，降低截面高度，减轻结构重量，节省建筑材料，主塔、主梁、拉索可以组合成不同结构形式的斜拉桥，无背索斜拉桥就是其中一个典型的例子，它是对常规斜拉桥造型的突破，是其中一种新型的、特殊的桥梁结构形式，无背索斜塔斜拉桥区别于传统的直塔斜拉桥，其独特之处在于它不设背索，斜拉索索力不仅对于主梁起到多点弹性支撑的作用，而且对倾斜主塔的受力起到控制作用，依靠索力来平衡倾斜塔柱的自重引起的倾覆力矩，无背索斜拉桥使人们对于斜拉桥的设计有了更新的认识，优美的造型使此类桥梁结构更好地融入到自然环境中。正是因为无背索斜拉桥倾斜的桥塔不设置背索，在桥梁的施工过程中难度大，最关键的便是倾斜桥塔的施工方法及施工安全。

相比于直塔斜拉桥，斜塔无背索斜拉桥是在造型的突破，其与一般斜拉桥相比较，其不同于一般斜拉桥两侧都有拉索，通过桥塔两侧的拉索即可维持受力平和，主塔仅仅承受由活载等作用下引起的弯矩，无背索斜拉桥的主塔一般有一定的倾角，其主塔受力相对复杂，因其背部无拉索，其保持平衡不仅仅依靠拉索拉力，还需要依靠自身的重力来共同作用下保持平衡，形成独特的受力体系。但是其最重要的特点是外形的优美，从建筑美学来讲，无背索斜拉桥外观新颖独特，不论对于建筑学，又或者是美学而讲，均具有巨大的研究参考价值。无背索斜拉桥是由主梁、主塔、斜拉索组成的独特的受力平衡体系，世界范围内修建的此类桥型没有考虑了其力学性能及工程造价，而是因其新颖独特、柔细简洁十分靓丽、极富有建筑美学感的美学特点。世界上已经建成的典型无背索斜拉桥包括西班牙的 Alamillo 桥、捷克的 Mariansky 桥以及我国的长沙洪山大桥。在世界范围内已建的无背索斜拉桥中，Alamillo 桥是最典型的，这也是最早的无背索斜拉桥。该桥是由西班牙的建筑师与工程师 Calatrava 为 1992 年 Sevill 世博会和巴塞罗那奥运会而建造的一座景观桥，桥梁跨度为 200m，当时桥梁使人为之一振，Calatrava 本人也被 IABSE（国际桥梁协会）评为杰出青年工程师。此桥主塔形式采用独柱式，主塔的高度为 134m，主塔为钢-混组合结构，主梁桥宽 32m，采用钢-混组合脊骨梁，主梁更轻，斜拉索采用单索面布置，布置形式为竖琴式，此桥在设计上展现出力学与艺术的完美结合，给人一种眼前一亮的感觉，成为当地的标志性建筑之一，它的建成立刻引起了桥梁领域的普遍关注，纷纷效仿此桥在世界给的建造无背索斜拉桥，体现出现代人们不仅要求桥梁结构的基本的交通通行功能，而且更加关注桥梁结构建筑美感的享受。

在世界上纷纷效仿 Alamillo 桥的建设大潮中，又一座极具亮点无背索斜拉桥 Mariansky 桥在捷克修建，此桥在 1998 年建成，主塔造型独特采用倒 V 型，斜拉索采用双索面扇形布置，分离的桥塔从塔底到塔顶逐步向一起靠拢，再加上塔身纵向宽度也随线形逐渐变化，造型独特而且极具象征意义，犹如一双将合而未合的手掌，似乎向远来的客人表示欢迎。

国外修建的著名无背索斜拉桥体现了桥梁建筑的美学价值，将桥梁的艺术美感与结构的基本功能完美地结合在一起，下面介绍下我国在无背索斜拉桥建设大潮中修建的一些经典的例子。

我国在最近十几年的桥梁建设中,无背索斜拉桥因其造型优美的特点成为工程师眼中的新宠,已建的无背索斜拉桥包括哈尔滨的太阳桥、苏州的石湖大桥、江苏的宁杭匝道桥、长沙洪山大桥、安徽铜陵大桥以及景德镇的白鹭桥,这些都是我国无背索斜拉桥建设的优秀代表。相比于国外无背索斜拉桥,我国仅仅是在外形上进行模仿,没有设计出独创的其艺术作品,桥梁设计师们在设计过程中只是停留在结构计算分析上,未能融入桥梁的建筑美学。

(二)无背索斜拉桥适用范围

无论从结构力学的基础上讲,还是从建筑美学来说,无背索斜拉桥都具有其独特的吸引力,近些年来,随着我国交通事业的发展,无背索斜拉桥也得到大力地发展,下面我们来对于其特点进行简单的介绍:

1. 从美学角度来看:在城市桥梁建设中,对于桥梁的要求既要满足城市道路交通的需求,更要满足建筑美学的标准。无背索斜拉桥以其独特的造型,早已吸引了桥梁工程师的青睐,其由倾斜的桥塔,以及优美的竖琴式斜拉索组成,从远处望去,就像一个优美的美人鱼侧卧在美丽的河流岸边,微风吹过,又犹如美人在弹琴伴奏下,向人们诉说着发生在城市的故事,使人们产生一种对美的向往、对美的期盼,这样的建筑,怎么能不引人入胜;

2. 从经济角度来看:由于桥塔的倾斜性,因此对于桥塔的刚度需求可能会比一般的普通斜拉桥大,但是又由于其无须背索,在较小跨径的情况下,其造价与一般普通独塔斜拉桥的相对持平,因此,我们在进行桥型选择的时候,通常需要考虑桥梁跨径对于桥梁造价的影响,无背索斜拉桥可能会有稍许制约,但是从美学角度和经济角度双重标准来考虑时候,无背索斜拉桥仍然是我们的第一抉择;

3. 从受力性能来看:斜拉桥从其首次被应用到实际工程情况中,其简单的受力形式,一直深受建筑工程师的喜爱,无背索斜拉桥也很好地继承了其特点,其主要也是通过斜拉索与主梁主塔共同受力,不同的是,无背索斜拉桥需要依靠桥塔的自身倾斜产生的重力,与主控边的斜拉索为此平衡。其在活载的作用下,其受力变化幅值较大,其与一般的普通斜拉桥相同,拉索也均锚固在主梁上,其很好地改善了主梁的受力形式,以及活荷载对于其位移的影响。因此,其比较适用于荷载作用不是很大的情形下。

综上所述,对于无背索斜拉桥分别从美学角度,经济角度以及受力性能角度进行分析,得到无背索斜拉桥主要适用于对于美学要求较高的城市桥梁建设,且其跨径要求尽量较低,对于荷载的流量尽量不要太高,并且,由于其造价相对较高,因此在短小跨径时候,可以优先考虑。

二、斜拉桥施工控制理论

（一）斜拉桥施工控制概念

斜拉桥有很多种结构型式，是所有桥梁结构型式中变化最多的桥梁体系。与之相对应，它也有各种各样的施工方法。影响斜拉桥主梁线形和结构恒载内力的因素有很多种，比如施工方法、安装程序、材料性能等等都能对其造成影响。且斜拉桥的施工现状与理想成桥状态存在差异，尤其是桥跨越大、主梁越柔细时，差别会更加的明显。为了使斜拉桥在施工过程中的结构变形和内力一直处于容许的安全范围内，符合设计、规范的要求，我们必须重视研究斜拉桥施工控制这一重要课题。

斜拉桥超静定次数高、结构复杂，桥梁在施工过程中的结构内力和线形不断发生变化，而且理论计算所采用的参数都是理想状态下，与实际状态下的参数不完全一致，可能会导致理论计算下的偏差越来越大。因此，斜拉桥施工必须采用严格的施工控制，尽可能消除理论计算与施工实际情况间的差异。

斜拉桥的施工控制主要是对监控对象进行仿真计算，求得理论状态下施工过程中的控制参数。为了达到控制目标状态，需要对施工过程中的数据进行采集，进行反馈分析，并及时调整计算模型。

（二）斜拉桥施工控制的原则和任务

1. 斜拉桥施工控制的原则

斜拉桥主梁应力在安全范围内及成桥线形符合设计要求是施工控制的基本原则。

（1）受力要求。反映斜拉桥受力的因素包括主梁、塔（墩）和索的三大部分的截面内力（或应力）状况。通常起控制作用的是主梁的上下缘正应力，在恒载已定的情况下，成桥索力是影响主梁正应力的主要因素，成桥索力小的变化都会对其产生较大影响。而主梁的应力与主梁截面轴力和弯矩有关，因为轴力的影响较小且变化不大，所以弯矩是主梁中起控制作用的因素。塔的情况与梁类似，只是索力对塔的影响没有梁那么敏感，塔中应力通常容易得到满足。索力要满足最大最小索力要求，最大索力要求即钢丝强度要求，最小索力要求即拉索垂度要求。

（2）线形要求。线形主要是主梁的标高和索塔线形，成桥后（通常是长期变形稳定后）主梁的标高和索塔线形要满足设计标高的要求。

（3）调控手段。主梁和塔（墩）内力（或应力）的调整，就是控制主梁和塔的截面不出现过大的拉或压应力，最直接的手段是调控主梁标高、调整索力和索塔线形。由于轴力对主梁应力的影响较小，而弯矩的影响较大，因而在张拉斜拉索的过程中要严格监控主梁的高程变化。由于索力较小的变化就会在主梁中引起较大的内力（或应力）变化，而索力本身又有一定的变化宽容度（即最大最小索力确定的索力允许变化范围），因此，索力调整是一种重要的调控手段。

由于大桥主梁采用在支架上现浇的方法施工，对于主梁线形的调整，调整立模标高是最直接的手段。将参数误差引起的主梁标高的变化通过的调整索力予以修正，使得成桥后（通常是长期变形稳定后）主梁的标高要满足设计标高的要求。对于桥塔线形的调整，调整立模标高是最直接的手段，将参数误差以及索力调整引起的桥塔的塔顶偏位通过立模标高的调整予以修正。对于主梁内力的调整，主梁弯矩控制截面可选为各施工梁段的典型截面（一般为受拉索锚固点局部应力影响较小处），桥塔的控制截面可只选塔底以及截面变化处等少数控制位置。线形标高控制点可选为拉索锚固点前端及设计控制断面。

2. 斜拉桥施工控制的任务

（1）结构变形控制

桥梁结构的变形受到很多因素的影响，在施工过程中肯定会有变形（挠曲），这就容易导致桥梁结构在施工过程中的实际位置状态偏离预期状态，或者导致成桥线形形状不满足设计要求。所以为了桥梁的成桥线形状态符合设计要求，必须对桥梁实施控制。

（2）结构应力控制

桥梁结构在施工过程中及成桥状态的受力情况必须要和设计相符合。一般通过应力监测来得到实际应力状态，再和理论应力状态进行比较，两者的差别应在允许变化范围之内。差别较大就必须要进行调整控制，检查原因。如果应力控制不到位将会造成严重的后果，而且应力的控制比变形更加重要，因为结构应力控制没有像线形控制那样容易发现。结构应力控制的内容包括：结构在自重下的应力、结构在施工荷载下的应力和结构预加应力等等。

（3）结构稳定控制

桥梁结构的稳定性是施工控制中的任务，现实中上有不少桥梁都是由于桥梁的失稳而破坏的，所以稳定性要格外地引起人们的重视，因为他直接关系到桥梁结构的安全。目前，人们主要注重于桥梁建成后的稳定计算，通过桥梁的稳定安全系数来衡量结构的安全情况。

（三）斜拉桥施工控制的方法

1. 施工控制思路

目前，斜拉桥的施工控制常用方法可分为三类：开环控制法、闭环控制法、自适应控制法。

（1）开环控制

对于较简单的斜拉桥，为了使施工结束后桥梁的结构能满足设计要求的内力和线形，需要按照一定的预拱度来施工来达到目的，预拱度的计算一般是在设计中估计结构的恒载和活载来进行计算，这就是所谓的开环控制。施工过程中的控制量不必通过反馈来改变，原因是施工过程中的控制量（预拱度、块件重量、预应力等）是单向决定的。

对于早期的斜拉桥施工，在施工过程中按照倒退分析法所计算出的各施工阶段主梁的位置和索力进行施工，就可以到理想的成桥状态。这也体现了开环控制的思想。很多中小跨度规模的斜拉桥，特别是钢斜拉桥来用了这种方法，文献介绍的一座按一次落梁法施工的独塔斜拉桥即采用了开环控制的方法。这种方法虽然是可行的、便捷的，但是对每个部件的施工精度要求较高，而且要对结构的特性了解透彻。

（2）反馈控制法

斜拉桥在施工过程中，需要经常进行调整和控制，使得结构的线形和内力符合设计成桥状态，因为施工状态必然回合理想的成桥状态出现偏差。尤其是像预应力混凝土斜拉桥，施工控制难度就更大，因为设计中所采取的计算参数和现场施工中的材料参数有差距，所以施工质量就难以保证。反馈控制就是通过现场测量数据，然后进行计算，算出调整量，修正偏差。

（3）自适应控制法

对于预应力混凝土斜拉桥，由于理论计算中的计算参数（主要是混凝土的弹性模量、材料的比重、徐变系数）与实际情况不一样，所以施工中的各个工况受力状态与理想目标状态不符合。因此在施工过程中测量计算参数，然后把这些参数值代入到模型中进行修正计算，求得相对准确地控制调整量。闭环反馈控制加上一个系统参数识别的过程组成的整个控制系统就是自适应控制系统。

当结构测量的受力状态与模型计算得到的结果不一致时，就必须调整计算模型参数，用修正的计算模型参数重新计算每个施工阶段的状态。计算模型参数是通过参数识别法中使得模型算出的结果和实测结果相符来可到的。通过反复的辨识和调节后，计算模型就大致上和实际结构的情况相符了，也可以更好地对施工状态进行控制。

在自适应控制法中，参数误差识别是重要的部分。其主要作用就是通过模型计算值与控制目标（如标高、索力、结构应力和塔的变形）的测量值之间的误差来反算施工过程中的计算参数（如主梁自重集度、混凝土的弹性模量、徐变系数、挂篮刚度等）；到目前为止，参数识别的算法有两种：一种是最小二乘法；另一种是卡尔曼滤波法。

2. 斜拉桥结构仿真分析计算

（1）斜拉桥合理成桥状态分析

斜拉桥主梁截面轻柔，受压弯为主，成桥状态是一个结构受力问题。随着斜拉桥的快速发展，大跨径、密索体系的高次超静定结构是斜拉桥以后发展的趋势，专业人员们研究了很多方法来计算斜拉桥合理的成桥受力状态，主要有：刚性支承连续梁法、零位移法、无应力状态控制法、内力平衡法、用索量最小法、弯曲能量最小法、弯矩最小法和影响矩阵法等。

①刚性支承连续梁法：为使斜拉桥的主梁在恒载作用下的内力接近刚性支承连续梁的

内力，在施工过程中多次张拉斜拉索。这种方法的计算原则是：根据施工荷载的变化调整斜拉索索力，并保持桥塔的线形和内力符合设计要求；浇筑好的主梁拥有刚性支承连续梁的内力并且悬臂端的挠度为零。

②零位移法：通过调整索力来使得主梁和斜拉索脚垫处的位置在成桥状态下的位移为零，如果使用满堂支架一次落架的斜拉桥体系，和刚性支承连续梁法计算的结果相仿。

③无应力状态控制法：无应力状态法分析的基本思路是：不考虑斜拉索的非线性和混凝土收缩徐变的影响，只要保证单元长度和曲率不变对斜拉桥进行完全线性理论解体，则不论按照哪种程序恢复还原后的斜拉桥体系结构内力和线形将与原结构一致。使用这一原理，建立斜拉桥施工阶段和成桥状态的联系。

④内力平衡法：为设计出合理的斜拉索初张力，使控制断面在恒活载一起作用下，最大上缘应力和最大下缘应力与材料容许应力之比相等，以此来求得拉索初张力。

⑤用索量最小法：取控制截面内力和位移范围为约束条件，把斜拉索的张拉力乘以索长也就是斜拉索的用量作为目标进行求解的方法。

⑥弯曲能量最小法：该法是用结构弯曲应变能作为目标函数，假如不加任何约束条件，那么应用该法时，可变为作一次结构分析的问题，其中只要让塔，梁，索的轴向刚度取大数，塔和梁的弯曲刚度不变，把所有恒载加在结构上，即可求得内力状态。这种方法求出来的结果一般弯矩均比较小，两端的索力不均匀，如果人为作索力的局部调整，受力状态容易调乱，很难得到索力和梁塔内力都令人满意的结果。

⑦弯矩最小法：该法是以弯矩平方和作为目标函数，其计算结果与弯曲能量最小法接近。

⑧影响矩阵法：将斜拉桥中心截面的应力、内力或位移作为受调向量，斜拉索索力作为施调向量，用影响矩阵建立受调向量和施调向量之间的关系，得到一个线形方程组，或增加不等式约束生成一个线形规划模型，求解此线性方程规划问题可以求得施调向量的调整量。但是考虑恒载共同作用下塔，梁和索受力要求的受调向量很难单一地用这种方法来确定。

（2）斜拉桥施工阶段仿真分析

斜拉桥施工控制中主要采用正装迭代法、倒拆法、倒拆—正装迭代法、无应力状态控制法等。

①正装迭代法：就是按照桥梁施工相同的顺序，根据一定的计算原则，通过特定的计算方法求得相应的控制参数，其中未知变量选择合适的计算参数，按序求出各施工阶段的结构内力和位移，理论上如果计算参数选择合适的话，那么桥梁的线形和内力应该与合理成桥状态相差不大。

②倒拆法：倒拆法是斜拉桥施工常采用的方法，按照斜拉桥的合理成桥状态为起点，通过与施工顺序相反的步骤进行计算，逐次求得每一个阶段的控制参数，在施工的过程中，再按照正装的顺序进行施工，这样施工的斜拉桥的线形和内力就应该和合理的成桥状态

相符。

③倒拆—正装迭代法：该法就是在倒拆法的基础上考虑了非线性因素，首先采用倒拆法计算出的控制数据来进行正装计算，按正装计算的顺序来加入混凝土非线性、收缩徐变的影响，保存这些数据，然后继续按照倒拆法来计算，又可以得到新控制数据，再进行正装计算，反复迭代，就能得到理想的结果。

④无应力状态控制法：根据施工过程中斜拉桥各结构的无应力长度和无应力曲率来实现成桥状态的自动逼近。

3. 斜拉桥施工控制的影响因素

桥梁施工控制的主要目的是使施工实际状态尽可能地接近理想状态。要达到上述目标，就需要了解施工控制中的影响因素，以便对施工实施有效的控制。影响桥梁施工控制的因素有结构参数、非线性问题、温度变化、材料收缩、徐变、结构分析计算模型及计算精度、施工监测、施工方案、临时荷载、挂篮刚度所引起的误差、施工管理。

（1）结构参数

对于桥梁的施工控制，结构参数是必须考虑的因素。虽然结构参数无法与设计使用的结构参数一样，或多或少都会有一些误差，但也要尽量选择接近真实的结构参数，因为结构参数的准确性也会关系到分析结构的准确性，结构参数主要包括：结构构件截面尺寸、结构材料弹性模量、材料容重、材料热膨胀系数、施工荷载、预加应力或索力。

（2）非线性问题

斜拉桥的非线性问题包括几何非线性和材料非线性。

几何非线性主要表现为：斜拉索在自重作用下垂度所引起的几何非线性效应，梁柱效应（索塔和主梁的轴向力与弯矩相互影响效应），结构大位移效应。

（3）温度变化

温度对斜拉桥的施工控制影响很大，随着斜拉桥跨径的增加，斜拉桥索力与主梁的标高受温度的影响也越大，昼夜温差对斜拉桥结构的影响，一般的做法是采取回避；对于季节温差对结构的影响就不能回避，需要在施工控制仿真计算的时候进行考虑。

（4）材料收缩、徐变

材料收缩徐变对结构体系有着重大的影响。在混凝土桥梁中，材料收缩徐变增加了结构的变形，在超静定结构中，随着时间的增加，材料的收缩徐变能够导致结构发生内力重分布。特别是对于高次超静定的混凝土斜拉桥，还牵涉到梁、塔、索的相互影响和分阶段施工、体系转换以及混凝土加载龄期不同等因素影响，使得这一问题变得更加复杂。

（5）结构分析计算模型及计算精度

在斜拉桥施工控制仿真中，在建立计算模型的时候需要简化实际的桥梁结构，这就使得计算模型和实际的桥梁结构产生了误差，误差产生的原因很多，包括各种假定条件、边界约束条件的处理、模型化本身的精度等，所以在建立计算模型的时候，为了使计算模型与实际结构之间的误差最小，需要对这些产生误差的因素进行大量的分析，从而建立出最接近实际的模型。

（6）施工监测

施工监测有应力应变监测、线形监测和温度的监测等，在监测的过程中，总会产生误差，误差的来源有很多方面，可能是：测量的方法、环境情况、仪器使用和读取数据等，这些误差可能导致结构调整到非常好的状态，但事实上并不是的；也可能会造成本较好的实际参数、状态与设计值偏离越大；为了减小误差的影响，在施工控制过程中，要从测量的过程中得到更精确地数据，并且把误差的影响也考虑到控制分析当中。

（7）施工方案

施工方案是影响斜拉桥施工控制的重要因素，由于斜拉桥是高次超静定结构，成桥后的主梁线形和结构内力与施工所使用的方法等有着重要的关系，在施工的过程中，斜拉桥结构的内力和线形随着施工过程状态而发生连续的变化。所以施工方案的改变对斜拉桥成桥状态影响很大。

（8）临时荷载、挂篮刚度所引起的误差

在施工过程中，由于临时荷载、挂蓝刚度所引起的误差较大，而且不容易进行有效的误差识别与预测，所以为了减少施工误差，对挂篮的非弹性变形要进行严格的控制，在挂蓝试压的时候要准确模拟挂篮刚度。

4.斜拉桥施工控制参数识别与误差分析

斜拉桥的施工控制是一个预告、施工、测量、识别、修正、预告的循环过程。要求控制系统除了具名常规的结构分析计算功能外，还应具备在施工现场根据实测参数消除设计与实际不一致的自适应能力，并能及时提供标高和索力修正值。斜拉桥施工过程复杂，影响的参数也很多，如：斜拉索张拉力、结构刚度、施工荷载、梁段的重量、温度和预应力等，假定这些参数为理想值来进行理论上的控制参数求解，这就使得求解出的参数与实际不符，所以在施工中要对理论求解出的参数进行识别和预测，从而减小参数引起的误差。

桥梁结构的设计参数主要是指能够引起结构线形和内力变化的要素，因此桥梁结构设计参数的选取十分重要，不同的参数得到的结构内力和线形也不相同；即使是相同的桥梁结构设计参数，也会对不同的结构产生不同的影响，不同的设计参数对于同一座桥梁结构影响也会不一样。所以我们必须明白都有哪些是结构的设计参数，就那斜拉桥来说，它的一些主要的设计参数有这几个方面：

（1）结构几何形态参数

桥梁的跨径、塔高、矢跨比等就是结构几何形态参数，表示的是结构最初状态和结构形态。

（2）截面特性参数

截面特性参数主要是指主塔截面的截面面积、抗弯惯矩和抗推刚度，主梁截面的截面面积、抗弯惯矩和斜拉索截面的面积等，在施工控制中，这些参数对结构的线形和内力影响较大。

（3）与时间有关的参数

随时间的变化而变化的设计参数有混凝土的收缩、徐变和温度，它们对桥梁结构状态都有影响，其中温度对桥梁结构影响比较明显，人们至今还无法搞清楚桥梁结构中的温度场，只是通过定时观测来减少温度的影响。在混凝土桥中，而混凝土的收缩徐变主要是对于混凝土结构体系的桥梁有较大的影响。

（4）荷载参数

结构构件的自重力、预加力和临时荷载是荷载参数主要所指的参数。

（5）材料特性参数

材料特性参数主要指材料的弹性模量、剪切模量，可通过实桥材料抽检试验获得。

结构的主要设计参数确定后，就要对这些参数进行估计，然后再进行设计参数的修正。目前，主要有卡尔曼滤波法、最小二乘法、灰色系统理论法对结构设计参数进行修正。

三、无背索斜拉桥施工控制

（一）无背索斜拉桥施工控制特点

无背索斜拉桥结构属高次超静的结构，各桥梁结构的内力分布比较复杂，对施工以及使用过程中影响因素比较敏感。尤其倾斜的主塔在施工过程中不能像直塔斜拉桥那样独立施工，在其施工过程中需要支架或临时拉索辅助抵抗由于主塔自重作用引起的倾覆力矩，桥塔的内力和线形受索力的影响相当敏感，通过调整斜拉索的索力可以对主塔和主梁的内力与线形进行调整，充分发挥各个结构的功能，使全桥的受力合理。在无背索斜拉桥整个施工过程中，会受到大量外界因素的影响，无法使所有影响因素都与设计预设值完全吻合，更无法避免施工过程中的施工误差。在这种情况下，在施工过程中继续按照原有设计文件的施工参数施工，会造成主梁主塔的内力状态和线形偏离设计预定的桥梁结构的线形和受力状态。因此必须在无背索斜拉桥的施工过程，进行实时有效的施工控制工作，在成桥状态，从而可以确保成桥桥梁结构的内力和线形能够达到设计的目标状态。

在无背索斜拉桥的施工工程中，通过对桥梁结构实施现场实时监测，依据现场的实时监测数据结构对下一个施工阶段的施工参数进行相应调整，确保桥梁结构建成后最大可能的接近理想的设计状态，其中包括成桥状态桥梁结构的理想设计线形、合理的内力状态以及确保在现场施工过程中的桥梁结构的安全。

无背索斜拉桥施工控制的主要特点是：应该很好地控制倾斜主塔在施工过程中的结构线形以及受力合理；可以通过改变斜拉索的张拉力来调整倾斜主塔、主梁的线形和内力来符合设计的要求。

（二）影响斜拉桥施工控制的因素

斜拉桥施工控制的主要目的是保证在桥梁实际施工的状态最大限度地接近设计预期的结构线形和合理内力状态。要达到上述预期，就必须全面考虑所有的可能造成施工状态偏离预期设计状态的因素，以便相应的对施工工程进行控制。在桥梁施工过程中的影响因素主要包括以下方面：

1. 桥梁结构参数

桥梁结构参数是无背索斜拉桥施工控制有限元模型建立所依据最基本的资料，其可靠程度将直接影响计算结果的可靠性。由于事实上，在仿真分析时所采用到的桥梁结构参数跟设计时所采用的桥梁结构参数一般情况下存在一定的偏差，在桥梁施工过程中，如何通过施工控制来计入这些偏差的影响从而尽量精确的模拟真实的桥梁结构参数，是需要重点关心的难题。结构参数主要包括：

（1）结构材料弹性模量：在桥梁实际施工中浇筑的混凝土结构，其材料的弹性模量一般与设计材料的弹性模量存在一定的偏差，这对于无背索斜拉桥这种高次超静定结构的分析会产生影响。因此，需要在施工过程中对浇筑的混凝土进行现场取样试验，从而更精确的模拟桥梁结构参数；

（2）材料容重：结构自重在桥梁结构受力中比重较大，对于材料容重的选取将直接影响桥梁结构施工过程中的内力与变形，施工过程中的实际材料容重与设计参数可能存在一定偏差，这是桥梁施工控制需要考虑的问题，尤其是对于混凝土结构，影响材料容重的因素很多，施工控制过程中需要准确识别；

（3）结构构件截面尺寸：在桥梁施工建设过程中，浇筑的结构尺寸误差将造成截面特性的变化，进而影响桥梁结构的受力状态和变形等计算结果，施工控制过程要对结构进行现场监测，动态取值以及误差分析；

（4）材料热膨胀系数：对于钢斜拉桥，材料的热膨胀系数选取的是否准确将对斜拉桥的施工控制产生比较大影响；

（5）预加应力：预加应力对混凝土斜拉桥的内力影响比较大，在主梁受力上起到较大的作用，但其对斜拉桥索力的影响相对较小；

（6）索力：对于无背索斜拉桥，斜拉索索力不仅影响主梁结构变形与受力，而且对于倾斜主塔的受力与变形起到控制作用。但目前张拉斜拉索索力由千斤顶的油压表读数控制，因此油压表、张拉系统以及锚具变形等将会造成斜拉索的索力值的误差，后期斜拉索索力需进行现场测试。

2. 混凝土收缩、徐变

收缩徐徐变化过程复杂且不易把握，对于桥梁结构受力和变形的影响较大，现场浇筑混凝土的配合比、外界湿度、构件的加载龄期及荷载的大小都对收缩徐变造成较大的影响，所以在桥梁施工控制需重点考虑混凝土的收缩徐变对结构的影响。

3. 温度变化

温度变化对无背索斜拉桥施工过程及成桥状态结构的受力和变形有很大影响，温度变化包括季节性温差和截面温度梯度，对于季节性温差在桥梁施工过程中必须考虑其对桥梁结构的影响，对于主梁和主塔分节段施工时，尤其应考虑施工过程不同温度下施工结构预偏位的设置应计入不同温度下的修正值，不同温度下对结构的应力与变形进行测量及误差分析时应计入温度变化的影响的受力与变形影响很大，斜拉索索力的测量也受外界温度的影响，在进行桥梁结构应力、变形及索力监测时，应尽量避免在晴朗的白天，尽量选择在清晨或晚上进行，这样可以减小构件截面温度梯度的影响，温度变化时桥梁施工控制需重点考虑的因素。

4. 梁段重量误差

桥梁施工过程中，由于模板刚度不同，在浇筑混凝土时会导致模板不同程度的变形，可能会导致混凝土用量增加，造成梁段自重变化，而梁段自重误差又是影响结构受力和变形的重要因素，施工控制应及时预测未来梁段自重误差及其发展趋势，做出相应调整来控制施工精度。

5. 结构建模分析计算模型及计算精度

在建立斜拉桥的施工控制分析模型的过程中，任何分析方法和分析手段均为对实际的桥梁结构的简化分析，造成简化的分析模型与真实的桥梁结构之间存在误差，这就需要在施工控制工作中尽量减小这方面的误差，其中包括模型本身个构件的尺寸精度、各种等效荷载的施加、单元边界条件的处理等，必要时还应对桥梁结构的局部构件进行西部分析以及模型试验研究，从而可以更精确的模拟实际桥梁结构来提高施工控制精度有效地降低建模误差。

6. 施工方案

对于无背索斜拉桥这种高次超静定结构，在施工过程中采用不同的施工方案与施工工艺将影响施工阶段以及成桥状态的结构内力与线形，需要采用不同的施工控制方案，施工控制方案亦需要依据现场实际施工过程随时调整，更真实的模拟现场施工提高施工控制精度，因此桥梁施工方案直接影响无背索斜拉桥的施工控制工作。

7. 现场施工监测

无背索斜拉桥的施工监测工作主要包括结构应力监测、线形监测、斜拉索索力监测以及温度监测等。在监测过程中由于测量仪器自身特性、仪器的安装过程、测量方法的选用、数据的采集过程以及外界的环境状态等方面不可避免地存在误差，这就造成最终的监测结果总是存在一定的误差。该误差可能导致对结构真实受力状态的错误判断，进而影响下一步桥梁施工控制参数的调整，可能会导致施工偏差越来越大，因此现场施工监测是影响施工控制工作的重要因素，在桥梁的施工过程中应在这方面尽量减小监测误差以及在控制分析过程中尽可能考虑之一误差造成的不利影响。

8. 施工管理

施工管理工作的好坏不仅影响斜拉桥施工进度是否合理，也影响结构的施工质量，尤其是部分构件的施工进度跟不上整体结构的施工进度时，就会造成部分已浇筑构件等待其他构件的情况，必然会导致构件产生不同的收缩徐变，而收缩徐变的影响在实际施工中又很难准确估计，会给施工控制工作带来一定的难度。

四、倾斜混凝土主塔施工方案优化

（一）倾斜混凝土主塔施工方案的提出

主塔为钢筋混凝土结构，截面形式为等截面实体矩形截面，尺寸为4.0（顺桥向）×2.0m（横桥向），主塔采用支架施工。

主塔采用支架施工，承重支架有普通钢管支架、万能杆件支架、组拼军用梁和大直径圆钢柱等，为了保证主塔结构的安全，需要使用大量的施工支架，费用比较高，且装拆复杂、施工工期比较长、施工管理复杂。

结合斜塔无背索斜拉桥的结构特点，充分利用斜拉索索力在混凝土主塔施工过程的作用，对混凝土主塔的施工方案进行优化。

在桥塔施工过程中，由于主塔在横桥向和纵桥向均有倾斜，随着主塔节段施工越来越高，在桥塔根部截面会产生拉应力，当主塔纵桥向和横桥向的倾斜引起的塔底截面弯矩致使桥塔底部拉应力超出C40混凝土抗拉强度标准值2.4Mpa时，可能会造成塔底混凝土开裂，可根据主塔已施工高度提前设置临时横撑及张拉相应高度的斜拉索辅助主塔施工。

在桥梁施工过程中，对于无背索混凝土斜塔斜拉桥，充分利用斜拉索索力在混凝土主塔施工过程的作用，对倾斜混凝土主塔的施工方案进行优化，混凝土主塔采用滑模施工代替支架施工，通过施工过程中张拉相应位置斜拉索辅助主塔施工，施工过程中桥梁结构变形和内力始终处于合理的状态，最终成桥状态满足设计与规范要求，通过计算分析，此方法是可行的。

（二）施工阶段的主梁预拱度及主塔预偏位

1. 主梁预拱度

根据《公路斜拉桥设计细则》（JTG/TD65-01-2007），斜拉桥的主梁预拱度的设置应包括：恒载预抬高值、混凝土收缩徐变预拱度、拉索松弛预拱度、1/2可变荷载频遇值预拱度，并拟合成平滑曲线。

2. 施工阶段温度效应分析

通过查阅温度对桥梁结构的影响资料，发现对于悬臂施工的桥梁来说，在桥梁施工过程中，由于施工工期一般比较长，尤其是在北方外界温度变化大，温度效应对合理施工状态影响是不能忽略的。对于本书的依托工程来说，倾斜主塔的结构受力等同于悬臂施工的梁，因此应重点研究温度效应对倾斜主塔施工的影响。

以往的斜拉桥设计，在设计时就确定了合理成桥状态，在考虑温度效应对合理成桥状态的影响时，仅仅根据我国《公路斜拉桥设计细则》（JTG/TD65-01-2007）中 5.2.5 条进行考虑，无法详尽的考虑施工阶段实时温度效应对合理施工状态的影响。本节进行分析年温度变化对合理施工状态的影响，整体升降温会造成主塔线形、倾角的变化。由于桥塔的施工工期较长，在施工各个桥塔节段时，外界温度一直在变化，在桥塔的施工过程需要考虑温度变化对桥塔各个施工节段预偏位的影响。本依托工程的设计基准温度为 13.5℃，分别计算施工到各个节段时，不同 5℃、10℃、15℃升降温对节段偏位的影响。

五、无背索斜拉桥施工监测

（一）桥梁施工监测概述

在斜拉桥的施工控制中，施工监测是非常重要的一部分，也是施工控制的基础。由于斜拉桥施工过程很复杂，许多因素都能影响斜拉桥的施工控制，如设计取值与材料性能的差异、嫌弃形成结构（部件）的截面特性等于分析取值之间的误差、计算取值与施工荷载的差异、结构分析模型与实际情况的差异、施工过程中的测量误差等等。因此，为了得到反映实际施工情况的数据，我们需要在施工的过程中，对影响桥梁比较重要的参数进行监测，通过实际情况来不断的修正各施工阶段的理想状态，使施工状态一直在控制的范围之中。

另一方面，因为桥梁的施工过程是一个极其复杂的动态系统，随着施工过程的推进，主体结构慢慢地增加，结构体系与边界条件发生着不断地变化，这就使得表征结构特征的参数也会改变，所以上述修正后的理想状态只是在施工中要求实现的目标。理想状态的修正在根本上并没有解决整个误差的影响。确保施工中的结构状态最大限度地与理想状态吻合的重要手段就是在施工过程中运用反馈控制分析法，而这种方法离不开施工监测，可见在施工控制中施工监测是必不可少的。

（二）施工监测系统的建立

施工监测系统是斜拉桥施工控制系统中的一个重要部分，各种桥梁施工控制中都必须根据实际施工情况与控制目标建立完善的施工监测系统。不论何种类型的桥梁，其施工监测系统中一般都包括结构设计参数监测、几何状态监测、动力监测、温度监测等几个部分。

通过施工监测系统的建立，跟踪施工过程并获取结构的真实状态，不仅可以修正理论设计参数，保证施工控制预测的可靠性，同时又是一个安全警报系统，通过警报系统可及时发现和避免桥梁结构在施工过程中出现的超出设计范围的参数（如变形、截面应力等）以及结构的破坏。另外，该监测系统还可在桥梁使用中对其安全状况进行监测，为桥梁的科学管理与维护提供数据资料。

施工监测系统是斜拉桥施工控制系统中的一个重要部分，桥梁施工控制过程中都必须根据实际的施工状态与控制目标建立完善的施工监测系统。不管是哪一种类型的桥梁，其施工监测系统中一般都包括结构设计参数监测、几何状态监测、动力监测、温度监测等几个部分。建立好施工监测系统后，可以对施工过程进行全面跟踪并且能够得到结构的实际状态，不但可以对理论设计参数进行修正确保施工控制的预测的准确性，还可以当作一个安全警报系统，可及时的发现在施工过程中出现的不合理的设计参数（如变形、截面应力等），避免了结构的破坏。另外，该监测系统还可对桥梁安全状况进行监测，为桥梁的科学管理与维护提供资料。

（三）施工监测方法

施工监测方法很多，具体应根据监测对象、监测目的、监测频率、监测时间长短等情况选定最方便实用、最可靠的监测方法。

1. 几何形态监测

几何形态监测的内容包括标高、结构变形或位移等，目的主要是识别结构的实际几何形态，几何形态监测对施工控制和预报非常关键。

目前用于桥梁结构几何形态监测的仪器有很多种，主要包括测距仪、水准仪、经纬仪、全站仪、光电图像式挠度仪等。通常采用测距和测角精度不低于规定值（如 ±（2mm+2ppm）和 ±2″）的全站仪并结合固定高亮度发光体照准目标作为需要全过程动态跟踪监测的三维几何形态参数等，并采用精密水准仪和等作为标高、变形等的监测手段。

对于需要全过程监测的结构几何形态参数的监测通过制定控制点的位置来进行监测。在监测的过程中一般在结构温度趋于恒定的时间区段内（一般为夜间10：00至次日凌晨6：00），为获取控制测点的三维大地坐标，利用桥址附近的施工平面和高程控制网，使用全站仪在已安装在个控制点的高度发光体和测距棱镜作为照准目标进行多测回观测的极坐标或三角高程测量，并且根据坐标变换可以得出控制点的施工设计位置坐标。对结构温度的监测应该要和控制点位置坐标监测同时进行，当结构温度变得稳定之后，观测到的控制点位置坐标才能作为监测结果。

对需定期监测的结构几何形态参数的监测，是指对那些需全过程监测的控制量进行的定期复核性的监测，目的是为了解诸如桥墩、桥塔等有无超出设计范围的异常变形或变位，属于结构安全性监测。这些监测通常采精密水准仪、精密倾角仪等进行量测。为了确保桥梁施工放样和几何控制的精度，施工现场一般都建立有高精度的施工平面和高程控制网。在上述控制网的基础上，根据结构几何形态参数监测工作的可实现和现场操作便利性要求，在进行局部控制网优化处理后，便可形成一个形变监测控制网，并以此作为结构几何形态参数监测的基准。

由于几何形态参数监测结果将直接反馈给施工控制系统，所以，不但要求其结果具有准确性，同时还要求数据整理及时，这可通过监测数据实时处理分析系统完成。

下面对几种几何状态监测仪器作一简介：

（1）经纬仪

经纬仪可以依据其刻度读数的方式不同进行分类。采用精度比较低的游标读数机构来读数的，称为游标经纬仪，现已基本淘汰；通过光学度盘的放大来读数的，则称为光学经纬仪；用电子学的方法来读书的，称为电子经纬仪。

（2）全站仪

全站仪是集测距仪和电子经纬仪为一体的测量仪器，具有两大特点：一是能同时测量水平角、垂直角和测距，观测的数据由电子手簿自动记录，即是电子测距测角仪；二是望远镜的光轴（视准轴）和测距仪的光轴是同轴的，并可通过电子处理将测量数据输送给外围设备。

2. 应力监测

结构截面的应力（包括混凝土应力、钢筋应力、钢结构应力等）监测是施工监测的主要内容之一，它是施工过程的安全预警系统。无论梁桥还是斜拉桥，其结构某指定点的应力也同其几何位置一样，随着施工的推进，其值是不断变化的。在某一时刻的应力值是否与分析（预测）值一样、是否处于安全范围是施工控制关心的问题。解决的办法就是进行监测，一旦监测发现异常情况，就立即停止施工，查找原因并及时进行处理。

由于桥梁施工的时间一般较长，所以，应力监测是一个长时间的连续的量测过程。要实时、准确监测结构的应力情况，采用方便、可靠和耐久的传感组件非常重要。目前应力监测主要是采用电阻应变片传感器、钢弦式传感器等。电阻应变片传感器只能用于短暂的荷载增量下的应力测试，并且使用不便、耐久性差，所以，一般仅用于辅助应力测试与校核。对于适合于现场复杂情况、连续时间较长且量测过程始终要以初始零点作为起点的应力监测，目前基本上采用钢弦式传感器。主要原因是钢弦式传感器具有较良好的稳定性、自然具有应变累计功能、抗干扰能力较强、数据采集方便等。

从实际使用看，钢弦式传感器虽然较其他传感器优越，但总还是存在温度漂移和零点漂移等问题。另外，钢弦式传感器体积仍然较大，通常要埋入结构内或固定于结构表面上，容易在施工时被损坏而失效。为更好地适应施工控制应力监测以及使用阶段的长期应力监测需要，有必要对监测手段作进一步研究，开发、引进更为先进的监测技术（如遥感技术），使其应力监测更方便、更准确。光纤传感器、压电式传感器就是颇具发展潜力的新型传感器。

3. 索力监测

斜拉桥的斜拉索是设计的重要参数，也是施工监控施工中需要监测与调整的施工控制参数之一。索力量测效果将直接对结构的施工质量和施工状态产生影响。要在施工过程中比较准确地了解索力实际状态，选择适当的量测方法和仪器，并设法消除现场量测中各种误差因素的影响非常关键。

目前可供现场索力量测的方法主要有三种：

（1）压力表量测法

目前，索结构通常使用液压千斤顶张拉，由于千斤顶的张拉油缸中的液压和张力有直接的关系，所以，只要测定张拉缸的压力就可求得索力。使用 0.3～0.5 级的精密压力表，并事先通过标定，求得压力所示液压和千斤顶拉力之间的关系，则利用压力表测定索力的精度也可达到 1%～2%。

千斤顶的液压可用液压传感器来测定。液压传感器受液压后输出相应电讯号，显示仪表在接收到讯号后即显示压强或换算后直接显示张拉力。由于电讯号可通过导线传输，能进行遥测，使用就更为方便。

由于液压换算索力的方法简单易行，可直接借助施工中已有的千斤顶，故是施工控制中索力测量实用的方法之一。

（2）压力传感器量测法

压力传感器法是指在斜拉桥斜拉索等锚下安装压力传感器，通过二次仪表读取拉索索力。这种方法量测的准确性高、稳定性较好，易于长期监测。选择恰当的传感器除满足施工控制监测需要外，还可用于桥梁使用过程中的索力量测。

（3）振动频率量测法

这种方法是利用索力与索的振动频率之间存在对应关系的特点，在已知索的长度、两端约束情况、分布质量等参数时，通过测量索的振动频率，进而计算出索的拉力。

桥梁结构中索并不处于绝对静止状态，而是时刻发生着环境随即振动，且各阶频率混在一起，要用精密的拾振器才能感受，通过频谱分析，根据功率谱图上的峰值才能判断其各阶频率。频率得到后即可据以求算索力。

4. 温度监测

对于斜拉桥温度效应是十分明显的。如斜拉桥斜拉索在温度变化时其长度将相应伸长或缩短，直接影响主梁标高，索塔也可能因温度变化而发生变位。因此，在斜拉桥施工过程中对结构的温度进行监测，寻求合理的立模、架设等时间，修正实测的结构状态的温度效应，对桥梁按目标施工和实施施工监控都是十分重要的。

目前，结构温度的测量方法较多，包括辐射测温法、电阻温度计测温法、热电偶测温法以及其他各种温度传感器等。每种方法的测量范围、精度和测量仪器的体积及测量繁杂程度都有所不同，通常应选用体积小、附着性好、性能稳定、精度高且可进行长距离监测传输的测温组件。

对斜拉桥斜拉索的温度状态确定正确与否将直接影响主梁立模标高的确定。斜拉索索温修正的一般方法是制造一段同实索等粗的试验索，在其中心和内部以及外表均对称布置测点，吊挂于施工现场实索部位，使之处于同样的大气环境条件下。对其他实索，每种型号选择1～2根，在其表面布设测点，测得表面温差，对照试验短索的测量结果，确定实索的内外温差。

（四）施工过程结构变位、应力、索力观测

对于主梁浇筑完成后的每一个施工阶段，为了改善施工过程中的索塔和主梁的受力，每阶段分成四个工况：

1. 索塔立模；
2. 索塔混凝土浇筑；
3. 待强后预应力张拉；
4. 主梁斜拉索张拉。

以上针对的是主梁浇筑完成后索塔施工阶段，如果需要进一步改善受力，可将斜拉索分两次张拉。

1. 初张拉索力测定

索力测试方法：采用钢绞线拉索、特制的带有压力传感器的千斤顶测定斜拉索的索力值，同时，辅以弦振式锚索计（北京天丰磊 TFL-MS-20 锚索计）。两种方法有机结合，相互校合，取长补短。

2. 测点布置

由于实际施工中受结构自重，施工荷载等复杂因素的影响，需要根据结构的实际状况及仿真计算的结果，对应力、变形较大的关键截面进行适当的调整。各工况实测应力与理论应力有差异，但均在可控范围内，且各应力均满足规范要求。

差异形成的原因：

（1）由于自然环境的温度、湿度影响；

（2）实际浇筑的混凝土弹性模量与理论混凝土的弹性模量的差别；

（3）实际截面与理论截面差异的影响。

3. 桥塔线形观测

（1）测点布置：桥塔顶上下游各设一～二个测点，测点位置选在塔顶便于观测的可靠位置处。

（2）测试方法：用全站仪测量。

桥塔线形测量主要是塔顶水平变位测量，以保证桥塔线形符合设计要求。

第十一节 人行悬索桥施工

一、基础概述

（一）人行悬索桥发展

1. 国内人行悬索桥发展状况

悬索桥的起源非常早，我国的人行悬索桥最早出现的年代可以追溯到公元前两百年，我国是世界上最早建立悬索桥的国家之一。主要分布在我国西南的山区、河流地带，目的是为了行人、牲畜方便。主要形式为竿桥、藤桥、竹桥以及较早修建的铁链悬索桥，最具代表性的是四川的泸定桥，桥跨总长103m，宽3m，由13根铁链锚固在两岸，其中9根作为底链，4根在两侧作为扶手，全桥总共有12164个相扣铁环，铁件总重达40余吨。

我国的经济能力在近些年得到了快速发展，逐渐修建了大量的人行悬索桥，这些桥梁主要应用于两个方面：山区人行悬索桥、城市或公园景观桥。

在我国中西部山区，交通基础设施比较落后、地理条件比较复杂、人口密度相对较低，在此情况下采用大跨径人行悬索桥可以解决了当地人们的日常出行问题，而且成本较低，因此人行悬索桥在偏远山区得到了广泛的应用。

现代城市交通流量每年都在快速增长，为保证行人与车辆双方的出行安全和流畅，修建了大量的人行悬索桥作为天桥。而人行悬索桥又因其美观的外形，且适应城市形象，也因此得以大量修建。

最近几年，我国大力发展旅游业，进行旅游景点开发，而悬索桥具有柔性结构所特有的优美弧线，良好的视觉效果以及与外界环境融合的特点，受到设计师的极力推崇。代表性的是张家界大峡谷玻璃悬索桥和天蒙山人行悬索桥。

张家界大峡谷玻璃桥是世界上首座斜拉式高山峡谷玻璃桥和世界最高最长的玻璃悬索桥，坐落于大峡谷之上，桥面距谷底280多米，该桥采用主跨430m的空间索面的地锚式悬索桥结构，具有行人游览观光、蹦极等方面的用途。

天蒙山人行悬索桥采用的是双塔单跨结构，中跨长420m，边跨长分别为38m和47.5m，全长505.5m，是世界上最长、跨度最大的人行索桥。其主梁宽4米、人行道宽2.4m，桥面距离谷底的高度为143m，宽跨比1：120。在桥面两侧的斜下方设置了两条抗风缆，目的是为增加桥体的抗风稳定性、整体竖向和横向刚度，主梁通过抗风拉索与抗风缆结构相连接。

2. 国外人行悬索桥发展状况

据史料记载,世界上第一座临时铁索桥修建于1734年欧洲奥得河上,英国于1741年在Tees河上建成了一座永久性的铁链索桥。随着18世纪70年代工业革命的开始,工业和科技技术的发展,西方国家修建了较多的人行悬索桥,其中最具代表性的是于1826年在苏格兰建成Gattonside Bridge,桥宽1.3m,主跨91.4m,主缆是由三股铁链组成,吊索采用刚性圆钢,加劲梁采用格构式结构。

近代欧洲人行悬索桥发展较为迅速,其结构形式有了更加多样性的发展,出现了较为前卫的发展理念。这其中的两个典型代表是捷克的Vranov Lake Footbridge和伦敦的千禧桥。Vranov Lake Footbridge是世界上首次采用半自锚体系的悬索桥。半自锚体系是指在一般悬索桥结构形式的基础上,将加劲梁的梁端通过预应力混凝土结构与锚碇连接。此桥因其独到的设计理念获得第12届FIP会议的杰出工程结构奖。

伦敦千禧桥开创了以建筑师为主导的桥梁设计群体模式,该桥因桥面系结构重量较轻,并考虑视线开阔等美学上的要求,采用主缆垂跨比极小的扁平式悬索桥结构,主跨主缆垂距为2.3m,垂跨比为1:63,仅为常规悬索桥的六分之一。全桥结构纤细、轻柔,构思新颖,远远地看去就像一条玉带,十分美观。

(二)人行悬索桥特点

1. 人行悬索桥结构特点

人行悬索桥的结构组成与一般悬索桥类似,主要是由锚碇、桥塔、缆索系、加劲梁以及附属结构等组成。主缆一般架设在两个桥塔上,塔顶设有支撑主缆的索鞍,主缆的端部则锚固在锚碇上,加劲梁通过不同长度的吊杆悬吊在主缆上,使桥面具有较好的平直度,但其各部分构造特点与一般悬索桥相比具有一定的差异。

与一般悬索桥相比,人行悬索桥的跨径要小很多,大体上是从几十米到三四百米。人行悬索桥缆索通常由高强度钢丝编制而成,容许应力较高,而整个结构属于柔性结构。与斜拉桥相比,在架设跨度较大的桥时,所建造的桥塔不需要很高。

人行悬索桥的主要功能是供行人通过,因此桥面的宽度不需要很大,加劲梁的高度一般很小,甚至有些不设置加劲梁,只是通过简单纵横梁搭接。而且加劲梁主要是作为传力而非主要的受力构件,因而可以做得比较轻薄,在迎风面基本成一条线。加劲梁轻薄、截面小,造成桥梁整体的横向刚度较小,而桥一般处于峡谷或河流之上,风力较大,所以一般需要设置抗风索,增大桥梁的横向和竖向刚度。

2. 人行悬索桥受力特点

人行悬索桥受力特点与普通悬索桥类似,成桥后,结构自重主要由主缆和主塔承受。当人行悬索桥正常投入使用之后,外荷载的作用由整个结构共同承受,各构件受力按刚度分配。

以下是人行悬索桥各主要结构的受力特点：

（1）主缆是整个柔性悬吊体系中最重要的承重构件，主要承受张拉力作用，表现出大位移非线性的力学特征，为几何可变体系，可以通过几何形状的改变来影响整个体系的平衡；

（2）桥塔在恒载作用下，主要承受竖向压力作用；在活载作用下，主要承受压弯作用，此时，桥塔具有梁柱构件的受力特性，是整个结构体系中，抵抗竖向荷载作用的最主要构件；

（3）吊索是联系加劲梁和主缆的纽带，是将桥面系荷载传递给主缆的传力构件，承受的是轴向拉力；

（4）锚碇一般情况下是对称布置在桥跨两侧，用来固定主缆，将主缆所承受的拉力传递给地基，根据桥址的地理条件，可以选择重力式锚碇或隧道式锚碇。加劲梁是人行悬索桥保证行人通过、提供结构刚度的主要结构，主要承受结构二期恒载和活载的弯曲内力。

（三）悬索桥静力分析方法

悬索桥受到的静力荷载主要竖向荷载、水平荷载以及偏心荷载。悬索桥在静力荷载作用下的结构受力特点是悬索桥结构设计的主要依据。

1. 竖向荷载下的分析方法

悬索桥在竖向荷载作用下进行结构分析是悬索桥结构设计计算的重要依据，其主要经历了弹性理论、挠度理论和有限位移理论三个阶段。悬索桥在竖向荷载作用下的结构分析理论构成了近代悬索桥的理论基础竖向荷载作用下的悬索桥结构分析理论主要有以下几种：

（1）弹性理论

弹性理论的主要发展时期是19世纪末到20世纪初，是悬索桥早期设计、计算以及分析所采用的理论。弹性理论主要适用于跨度小于200m、加劲梁高度为跨径1/40左右的悬索桥。代表作为美国的布鲁克林桥（Brooklyn）。

（2）挠度理论

挠度理论是把悬索桥的结构体系看作为承受轴向拉力的主缆与承受弯矩的加劲梁的结合体，并且作用于两者的内力在顺桥向连续分布。挠度理论主要发展时期是20世纪初到20世纪80年代。这个理论的发现改变了悬索桥的跨度，使其达到了1000m以上。

挠度理论采用的是有限变形理论，主缆拉力的水平分力为定值。事实证明，采用挠度理论来设计大跨度悬索桥可以比弹性理论节约材料。因此，挠度理论在大跨度悬索桥设计计算中较长时间内起着主导作用。

（3）有限位移理论

有限位移理论大约发展于20世纪80年代，是伴随着电子计算机的发展而来的。有限位移理论是将悬索桥看作为由很多单根构件所组成的结构体系，对结构体系中的任何构件给以标注的模式化之后，在力学分析中，先计算每个构件的刚度，然后再放入这个结构体系的矩阵内，最后使用计算机来进行总体平衡式的求积等一系列的全部计算工作。有限位移理论主要适用于大跨度、横架势加劲梁、斜吊索的空间悬索桥结构。

悬索桥在竖直荷载作用下分析方法，按其发展过程，列举如下：

①1823年，纳维（Navier）发表了悬索桥受力分析的弹性理论；②1877年，里特（Ritter）和1888年梅兰（Melan）提出了悬索桥分析的挠度理论，随后，这一理论由斯坦曼（Steinman）和铁摩辛柯（Timoshenko）继续研究，并且将该理论应用于长跨悬索桥的分析；③戈达德（Godard）在挠度理论的基础上，省略了挠度理论基础微分方程中的二次项，提出了更为简单的线形挠度理论。

2. 水平荷载下的分析方法

悬索桥在水平荷载作用下的计算分析，与前述在竖向荷载作用下的计算分析一样，也是作为悬索桥构件的设计依据，尤其是作为加劲梁纵联杆件的设计依据，主要包括膜理论和离散杆系理论。

（1）膜理论

膜理论是由 Moisseiff 和 Lienhard 在 1933 年最先提出的，其考虑吊索为连续膜，吊索直接连接在加劲梁和主缆上，两者作为一个整体而抵抗外力。

（2）离散杆系理论

离散杆系理论是基于弹性分配法的微分方程来寻求直接解，即利用差分离散建立多元联立方程来求解数值解。

悬索桥在横向荷载作用下主要分析方法，按其发展过程，列举如下：

①莫伊塞夫—利哈特（Moisseiff-Lienhard）最早根据膜理论，对承受水平荷载作用的悬索桥进行了结构分析；

②塞尔伯（Selberg）根据膜理论，用正弦数标示吊杆的倾斜角在跨度方向分布，提出了满足主缆及纵向联结桁架的水平弯曲弹性方程的未知系数的简易计算法。

3. 偏心荷载下的分析方法

悬索桥在偏心荷载作用下的计算分析通常是作为结构设计的验算，而不是主要的结果计算。

进行悬索桥偏心荷载作用分析的学者，主要有：

①西赫（Sih）针对偏心荷载作用在具有横向联结系的桥跨结构上的情况，考虑了翘曲约束所产生的二次应力，对悬索桥进行了分析；

②小松和西村针对日本本州四国联络桥设计中所采用的双层式加劲桁大跨悬索桥，进行了偏心竖直荷载和水平横向荷载作用下的整个悬索桥空间结构的应力和位移分析。

（四）悬索桥施工控制

悬索桥因其特殊的柔性结构，在主缆和主梁的施工架设过程中，主塔和主缆上的荷载不断变化，主缆的线形也随着变化，整个结构的内力也在不停地变化，需要时时地进行监控，保证施工的顺利进行。

桥梁施工控制的目的是使桥梁建成时达到设计的成桥状态，早期桥梁体系并不复杂，通过简单的结构力学计算即可得到桥梁施工过程中的控制数据。

随着悬索桥等复杂体系桥梁的出现，就必须通过很多工况的建立才能达到设计状态，要运用有限元计算软件建立模型，然后进行施工模拟计算，并在施工过程中监测已经完成的工程变化，整理实测数据、分析，并综合考虑温度、时间、湿度等因素的影响，对数据进行修正，纠正偏差。

将施工过程与无应力状态相结合的倒退分析方法，是使桥梁建成时达到设计时成桥状态的有效方法。总之，为了避免桥梁施工过程中，出现突发事故，如期、安全地建成一座合格桥梁，施工监控是重要保证。

二、主缆施工过程关键技术

（一）主缆架设方法

目前悬索桥主缆架设的方法主要有两种：AS 法（空中编缆法）和 PWS 法（预制绳股法）。我国大部分悬索桥主缆施工采用的是 PWS 法，即工厂预制成的索股在空中组成主缆。在采用此方法时，为确保架设索股的垂度和线形精确到位，常常采用的两种方法是标志法和垂度调整法。所谓的标志法就是指工厂在加工预制索股时，根据计算结果在其相应于塔顶索鞍以及散索套中心处、跨中垂点处做出标记（此桥是红蓝漆交线），架设过程中使索股标记线与相应的控制点就位重合即可。此法特点是施工简单、费用低、工期较短，但在实际架设中，由于存在索鞍偏移误差、索股制造误差以及施工和制作的温度差等影响，不易精确控制主索的线形；垂度调整法就是通过全站仪测定主缆中边跨控制点的垂度，考虑施工误差、温差等因素的影响，计算出实际控制数据，然后调整使其达到设计要求，进而控制主索的线形。此法特点是：施工比较复杂、工期较长，但线形精度控制较好。这两种方法都有自己的优点和缺点，因此在实际工程中，标志法和垂度调整法是相互配合使用的。

（二）主缆线形调整控制参数

地锚式悬索桥施工过程中，主缆一旦安装就位，主缆的挠度、内力完全取决于结构自重、结构体系、施工温度和荷载变化，不能在进行后期高程和索力调整。因此主缆在自重作用下的初始安装位置（主缆初始线形和垂度、索鞍初始预偏量），成为主缆施工架设过程中施工控制技术的关键。

(三) 温度对索股线形的影响

索股架设时，温度对索股架设控制参数影响较大，索股设计温度和索股施工架设温度存在一定的差值，所以索股的控制标高需要根据架设时的温度进行调整。索股具体调整需要在气温相对稳定的时间段进行，在此时间段内调整，索股垂度调整精度更高。气温稳定的基本条件为：通常要求长度方向索股的温差 $\Delta T \leqslant 2^\circ C$，断面方向索股的温差 $\Delta T \leqslant 1^\circ C$。一般来说，白天随着太阳的照射和气温的升高，索股的温度会逐渐升高，表面温度（尤其是太阳直射的上部索股）升高速度较快，而到下午四点以后，随着太阳的下山、空气温度的下降，主缆的内部温度由接近、相同、逐渐变为高于外表温度。

为能精确地了解到本桥所处位置温度相对稳定的时间段以及稳定时间段内的温度变化范围，在预计调缆的三天前进行现场温度观测，观测时间为 16：00 ~ 8：00，每两个小时观测一次，观测温度地点选在东西塔顶以及中跨跨中点三处，然后取平均值。

(四) 基准索股线形调整

主缆架设阶段，施工控制的主要目标是确保主缆线形最大限度地逼近设计空缆线形。在主缆施工时，首先架设基准索股，再架设一般索股，基准索股是架设其他普通索股的参照标准，所以基准索股安装质量的好坏将直接影响整个主缆架设的施工质量。计算过程中通常给出的是主缆中心线某点的标高，而现场实测的是基准索上表面标高，这需要根据索股的尺寸大小进行转化。

基准索股调整根据精度调整程度分为粗调和精调两个过程。

1. 粗调

粗调在白天进行：将基准索股导入鞍槽，使索股标志线与索鞍中心相吻合，并用木楔楔紧进行固定。在锚碇处，将基准索股放入散索套临时支架内，用穿心式油压千斤顶调整索股锚头的固定位置，使索股标志线与散索套中心相重合。

2. 精调

（1）中跨精调

用全站仪测量基准索中跨跨中控制点的标高，然后用红外线测温仪精确测量索股的边跨跨中、中跨跨中以及四分点处温度，取平均值，将其作为基准索股的架设调整温度。测量标高和实测温度下的理论标高的差值，就是需要调整的量 Δh。最后在两侧塔顶用手拉葫芦缓慢拉拽基准索，使控制点的标高接近或者重合理论标高。

在调整完中跨索股线形后，用木楔子在索鞍槽里楔紧、固定基准索，以防止已调整好的中跨索股线形在调边跨索股时发生变化。

（2）边跨精调

边跨索股线形的调整跟中跨线形调整类似，首先测量出边跨控制点的坐标，然后与相应温度下的理论值进行对比，再用穿心式千斤顶在锚碇端进行缓慢调整。

在基准索股架设调整完后连续观测 3 天，每天观测选在夜间温度稳定的时段进行，每隔 2h 观测一次，直至基准索股垂度稳定度达到要求，基准索跨中上下游的相对高差为 10mm，基准索股垂度误差控制在 ±20mm，方可进行一般索股的架设和调整。

（五）一般索股线形调整

在一般索股架设过程中，架设好的索股可能会落到架设好的基准索上面，使其承重，从而影响基准索索股的垂度，进而对整个主缆的线形精度产生影响。所以，在一般索股架设、调整的过程中，需要定期对基准索股进行观察，以便准确控制一般索股的垂度。

一般索股线形调整是以调整好的基准索股线形为参照，仍采用垂度调整法和标志法相结合的架设方法。其基本的工作程序如下：

1. 白天采用标志法，与基准索架设调整类似，将索股西塔处的标志对准此处索鞍圆弧标志点，调整东塔处索股，使中跨跨中普通索与基准索之间刚好贴合，但相互没有挤压。但要做到恰好贴合非常困难，通常按索股间间隙为 3mm ~ 8mm 来确定普通索股标高。然后在索鞍槽内用木楔子将索股楔紧固定，这样可以保证夜间调整量较小；

2. 午夜温度稳定时（22：00 ~ 4：00 之间），再用垂度调整法，在温度相对稳定的午夜进行一般索股线形调整，普通索股和基准索股之间温差较小，可以忽略不计。

三、吊索施工阶段关键技术

（一）吊索无应力下料长度

1. 吊索类型

吊索是将加劲梁悬吊于主缆并将加劲梁的荷载传递到主缆的构件。吊索可以分为骑跨式和销接式两种形式，索夹类型与之相匹配，即骑跨式吊索采用钢丝绳，安全系数一般不小于 4，易产生二次应力；销接式吊索采用平行钢丝或钢丝绳，外包 PEC 管，抗腐蚀效果较好，安全系数一般不小于 3，不存在因弯曲引起的二次应力，吊索利用锚头上的叉形耳板与索夹下部的耳板销接。

2. 吊索无应力长度计算

设计单位在计算结构的下料长度时，不能全面考虑施工现场存在的不确定因素，即施工误差，如果不确定因素得不到有效的控制，随着误差的积累，会导致最终成桥主缆线形和吊杆力的偏差，由于吊杆长度调整范围很小（本桥可调范围为 ±25mm），会对整个桥梁结构安全产生不利的影响。因此，吊索无应力下料长度一般应在空缆架设完成，并得到空缆线形误差后确定，以较好地消除空缆线形误差对加劲梁架设的影响。

吊索无应力长度计算的方法常用的有解析法和有限元法，本桥采用的是两种方法相结合。

（二）索夹安装

索夹放样是悬索桥施工过程中较为重要的一个施工步骤，索夹放样的精确程度，将直接影响到成桥后加劲梁、主缆以及吊索的受力状态。如果索夹在空缆状态下安装坐标发生较大偏差，轻则导致成桥后吊索倾斜、弯曲，吊索和加劲梁受力不均匀，重则出现吊索倾斜严重，主缆和加劲梁线形不平顺，严重影响成桥各结构的内力状态和美观度。

主缆紧缆完工后，首先应该测量出主缆的线形，两索塔之间的间距，索塔的偏移，为索夹位置和偏移的精确计算提供初始数据。索夹定位点的测量放样可采用全站仪极坐标法测量。测量时，测量点和后视点均设置在索塔的塔顶，索夹放样尽量在同一天中完成，如果需要多次，则测量放样时间应选在夜间温度变化较小和风速较小的时间进行（夜晚，主缆的横桥向和顺桥向温度、主缆的内外温度以及上下游主缆间的温差较小，主缆不发生扭转）。

空缆状态索夹安装位置计算包括两方面的内容：

（1）主缆中心线和吊索中心线的交点（即吊点）在空缆线形下的坐标计算；

（2）吊索的横向偏移量的计算以及吊点到索夹两端距离的计算。

（三）吊索力调整

1. 吊索力调整方法

悬索桥吊索下端通过锚头连接于加劲梁，上端通过索夹连接于主缆，桥面系自重及活载通过吊索传递到主缆，吊索的可靠与否将直接影响到桥面安全。因此在悬索桥二期铺装全部完成后，所有吊索均须进行索力测定。当结构索力的实际状态与理论设计状态相差较大时，需进行索力调整。

频谱分析法是吊索力测定的常用方法，测量仪器为索力动测仪。具体操作是将高灵敏度传感器紧固在吊索靠近中部位置（中部振幅较明显），拾取缆索在环境振动激励下的信号，经过索力动测仪自动处理得出缆索的自振频率，然后根据自振频率与索力的关系来确定索力。这是一种间接的测量方法，此法不会造成吊索损伤，测量精度较高，一般可达到5%以内。对于吊索测试索力宜采用低频率，最好是一阶基频。

2. 吊索力测定原理

吊索力理论计算前，首先做出如下假设：

（1）钢索是只能受拉而不能受弯、受剪，即只有抗拉刚度；

（2）钢索质量在全长范围内是均匀的；

（3）钢索振动时，没有外力作用其上且横向位移极小；

（4）钢索两端嵌固。

一般结构在环境振动的激励下，总是作多个模态的复合振动，其中包含低频振动分量，一频振动分量最多，振幅也比较大，随着模态阶数的上升，其振动分量越来越少。

而缆索的振动规律则不同，缆索高阶自振的分量较多，低阶自振的分量较少，反应在振动测量结果上，其频谱图中较低自振频率的谱峰很小，有时极难分辨出来，较高自振频率的谱峰较高，再加上测索力时，传感器只能安装在缆索靠近端部位置，此位置正好又是低阶自振振幅较小的位置，所以频谱图上低阶自振频率就更加难分辨。

3. 吊索力调整

吊索调整前，首先采用 JMM-268 索力动测仪测量，然后将测量值与理论吊索力相比，计算出吊索的调整量，最后用链条扳手调整吊杆上下锚头，使吊杆伸长或缩短，进而使吊索实际值与理论值相接近，差值在允许 10% 范围内。

四、施工监控技术

（一）施工监控的重点难点

背景桥为悬索桥，上部结构由锚锭、主塔、主梁、主缆、索鞍和吊索等部件组成，其结构、施工均较为复杂，为保证桥梁竣工时能达到设计目标，需进行施工监控、监测。

1. 监控工作的重点为：

（1）主缆线形的监控：主缆是悬索桥主要的承重构件，主缆线形控制是悬索桥施工控制工作的关键所在，其线形是否合理直接影响着成桥状态结构的内力、线形。因此，对主缆线形的控制是本桥施工监控工作的关键部分。首先，通过对桥梁进行倒拆、正装分析，确定其空缆线形；

（2）横梁标高监控：在安装横梁的时候，由于横梁的重量会引起主缆线形的变化，从而引起其他已安装的横梁标高发生改变。为确保桥面线形的平顺。必须通过理论分析确定横梁定位标高；在横梁安装过程加强对主梁线形的监控。

2. 监测工作的难点为：

（1）索缆弹性模量测试：由于钢丝绳的弹性模量小，变形大，尤其是非弹性变形大，对主缆设计矢度的控制影响非常大。所以在主缆出厂前，厂家必须对主缆弹性模量进行测试；

（2）索力测试：索力测试是悬索桥施工监测的重要内容。本人行景观桥梁吊索采用频率法，并采取措施保证索力测试的准确性；

（3）索夹定位测试：索夹安装位置的准确性与否直接影响吊索的垂直度，如果吊索的垂直度得不到保证，必然影响到主缆和主梁的内力与线形，所以施工中应予足够的重视。

（4）主缆线形在风、温度影响下的线形监测：人行景观桥主跨跨径达180米，桥梁刚度较小，其主缆的位置受风和温度的影响较大。在典型环境条件下，24小时连续对主缆线形进行监测；

（5）本桥为索缆承重结构，架设过程中主梁线形变化较大，就如何确保施工中主梁线形的平顺是监控工作重点、难点之处。

（二）施工监控的主要内容

1. 施工监控计算

（1）桥梁整体结构仿真分析，确定监控目标；

（2）施工过程误差分析及结构调整计算；

（3）主缆、吊索无应力下料长度计算。

2. 施工过程控制

（1）主缆施工控制：线形的确定；

（2）索塔施工控制：索塔预抛高的确定、鞍座预偏量的确定、索塔的变位及应力控制；

（3）吊索施工控制：索夹安装位置的计算、吊索下料长度的确定；

（4）横梁施工控制：横梁定位标高的计算与控制；

（5）主梁、索塔关键部位应力的监控：对应力进行计算，与监测结果对比，根据施工实测值，确定应力控制范围，并与设计、监理协调，适时调整施工步骤，下达监控指令；

（6）根据现场情况对施工程序下达施工监控指令、进行技术交底、定期参加技术分析会并提出技术分析报告；

（7）施工过程误差分析及成桥内力状态分析。

（三）人行悬索桥的监控过程

1. 引言

施工控制方案具体实施是根据仿真分析的结果，对桥梁关键阶段的施工发布监控指令，提出监控要求；在施工过程对结构进行监测，根据监测结果进行误差分析，并用以指导下一阶段的施工。

与其他桥梁相比，悬索桥在施工过程中的结构几何形状较难控制和管理，容易产生各种施工误差。原因主要有以下几点：①悬索桥是由刚度相差很大的构件（索、吊索、梁）组成的高次超静定结构，与其他形状的桥相比，具有显著可挠的特点。在整个施工过程中，悬索桥结构的几何形状变化较大②悬索桥结构几何形状对温度变化非常敏感，温度变化将引起悬索桥结构几何形状的较大改变。③施工各阶段中消除误差比较困难。在悬索桥施工过程中，主缆一旦施工完毕，其长度无法调整，吊索的长度也仅能进行微幅调整。另外，由于悬索桥施工方法和过程的特殊性，在施工阶段，悬索桥结构容易出现失稳及应力超限等问题。

综上所述，为保证成桥线型及施工过程安全，须在施工前对结构进行全面的考虑，制定周密的施工控制方案，确保桥梁施工过程及成桥状态符合设计要求。

通过以上分析该人行悬索桥具体监控工作分为以下几个阶段：主塔施工阶段、主缆架设阶段、吊索安装阶段、主梁架设阶段、桥面系施工（桥面板、护栏铺设）阶段。

2. 主缆和吊索无应力长度的确定

主缆和吊索无应力长度求解，一般采用迭代求解。然而，我们在利用 ANSYS 进行悬索桥分析时候如果可以用 APDL 语言进行迭代求解出无应力长度，则模型一气呵成，修改起来也很方便，提高了工作效率。

（四）主塔施工监控

本阶段主要工作内容有：

1. 承台沉降观测

测试目的：了解承台在主塔施工、架设主缆和主梁，铺设桥面板等工况下的沉降情况。
测点布置：在每个主塔承台对角线位置布设一对观测点。
测试方法：采用精密水准仪，测量时间段根据当日的具体情况而定，选择的一般原则是便于水准仪测量。

2. 主塔变位监测

测点布置：在每个主塔塔顶各布设 2 个棱镜，用以监测主塔变形。
测试方法：采用全站仪进行测量，仪器精度为 1″ +1ppm。为保证测量精度，选在温度较稳定的时间段进行测量。

3. 主塔应力监测

测试目的：通过观察，掌握应力状态及其变化规律，如果出现实际与理论不相符的应力状态，应及时查找原因，采用相应的措施。
测点布置：在每个主塔塔底均布设一个监测断面，每个断面布设 4 个测点，共计 8 个测点。
测试方法：采用表贴式振弦传感器进行测量。

4. 塔、锚联测

测试目的：作为悬索桥上部构造施工监控计算和变形监测的重要依据和原始数据。
具体内容：主索鞍和散索鞍的具体坐标；各主索鞍、散索鞍的里程、中线和高差；两索塔间跨径和高差。
测试方法：根据局部测量控制网点，采用极坐标方法和直接水准测量方法，实测主鞍座和散鞍座的三维位置以及各主鞍座、各散索鞍的里程、中线和高差。

5. 主缆架设监控及主缆索股无应力长度

本阶段监控分为基准索股架设监控及非基准索股架设监控两部分进行。基准索股架设监控的主要内容为：索鞍预偏量的设置、控制参数的确定与调整、主缆标高监测、基准索股的调整、基准索股张力控制。而一般（非基准）索股的架设是以基准索股为参照，采用标志法和垂度调整法相结合的架设方法。

（1）基准索股架设监控

①索鞍预偏量的设置

悬索桥加劲梁吊装过程中索塔受中跨主缆拉力 T，边跨主缆拉力 T' 及塔本身重力作用。中边跨张力的水平分力不同及主缆拉力竖向分力的偏心导致索塔发生偏位量，偏位量变化又引起主缆的拉力及索鞍中心（主缆拉力的竖向分力作用点）发生变化，当偏位量较大时，索塔截面将出现较大的拉压应力，这将不利于截面的受力，为此可通过对主索鞍进行预偏，来消除此项因素给索塔结构带来的影响。理论主索鞍预偏量大小可以通过桥梁分析软件 Midas 在设计温度下（设计温度下鞍座与桥塔不承受剪力，其他温度下将承受剪力）计算得到，主鞍在塔顶相对预偏量可以采用大型游标卡尺量测主索鞍固定标志与索塔塔顶偏位固定观测点之间的几何位置关系获得。此外，为排除温度的影响，建议基准索股的架设应该选择在设计温度下进行，无法达到设计温度时应尽量选择在与设计温度接近的时间段进行，这样便能合理地减少桥塔与鞍座所受的剪力，确保最后成桥，索鞍预偏量减为零。

②控制参数的确定与调整

基准索股在中跨、边跨进行标高控制，在锚跨侧采用千斤顶进行张力控制选取张力控制力作为控制参数。

③主缆标高监测

测试方法：通过对测点的绝对标高的观测确定主缆线形，一般采用全站仪进行三角高程测量，为避免温度影响，一般选择夜间进行测量

④基准索股的调整

索股垂度的调整，在夜间气温、风速稳定的时间段进行，气温稳定的基本条件为：索股径向温差＜1℃、索股轴向温差＜2℃，为防止索股在鞍槽前产生垂曲现象，一般在拖拉出发侧的塔顶将索股固定，在另一塔顶用牵引设备牵拉索股，由中跨向边跨牵入，并在鞍内用记号记下牵入的长度。

在基准索股架设完成后连续观测 3 天以上，每天观测选在（夜间）温度稳定的时间段进行，每隔 2 小时观测一次，直至基准索股垂度稳定度达到要求，基准索股垂度误差控制在 ±25mm，上下游基准索股跨中相对高差为 10mm。才可进行一般索股的架设与调整。

⑤基准索股张力控制

当中跨、边跨的标高调整完成后，即可进行锚跨的张力，锚跨主缆索股张拉时，通过设置千斤顶的张拉力来控制。

（2）非基准索股架设监控

一般索股的架设是以基准索股为参照，采用标志法和垂度调整法相结合的架设方法。其基本的工作程序如下：

①白天将索股 N 岸侧标志对准此岸侧鞍座圆弧标志点，并将跨中垂度抬高规定高度，采用标志法将索股架设好；

②午夜温度稳定后再用垂度调整法调索。首先，用专用卡尺测定架设索股中跨垂度与基准索股的垂度差。同时，还需测定基准索股与架设索股的相对温差；

③在散索鞍处放出调整量后锁定；

④锚跨按张拉力控制，使其索股张力与设计值的误差在设计允许范围内；

⑤反复调整，直至所有索股张力和垂度均达到设计要求。

一般索股架设调整过程中，索股与索股间应保持若即若离的状态，避免上层索股压住已架好的下层索股上，减少调索时的相互影响。

6. 索夹施工监控

主缆施工完成后，应先测出主缆的线形，两索塔塔顶的里程、索塔间的间距（即跨径），为索夹位置监控计算和测量放样提供一组初始数据，索夹定位点测量放样可采用全站仪极坐标方法测量。施测时，测站点和后视点均设置在索塔的塔顶，考虑到索夹数量较多，需要多次（天）完成，测量放样时间应选在风小和夜间温度稳定的时间段进行（因为在夜间，主缆的顺桥向和横桥向温度，主缆的内外温度以及上下游主缆间的温差较小，主缆不发生扭转）。

索夹安装位置的确定同样要考虑温度及桥塔偏位的影响，计算方法同索股架设线形计算，只是在计算出主缆中心丝股线形后需考虑索夹的测量定位方法，由吊索中心位置确定索夹定位点的位置。

7. 吊索安装监控实施

吊索安装完成后，应测量索塔顶面标高、索塔纵向水平位移、主缆线形，主索鞍纵向预偏差。

考虑到吊索本身重量相对桥面系重量较小，吊杆架设过程中对主缆内力影响较小（仅占 7% 左右），故在吊装过程中不对主缆线形进行分段多次测量，在吊索安装完成后采用全站仪对索塔顶面标高、索塔纵向水平位移进行一次测量，此次测量的观测点与之前测塔顶偏位观测点（预埋棱镜）相同，观测时选择主缆表面温度相对稳定的时间段进行。

主索鞍纵向预偏差测定可采用水平尺结合钢尺丈量的方法在塔顶直接量得，在塔顶量得的主鞍座纵向预偏量应扣除塔顶水平位移的影响，这时给出的预偏差才是主鞍座中心相对于索塔理论中心的绝对预偏差。数据采集完后，应与此工况下理论预偏差做对比分析，确认结构此工况下是否处于理想的可控范围内，为保障后续施工顺利进行做铺垫。

8. 主梁架设阶段监控

（1）实施步骤

①预测第一阶段吊装后主要控制点标高及索塔应力；

②完成第一阶段后实测标高、温度及索塔应力，并与预测值进行比较；

③以前一阶段的实测状态参数，代入非线性系统中，按照修正后的施工顺序进行下一阶段的预测和施工；

④根据固结顺序，用螺栓将相邻的两段或数段连接起来。重复上述过程直至吊装完成。

（2）主梁线形监测

悬索桥主梁线形主要由主缆线形和吊索长度决定，在主梁运梁安装过程中其标高是无法调整的，而主梁线形的监测目的是观测吊装后主梁线形是否与当前工况下监控计算的标高相吻合，以预测、调整主梁成桥后的线形。

测点布置：在每根横梁两端分别布置线形监测点。

监测方法：采用精密水准仪进行监测，测试精度为 0.3mm。

（3）吊索索力监测

监测方法：采用频率法进行吊索索力监测。

监测次数：在纵梁架设完成后进行一次索力监测。

根据在一定条件下吊索索力与其振动频率存在对应的关系，试验中采用振动频率法测试吊索索力。利用 VS-99 型加速度计，VA-99 型测振放大器及 AZ-108 型动态信号采集系统测试吊索的横向振动频率，从而用索力计算公式求出索力大小。

9. 桥面系施工阶段监控

监控工作的主要内容为各部分桥面系施工完成后对结构的全面测试，测试内容包括主缆线形、吊索索力、桥面线形、索塔应力及偏位。测量次数分为两次：一次桥面铺装完成；另一次全桥施工完成。

悬索桥是施工控制问题一直是研究较为广泛的课题，随着悬索桥的发展以及施工工艺的不断进步，不断产生新的施工控制问题，本节虽做了一定的工作，但在以下方法还有待改进：

（1）参加各方的协调管理制度，大跨度悬索桥结构复杂，施工难度大，参建单位多的特点，相互间协调以及业主的管理就尤为重要。对于监控单位来说，在施工的各个阶段都要复杂测试和采集大量数据，在结构内部和表面都要不设大量测点和导线，但时常会有各方协调不力，导致测点无意间破坏，造成每次测试前都要重新布点，甚至造成测点永久性丢失，既浪费了资金，又影响了数据的准确性，有可能影响到监控目标的顺利实现。因此，制定完善的管理制度，各方相互协调，并准确传达一线施工人员，将更加有利于监控目标的顺利实现。

（2）全桥有限元模型相对简单，建模时进行了简化，不能更加详细反应施工过程，如果建立更为全面的模型，会更有利于计算，为施工控制提供数据参考。在对部分细部构件的处理方面，如主缆与主索鞍在施工过程中切点位置的模拟，仍缺乏理想的解决方案，需做进一步的研究。

第三章 道路桥梁施工管理

第一节 道路桥梁施工组织设计及施工管理

目前,经济、交通是社会的发展的关键,同时作为公路的组成部分,公路桥梁自然是关键的施工环节,在经济逐渐飞速发展之余,中国的公路建设正大力地得到了改善。近几年,我国交通压力、运输压力在逐渐的增大,在交通运输中的作用环节上,公路桥梁不能言的角色越来越重要,从而很大程度上给我国的公路桥梁质量带来了更高的要求。换句话说,在对公路桥梁施工实施认真组织设计的基础上,才可以借助好物力、人力,最终得到有效的经济效益、社会效益。

一、施工组织设计与施工管控的现状

从当前我国的公路桥梁施工情况来看,公路施工单位必须要对公路的施工过程负全责。另外,施工人员在施工的过程中,必须要按照相关规定,规范使用各种机械设备和仪器。在进行公路桥梁施工时,相关人员还要考虑到施工指挥工作和施工人员的日常生活问题。只有上述问题得到有效解决后,才能确保公路桥梁施工建设的顺利进行。我国公路桥梁施工在整体上看,一直处于较高的工作效率发展状态,而现代技术管理手段的运用,在很大程度上可以保证施工组织设计的顺利进行。另外施工人员还要和施工单位进行沟通与协调,确保自身能够获得公路桥梁施工的经济效益。

二、施工组织设计方法

施工组织设计涉及方方面面,要兼顾定额指标、施工经验、工程技术、法律法规等,若是其中一项工作把握不当,会严重地制约着工程建设成本,所以在具体的工作中进一步强调组织设计策略的应用。目前,除了我国政策明文规定的制约因素之外,还需要注意以下几点:

(一)合理选取施工方法

公路建设中所需要的施工方案很大程度上是基于多环节因素来分析展开的,分析的条

件涉及了技术、经济等，以便最大程度上总结出一套既成本低又可行的具体施工方案。比如，对大桥进行设计时，在完成引桥 26 米后没有实施现场预制、运输、就位、安装等，反而是在旁边立支架，很大程度上防止对场面硬化、场地平整度等工作的影响，将工期缩短，大大地降低了工程造价，节约了运输费用。这就证实了在明确施工路径的基础上，还要将工程技术、条件、经济等因素结合在一起，借助对比分析，得出科学的路径。

（二）科学控制施工工期

工期的快慢不仅仅会影响整个工程的成本，还会制约具体的公路完工后的经济效益，在工程施工阶段有效的科学工期能够最大程度上降低投资造成的贷款利息。选取好了施工的路径，接下来就是依据科学的方案来对整个项目的工期以及各个施工所用的时间进行计算。在施工组织设计的过程中，需要科学的安排工期、工时、劳动力等，优良配置机械仪器，合理组织材料供应。在具体的施工过程中，明确人员、材料、机械仪器均到位才着手施工。若是一再的追求工程速度，将会引发不难想象的后果。这就需要在施工组织设计过程中，对各个环节合理的规划、协调。给予设计的基本要求来实施工作，避免由于想追求工期而致使质量缺陷的情况出现，最大程度上强化工程建设效益。

（三）重视施工组织平面布置

一般情况下，行之有效的施工组织平面布置能够避免工程反复开挖等不良情况的出现，彻底防止搬迁情况的出现，确保临时占地情况大大减少，让运输成本有效的下降，节省工程建设成本。施工组织平面布置内容：给予具体的施工条件、特点，对平面位置上施工场地上所以仪器的科学布置问题进行处理。换句话说，其可以对预算中直接的费用息息相关，同时合理配置能够防止各类工程中反复运作的工作，降低不必要的浪费。由此可知，需进一步重视施工组织平面布置工作。比如，在预制厂的布置中，选择在靠近交通线附近之余，还要选取靠近预制构件需求量大的工程，便于砂、石、水泥等进入现场，大大地降低运费，强化工程效益。

（四）施工组织平面布置

1. 完善运输组织计划

施工组织形式中的一个关键项目就是运输组织计划，它能够制约工程的进度，对整个造价引发相关的制约作用，并且在施工工程中的工作任务较大。需要进一步保证施工进度计划的展开，达到工程建设成本得到降低的目的，就需要有效地完善出科学有效的运输组织计划。一般情况下，运输组织计划需要达到：运转方便、装卸快速、运输量最小、距离最短、次数少，同时不需要中转，可以借助现有的交通条件，最大程度上降低临时运输的费用，有效的使用运输工具的运载优势。

2. 重视材料价格因素

在工程中材料存在很大的比重，公路建设也一样，对于整个工程成本来说，材料的价格影响往往很大。完善相关的市场调研，进一步挖掘出在满足使用需求之余，还能够降低各个方面的成本的选用材料。运输距离、产地、运输方式等因素均会制约实际的材料价格，这就说明了，在选取材料的过程中，要应用招标的方法展开，实施市场调查，将最优材料选取出来，给厂家供应，依据不同地方的不同品质与价格，挖掘出最为经济的方式，选取最为经济的材料运输方案。

三、施工管理方法

一方面，大量的公路在交通事业发展大力发展的情况下也有了更大的建设需求，公路的关键工程就是公路桥梁；另一方面，公路桥梁施工管理风险的调查需要通过多个角度展开，首当其冲的就是公路桥梁施工风险管理信息系统，在积累经验数据的同时，对公路桥梁施工中会出现的变化进行合理的预测，在风险发生的时候能够展开反应。优化出一套科学的公路桥梁施工风险管理机制以及机构。明确的定位公路桥梁施工风险管理，设立的同时，还需要充分的考虑具体的职能和部门，优化风险管理机制，把风险管理当作公路桥梁施管理的构建内容。

（一）安全管理

一方面，安全问题在公路桥梁施工中占据着首位，需进一步重视对施工管理者、工人的安全教育工作，在强化安全意识的同时，有效地提高安全防范意识；另一方面，项目管理部门、施工企业在项目管理计划中融入安全培训工作，借助优良措施，优化安全管理工作，最大程度上保障施工的安全性。所以，基于定期、强化教育，将安全管理工作的各个环节有效的贯彻好，强化员工对施工安全的认识。

（二）成本管理

成本管理就是为了在质量、进度控制的基础上来降低工程成本、强化工程效益，被作为整个施工管理的重点。也就是：其一就是完善出行之有效的成本控制责任体系，借助规范、责任来对工作展开约束，保证可实现预期的经济指标；其二在预算编制前，将资料收集，优化现场调查，完善科学的施工方案，强化对施工图纸设计变更的管理工作，严格结算程序；其三就是优化管理施工材料费用工作，实现信息公开，材料的价格由员工全程监督，保证价格信息资源的共享性。

（三）进度管理

其一就是在施工前，优良的预测项目工程的需求，提供各生产要素的结构、相关，优化管理、财务环节上应用有效的措施，确保总体的平衡；其二就是分解施工进度，依据季度、月度、年度展开分解，在应用实物工程量的基础上，确保进度要求，对施工单位的施工进度进行监督；其三就是按照资源的供应情况以及实际工期，科学的安排分项施工计划、施工时间、分项工程的衔接工作。

（四）工艺管理

其一就是强化混凝土模板强度，为了防止的裂缝发生，需要保证混凝土质量；其二就是选取混凝土修补材料，对混凝土面板合理的修补；其三就是对混凝土施工配合比着重的进行控制，基于混凝土等级强度、质量检验，进一步强化配合，将水、水泥的用量控制好，提高混凝土的抗裂强度。

（五）监督管理

在监理总工程师的领导下，执行监督管理工作一般是由现场监理工程师、控制工程师来完成。施工单位需进一步的审查施工现场，将质量管理的技术标准、管理体系、质检制度落实的合理。按照工程的实际特点、施工单位、建设方要求的资质等条件，强化监理监控标准、目标，保证监管工作可以规范的实施。

（六）质量管理

在质量管理时，还需要确立质量检验标准、检验规范、内容，让质量检验更加的正规化。针对材料、构件等实施力学性能、物理的检验，确保质量，防止施工事故的出现。同时，借助多类检验手段，和员工与专职检验、日常与重点检验有效结合在一起，最大程度上强化质量的管理工作。

众所周知，公路桥梁施工组织设计、施工管理是确保公路桥梁整体质量的关键，但是正是因为施工管理被视为是一个持续的发展过程，为了有效地监督和管理公路桥梁施工的过程，这就需要进一步确保贯彻落实公路桥梁施工风险管理计划。在实施公路桥梁施工工程时，需要检查风险对策的执行情况，对公路桥梁施工管理风险对策的执行效果进行评估、检验。与此同时，还需要对是否有被遗漏的公路桥梁施工工程风险进行检查。

四、施工组织设计与施工管控中出现的问题

（一）公路桥梁施工组织设计环节缺乏明确规定

公路桥梁施工的组织设计是公路桥梁施工中的有效环节，涉及的相关制度都和公路桥梁施工的标准相适应。但在目前看来，我国的公路桥梁施工项目的组织设计只有简单性的规划，并没有对具体的施工过程进行组织设计，这种情况会造成公路桥梁施工单位在施工

中缺乏专业的理论知识作支撑，从而导致公路桥梁施工出现纪律不明，缺乏组织的现象，不但影响了公路桥梁的施工进程，还会给公路桥梁施工的质量造成一定影响。

（二）公路桥梁施工中对施工管控问题不够重视

我国的公路桥梁在进行施工的过程中，存在一定的施工风险。所以在进行公路桥梁施工前，施工人员还要对可能出现的施工风险进行排查，发现施工安全隐患问题要及时解决，从而确保施工人员的安全，同时保证施工工程的质量。另外我国的部分公路桥梁施工单位在施工管理过程中并没有对可能存在的施工管理风险进行预警，也没有采取相关的对策，导致公路桥梁施工中存在的风险无法得到有效规避，很容易引发施工安全事故。

（三）公路桥梁施工组织设计缺乏技术支撑

公路桥梁施工的顺利进展有赖于施工人员的专业施工技术。而且公路桥梁施工的组织设计需要对具体的施工过程做技术支撑，一来可以提高公路桥梁的施工质量，另一方面也可以保障施工人员的人身安全，同时还能加快公路桥梁的施工进展。但是如果没有专业的技术作支撑，就很可能会影响公路桥梁的施工建设，也不能有效确保施工过程中施工人员的安全。

（四）公路桥梁施工组织设计人员理论与施工经验不足

公路桥梁施工人员是决定公路桥梁施工质量与进展的重要负责人员，公路桥梁施工组织设计又是导致公路桥梁施工安全隐患事故发生的重要影响因素。而造成公路桥梁施工发生安全事故的原因是因为施工人员缺乏专业理论知识，导致公路桥梁施工组织设计和具体的施工管理之间出现很多矛盾，使施工组织设计过程中出现诸多问题，从而造成公路桥梁施工工期延长、施工质量下降等问题发生。

五、提高公路桥梁施工组织设计水平的措施

（一）合理选择公路桥梁施工方案

不同的公路桥梁施工方案，所需的施工工程造价也不同，所以为了达到最佳的施工效果，有效降低施工工程造价水平。在进行公路桥梁施工方案的选择时，施工人员还要对各种因素进行综合性的考虑，比如施工成本、施工人员的技术水平和具体的施工条件等，在充分考虑了各种因素后，再进行研究和分析，选择最为合理的施工方案。

（二）合理控制公路桥梁施工的工期

公路桥梁施工组织设计是公路桥梁施工过程中，各项施工活动合理安排与规划的一项

重要内容，所以公路桥梁施工组织设计人员还要充分考虑施工的工期问题。要缩短公路桥梁施工的工期，还要在综合考虑了各种因素的基础上，对施工工期和工时进行合理安排，从而确保公路桥梁施工工程的顺利开展。

（三）顺利实施施工组织平面布置工作

公路桥梁施工组织平面布置工作是施工人员在施工前对施工条件进行的实地勘察工作。施工组织平面布置工作的顺利实施能有效避免公路桥梁施工过程中出现反复搬迁的现象，而且能够在很大程度上降低公路桥梁施工问题发生的可能性，同时还能降低施工成本。所以公路桥梁施工人员在施工前，一定要对施工组织的平面布置工作引起重视，要科学合理地开展施工组织平面布置工作。对于一些大型的公路桥梁施工项目，施工人员如果能够合理有效地组织平面布置工作，不仅能提高公路桥梁的施工效率，还能大大缩短施工的工期。

（四）合理制定公路桥梁施工运输计划

施工人员在公路桥梁施工过程中合理制定施工运输计划，对于施工进程的加快和施工成本的降低都有积极的影响意义。在进行公路桥梁施工时，相关人员还要以运输距离短、运输路线近和运输线路合理等为原则制定施工运输计划，一方面可以降低施工成本，另一方面还能缩短运输时间和施工周期。

（五）提升公路桥梁施工管控水平的措施

1. 加强公路桥梁施工的安全管理

在进行公路桥梁施工时，施工人员一定要对施工安全问题引起高度重视。首先要对公路桥梁施工人员进行施工管理的安全培训，全面开展安全教育，提高施工人员的安全防范意识；其次要定期对施工人员进行安全强化教育，确保公路桥梁施工安全管理问题的全面落实，进一步增强施工人员的安全意识，防止公路桥梁施工安全事故的发生。

2. 重视公路桥梁施工的成本管理

公路桥梁施工的成本管理主要是为了降低施工成本，提高施工工程的经济效益。作为公路桥梁施工管控中的重要环节，公路桥梁施工的成本管理方式主要有两点：①施工人员在进行成本预算编制前，要对施工现场进行认真调查，收集相关的材料，同时对施工材料的价格有一个明确的了解，然后在此基础上制定施工方案；②施工人员要合理控制施工组织设计图纸的变更，要制定严格的图纸变更签证制度，认真把控施工结算程序。

3. 合理控制公路桥梁施工的进度

公路桥梁施工的进度管理措施主要有以下三个方面：①施工人员在进行施工前，要对生产要素结构、需求量等问题进行科学合理的预测，做好财务管理方面的保障工作；②施工人员可以按照月度、季度和年度的方式合理分解施工进度；③施工人员可以根据工程施工的工期和资源供应的情况，对施工时间和施工计划进行合理安排，从而保证施工项目的顺利进行。

公路桥梁施工作为公路建设中的重要工程项目，施工人员还要确保施工组织设计和施工管理工作的有效开展，从而便于施工人员对施工项目进行控制和管理。另外针对公路桥梁施工组织设计和管控中存在的问题，还要采取科学有效的应对措施，改善公路桥梁施工组织设计和施工管控现状，保证施工项目的顺利进行，进一步提升公路桥梁施工的质量。

第二节　道路桥梁施工管理中存在的问题及优化措施

事实上，在任何一个施工项目当中都应将"收益和质量"放在首位。而想要更好的做到这点，则需要做好施工管理工作。因为施工管理工作的质量能直接影响到项目的运行情况和安全情况。如若施工管理工作出现问题，很容易造成经济损失或伤亡事故。因此，为了从根本上提高道路桥梁工程的质量，本节需要对"道路桥梁施工管理中存在的问题"进行深入探究，并需要针对其提出针对性的优化措施。

一、道路桥梁施工管理的重要性

事实上，我国道路桥梁工程的实施情况与我国的经济发展情况有着密切的关联。在一定程度上可以说"道路桥梁设施为经济发展提供了强有力的物质支持"。从而人们需要加大对道路桥梁工程的重视力度。另外，由于道路施工单位大都要求工作者要在工期内完成任务，并能达到相应质量，所以人们需要在道路桥梁施工管理工作中实施科学合理的管理体系。因为只有这样才能及时排除危险，使工程顺利地开展。换而言之，对于缺乏科学合理体系的道路桥梁施工管理工作而言，一旦工程出现问题，不但会影响工期，还会影响人身安全，最终对企业公司产生不利影响。

二、道路桥梁施工管理中存在的问题

城市化进程的推进在一定程度上对道路桥梁施工管理工作产生了一定的影响。因为在城市化快速推进的背景下，人们逐渐对道路桥梁管理工作提出了更高的要求。在这些高质量要求的比对下，其逐渐显现出了以下问题：

（一）缺乏完善的管理制度

想要在激烈的市场竞争当中获得主控权，则必须要有一个完善的施工管理制度才可。

因为一个没有制度约束的工程，很难使团队中的工作者各司其职，良好配合，最终拖垮整个施工项目。因为在施工管理工作中，在"选取材料"方面、"制定工程"方面，以及"监督管理"方面，如果没有健全的管理制度，会使员工难以较为清晰地认识到自己的职责，以及难以掌控工作中的相关细节。最终使其在工作中逐渐养成"得过且过"的性格，进而影响项目工程的进程。

（二）过于看重"利益"而忽略材料质量

对道路桥梁而言，其质量的好坏与施工材料的质量直接相关，但大部分施工单位却忽略了这一点，反而一味地看重"利益"。对于他们而言，只要能如期完成道路桥梁项目即可，期间其可以选购一些质量低下的施工材料。殊不知这种做法不仅直接影响了项目工程的质量，还很容易造成安全事故问题。因此，在道路桥梁管理工作中，人们需要严格把控施工材料的质量，不要仅以利益为出发点。

（三）工作人员欠缺综合素养

对道路桥梁工程建设而言，其相对而言是比较复杂的。其需要施工人员具备一定的专业技能和专业素质才可。但事实上，许多从事道路桥梁工程建设的工作人员都是"非专业人员"，其大都没有受到过专业的培训。虽然其中有许多人在专业技能方面是非常熟练的，但是其在专业素质方面却是严重欠缺的。以一些经验丰富的"老员工"为例，其在工作的过程中，经常会以"经验丰富"为由，在采取措施的过程中"过分依靠经验"。事实上，这种"经验指导"的方式很容易让他们忽视施工细节，进而影响工程的最终质量。

（四）工作人员的技术水平低不足

目前许多道路桥梁都呈现出以下状况，即"腐蚀严重"、"道路出现裂痕"以及"脱落严重"等状况。事实上，其出现的这些状况与工作人员的技术水平有很大关系。因为施工人员会因"盲目凭借以往经验"或者"技术水平不足"等原因，影响施工质量。在"操作严谨度"方面、"突发情况处理"方面，以及"任务达标程度"方面，都呈现出"技术水平不足"的状况。最终对道路桥梁项目的质量产生消极影响，使其容易在短期内就遭受腐蚀，出现故障问题。

三、优化"道路桥梁施工管理问题"的措施

对这一较为复杂的项目工程而言，其出现些问题是无可厚非的，但这并不代表人们就可以对这些问题"视而不见"。因为这样会严重影响道路桥梁工程的质量，使其后期出现故障。因此，相关人员需要合理改善道路桥梁施工管理中的问题，并做到严格把控。可在道路桥梁施工管理过程中注重实施以下几方面措施，内容如下：

（一）建立科学的系统体系

对于道路桥梁工程而言，它相对较为复杂，所以其需要有一个科学的系统体系的支撑才可。在完备的系统体系的约束下，有利于使员工更好地履行其职责，进而从根本上提高施工管理的水平。在施工管理系统体系中可制定以下制度。首先，要制定奖惩制度。即对出色完成任务的人给予奖赏，对没有完成任务的人给予一定的惩罚。期间可安排监管人员对员工进行相应监督，以促使其能够较好的依据章程办事，然后从根本上提高道路桥梁工程的质量；其次，要明确划分员工责任。即在工程出现状况后，要能找到"承担责任的人"。因为这样不仅有利于工作人员及时发现隐患问题，还有利于培养工作人员养成一定的责任意识。其在一定程度上强化了人们的监管力度，能较好地提高施工质量；最后，需要事先明确制定施工计划。因为在施工前，拥有一份标准的施工章程有利于人们更好地把控施工工序。比如说，在施工计划中，其需要规定"小组分配方案"、"材料方案"，以及"应急处理方案"等，其有利于员工较好的避让风险问题，进而提高项目工程质量。

（二）严格把控施工材料的质量

由于材料质量的好坏直接影响着整个工程项目的质量，所以人们需要避免再次出现"因牟利而选购次品"的状况发生。为了避免桥梁出现腐蚀、断裂，以及漏水的状况，人们需要严格把控建筑材料的质量。比如说，在选取钢筋材料、铺装层材料以及辅助材料的过程中，一定要选取高质量的，以确保桥梁能够耐腐蚀、耐磨和防水。另外，在选进材料的过程中，相关人员要对其进行随时抽查，以防止出现"有人购买低劣产品获取回扣"的状况发生。即在选购材料的过程中坚决把控材料质量，以为后期道路桥梁工程的质量提供一定保障。

（三）注重人员素质的培养

由于道路桥梁工程主要是人为完成的，所以想要提高道路桥梁工程的质量，则需要注重人员素质的培养。这对降低隐患事故率而言，有着不可小觑的影响。在强化人员素质的过程中，可从以下几个方面入手；首先，要注重样才能够确保道路桥梁结构的稳定性，在开展道路桥梁施工过程中不会出现严重的沉降现象，从而预防沉降裂缝问题。因此对于道路桥梁施工过程必须要强化对地基的控制工作，确保地基的安全性和稳固性，对沉降问题进行及时的监测，当出现问题时采取相应的策略进行控制。另外还需要关注到混凝土结构承载力的问题，混凝土结构承载力的高低，直接影响到混凝土结构的稳定性，所以说，想要防止裂缝现象的出现，那么就需要在混凝土钢筋材料购买过程中选择质量通关的材料，选择质量可靠的厂家，对购买的钢筋材料进行试验检测，另外在钢筋防锈处理工作上一定要增强保护膜的厚度，防止钢筋出现锈蚀，确保钢筋质量达标以后，分析混凝土结构的承载力，以免在施工过程中出现裂缝现象。

随着我国建筑工程企业发展规模的扩大，在道路桥梁施工过程中，往往会需要很多技术性人才，我国建筑工程管理部门对于道路桥梁施工项目有着很高的施工要求。如果在道路桥梁施工中存在着很多的不科学的施工问题，那么很可能对整个工程的后续施工造成不利的影响。裂缝是道路桥梁施工过程中十分常见的问题，也是很多道路桥梁施工工作人员极容易忽略的一个问题，如果裂缝的程度不断加大，即便道路桥梁施工项目完成之后也很容易出现坍塌的现象，这样一来就会造成重大的伤亡事故，就会给整个建筑工程企业造成很大的经济损失，同时也会影响到建筑工程企业的名誉和社会地位。所以说，针对道路桥梁施工项目的施工要求以及现场的施工情况，能够采取有效的措施及时阻止不必要事件的发生，为整个施工过程提供一个安全指数较高的施工环境，只有这样才能够确保最后道路桥梁施工的质量和效率。

第三节 道路桥梁施工质量管理与控制策略

近年来，随着社会的进步和经济的发展，我国社会主义现代化建设不断深入，城市化进程逐渐加快。这就使得市政工程项目得到了很大的推动，数量和工程质量水平都有了明显提升。其中，道路桥梁作为市政工程建设的重要组成部分，直接关系到城市居民的日常生活，需要在保证与城市建设相协调的基础上，必须加强质量控制，确保施工质量，以发挥出最大的经济效益和社会效益。但目前，我国城市道路桥梁施工质量管理并不完善，迫切需要制定科学合理的管理体制，严格控制施工质量。

城市道路桥梁建设是我国社会主义现代化建设的重要组成部分，是关系到城市生活质量的基础设施建设。近年来，经济的发展和人们生活质量水平的提高使得人们对于城市道路桥梁建设的需求不断增大，城市道路桥梁施工质量的控制与管理也逐渐成为现代城市道路桥梁建设研究的重大课题之一。

一、我国目前城市道路桥梁施工中的常见问题

城市道路桥梁建设是一项十分复杂的工程，对于工程项目的各个环节都有着严格的要求。目前，我国正处于现代化建设的起步阶段，市政工程项目建设仍存在着诸多不完善，表现出了路桥工程的适用性能往往达不到所应有的标准、路桥工程的排水系统和配套的工程设施的功能有效性较差以及路桥工程质量漏洞频现等问题，严重影响着城市道路桥梁工程建设经济和社会效益的充分发挥。其中，城市道路桥梁工程施工问题的影响最为突出，制约着整个工程项目建设功能的实现。就城市道路桥梁工程施工过程中常见的问题的来看，主要包括：施工前期的勘测及风险分析不够全面、彻底，工程的设计存在技术上和与现实结合上的失误，工程施工建设质量问题，工程施工监督和管理方案不完善，工程配套建设

施工管理不足。

二、我国城市道路桥梁施工质量问题的表现

从以上分析不难看出，我国城市道路桥梁施工的质量问题是影响整个城市道路桥梁建设的关键因素，直接关系到城市居民的正常工作和生活。由于城市道路桥梁建设施工具有极大的复杂性和较高的要求，很容易出现质量管理问题，给城市道路桥梁的应用造成严重的安全隐患。结合相关实践可以得出，我国目前城市道路桥梁建设施工质量问题主要表现在：桥梁裂缝现象、桥梁建设中使用的钢筋锈蚀程度严重、项目管理者与施工队伍总体素质水平较低以及工程施工监督和指导力度不足等多个方面。

三、影响城市道路桥梁施工质量的因素

城市道路桥梁建设施工质量是城市道路桥梁建设的重中之重，对于整个工程项目建设质量有着不容忽视的影响。就我国城市道路桥梁建设施工质量的现状来看，存在的诸多问题给建设工程施工的顺利进行造成了巨大的阻碍，更制约着城市道路桥梁功能的实现。针对影响城市道路桥梁建设施工质量的因素，本书主要从以下几个方面进行了探讨：

（一）主观人为因素

在城市道路桥梁施工质量控制与管理过程中，主观人为因素是造成施工质量问题的重要原因，主要包括项目负责人、施工队伍素质等内容。目前，由于部分城市道路桥梁工程建设施工的项目负责人缺乏责任心、廉洁程度不够，或者施工队伍的执行力不足以及对工程施工的态度不端正，使得城市道路桥梁施工的质量主要集中于主观人为因素，对整个工程项目有着严重的影响。

（二）客观环境因素

就客观因素来说，造成城市道路桥梁施工质量问题的客观原因主要表现在天气变化、季节变化等气候方面或其他外部自然环境上。自然环境因素给城市道路桥梁工程建设施工造成的影响与工程施工质量问题的产生有着很大的关系，但并不能作为造成城市道路桥梁建设施工质量问题的根本原因，需要在作为施工条件考虑范围内的重要内容却不能将质量问题的影响因素集中于此。

（三）其他因素

从多元素的角度分析，城市道路桥梁施工过程中所需要原材料、机械设备等因素也会对桥梁施工质量造成巨大的影响。材料是施工的基础，其质量直接决定着工程项目的实际寿命、关系到道路桥梁功能的实现。材质不符合标准现象的发生，将直接导致工程施工质

量问题，先进的管理和施工技术都不能对其挽回。同时，机械设施作为工程建设施工的重要工具，在很大程度上影响着工程施工质量，对于确保施工活动的顺利开展有着重要意义。

四、城市道路桥梁施工质量控制的战略

城市道路桥梁建设施工质量的有效控制和管理对于确保城市道路桥梁建设的整体质量有着重要的意义，关系到工程项目的社会和经济效益，是我国城市道路桥梁建设施工管理的核心。在充分认识到我国目前城市道路桥梁建设施工质量常见问题的基础上，现代城市道路桥梁建设要求必须结合造成工程施工质量问题的原因，制定科学合理的战略对策，加强城市道路桥梁建设施工质量的控制和管理，以促进工程施工管理的完善。

（一）进行全面的调查、勘测

对路桥工程的调查、勘测是城市道路桥梁工程施工的前提，对于整个工程项目建设的实施有着至关重要的影响，直接关系到工程施工的质量。因此，为实现城市道路桥梁施工质量的有效控制管理，必须做好准备工作，运用科学的方法和现代化设备仪器对项目工程进行全面的调查和勘测，从而确保相关数据的准确性，为工程项目施工的进行提供参考依据和质量保障。

（二）设计专业合理的路桥工程施工图

科学合理的设计图稿是路桥工程质量得以保证的基础。在路桥工程施工的图纸设计上，我们应该邀请多家具有较高水平专业素质的设计所或设计院进行设计，要求必须进行项目工程的实地考察。同时，通过反复对比、检讨和磋商，最终确定最优化的工程施工图，使得城市道路桥梁建设施工的设计实现合理最大化。结合模型对路桥的施工进行设计也是比较明智的选择，现结合膜具体工程做简要的论述。

不同位置吊杆张拉对系梁和拱肋的弯矩的影响范围不同，程度也不同。撑吊杆张拉影响程度最大，越向拱脚吊杆张拉影响越小。可见仿真可以很好的得到施工的一些数据，为更好地进行设计的施工提供技术支持，这是在城市道路桥梁建设施工过程中应该提倡使用的方法。

（三）强化施工过程中的质量控制

1. 强化工程施工材料和机器设备管理

原材料是构成路桥工程实体的主要组成部分，原材料本身质量的高低直接影响着工程的质量。严格的筛选原材料，并科学控制原材料的配比是保证原材料质量的主要手段。同时，应该对原材料供应商和施工单位的承包上应该择优录取，确保原材料的来源可靠和施工技术及机器设备的优良。

2. 强化工程施工质量监督和管理，提高工作人员素质

工程施工质量监督和管理是确保城市道路桥梁施工质量的基础，要求在施工的具体实施中制定有效的监督和管理方案，并严格遵守执行。同时，必须提高相关管理和工作人员的专业素质水平，通过有效的奖惩制度保证工作的积极性和责任性。

3. 建立健全的施工质量保证体系，并严格遵守执行

在城市道路桥梁施工质量控制必须要制定严格的施工质量保证体系，坚持以科学规范的管理体系为根本，以规章制度的形式明确项目负责人与相关施工人员的义务与责任，对部门职责、人员职责要进行分工明确。城市道路桥梁施工质量保证体系还要明确好项目管理各个部门之间的安全和管理职能，权责明确到人，职责落实到位。建立科学完善的施工质量保证体系，项目所有管理人员与现场施工人员要认真遵守，严格执行。只有坚持以规范科学的质量保证体系为指导，城市道路桥梁才能从根本上保障施工质量，减少质量隐患。

4. 充分利用现代施工技术和方法

所选择的路桥工程的施工单位应该是具有多年的路桥施工经验，且具有高专业素质的施工团队。只有具备高专业素质团队的施工单位才能运用科学的施工方法和施工技术，才能通过标准的施工达到预计的设计目标。

目前，我国城市道路桥梁工程建设施工管理体制并不完善，施工质量存在着诸多问题。这就需要必须在充分认识到城市道路桥梁工程施工质量问题影响因素的基础上，不断促进城市道路桥梁工程建设施工质量控制和管理的优化，从而促进城市道路桥梁工程建设的完善，最大程度上适应我国经济社会发展的需要。

第四节　道路桥梁施工管理、养护及加固维修技术

当前社会经济的不断发展也带动了社会各个行业的发展，而公路桥梁也在发展之列，公路桥梁建设一直是我国交通行业发展的重点。但是从近几年我国的公路桥梁现状来看，很多的公路桥梁都存在着比较严重的损伤，一般的公路桥梁会影响到行车的舒适程度，严重的道路会引发安全交通事故，而且在施工的过程中，一些不是很符合安全规定的公路桥梁被使用，这也给公路桥梁的正常运行埋下了安全隐患，这时出现公路桥梁损害问题的可能性是非常大的。现阶段，我们的设计人员对公路桥梁施工建设的关注程度也在逐渐提升，并在此基础上研究出了一些相对高效的公路桥梁施工管理方法、养护及加固维修技术。

一、公路桥梁施工管理必要性

我们的施工单位不仅要把握施工质量关,还要按照相应的施工标准执行,因此不管是从施工项目的角度入手,还是从施工管理制度的角度入手,都要做到对公路桥梁施工管理进行全面的监督和管理。

对于施工过程本身而言,对公路桥梁工程进行施工管理,要做好施工前的材料审核工作,对施工人员进行科学合理的安排,规范施工人员的实际操作行为,一旦发现违规行为要及时制止并纠正,这对于消除公路桥梁施工中的安全隐患是非常有帮助的,而且还能够提升公路桥梁建设的整体水平。

二、公路桥梁养护及加固维修的必要性

一般都是在公路桥梁工程施工结束之后,工作人员需要对公路桥梁的路面进行细致的清理,在清理之后还要对其进行洒水养护,这一养护措施不仅要作用于新建设的公路桥梁工程,对投入很久的公路桥梁也同样需要,因为这一养护措施的落实可以极大地优化公路桥梁自身的使用性能,提升使用寿命。但是很多的施工单位往往没有意识到这一点,在实际的施工过程中就会对这一环节进行弱化处理,如果说做不好后期的养护工作的话,那么公路桥梁的整体质量就会下降,这样不仅会严重影响到公路桥梁的使用价值,而且还会缩短公路桥梁的使用年限,对公路桥梁中已经出现问题的区域,我们的施工人员需要及时地对其进行加固维修处理,保证公路桥梁的正常使用。

加固维修是一种针对公路桥梁施工后期,对公路桥梁进行维护的技术手段,其工作原理主要是对破损区域进行修复,是保证公路桥梁安全性和稳定性的一种技术。在公路桥梁中,公路桥梁损害是一种比较常见的问题,如果对这一问题没有进行及时解决的话,那么对公路桥梁的使用安全就会造成很大的维修,最终造成不可估量的后果。但是如果说对公路桥梁损害的部分拆掉重新建设的话,还要耗费掉大量的资金和人力。综上所述,在公路桥梁中运用加固维修技术对公路桥梁的正常使用是非常有帮助的。

三、公路桥梁施工管理、养护措施

在做好公路桥梁施工管理工作之前,创建一支专业性强的管理队伍是非常有必要的,这一管理队伍要求管理人员具备专业的素质和丰富的管理经验。这也是提升公路桥梁施工管理工作的有效前提。除此之外,我们的施工单位还要加大管理力度。在公路桥梁施工建设过程中,一旦发现施工人员存在违规操作,就要及时地予以纠正。最后还要根据实际的施工情况来不断完善管理制度,要求制定的管理制度一定要与实际的工程建设情况相匹配,完善公路桥梁档案数据库。当公路桥梁项目施工完成之后,需要对其进行竣工验收,而在

养护这一块，我们的施工人员也要充分地重视起来。施工单位要将更多的资金资源投入到公路桥梁的养护工作当中。这一阶段完成之后只能说整个工程是完成了一半，施工单位还要注重公路桥梁施工后的养护管理，这对于人们行车安全提供保证都是非常有帮助的。

四、公路桥梁加固维修技术的相关措施

（一）不改变承载能力

我们的维修人员在对公路桥梁进行维修的时候发现，一旦混凝土结构出现开裂现象的话，那么这一公路桥梁被腐蚀的速度就会非常快，混凝土结构的耐久性也会随之消失，因此为了更好地解决上述问题，增强混凝土的密实度是非常重要的。这样做可以有效防治混凝土出现开裂，水分侵入的速度也会得到极大地降低。

除此之外，我们的设计人员还可以加大混凝土保护层的厚度，提升混凝土结构耐久性的方法就是封堵裂缝、修补破损混凝土，必要情况下还要对施工材料增设防水层。由于公路桥梁自身存在的缺陷类型比较多，所以我们的维修人员就需要按照公路桥梁缺陷部位的不同来采取与之相对应的维修对策对其进行修复。

（二）恢复公路桥梁的承载能力

要想恢复公路桥梁的承载能力，首先就要提升建筑材料的质量，更换传统的桥梁设备，对旧桥进行加固处理，这样才能够更好地恢复公路桥梁自身的承载能力，进而达到延长施工年限的目的。

（三）公路桥梁抗洪防治的维修技术

对于公路桥梁来说，承受雨水洗礼的时候是最多的，而对于桥梁来说，一般受到的损害都是以冲刷为主。比较常见的基础保护方式有以下几点：

1.当水流冲击危害到桥梁基础的时候，我们的设计人员往往会采用竹子或者是钢筋来支撑石笼护基；

2.在水流冲刷危及基础基柱的时候，我们的设计人员对土质或者是细沙粒河床，可以筑板桩围堰。而当河床不稳定、冲刷范围比较大的时候，我们的施工人员还要对这一区域进行平面防护处理。当水流中出现了无法正常施工的区域时，我们的施工人员就可以采用铺设混凝土块的方法来对这一区域进行防护，在采用这一施工方法的时候需要注意的是不能够在河床宽度以外施工。

通过上述分析我们发现，公路桥梁的施工管理、养护及加固维修技术对公路桥梁的应用是非常重要的，我们此次主要就针对上述三大问题做出了具体措施及技术要点方面的研究，希望此次研究可以有效促进我国公路桥梁的整体发展，提升公路桥梁的利用率，提升

使用价值，更好地促进我国经济的可持续发展。

第五节 绿色施工背景下的道路桥梁施工技术管理

随着社会经济的发展和各地联系的日益增多，公路桥梁工程建设日新月异，它们在加强地区之间的联系，促进社会经济的发展等方面发挥着巨大的作用。但是，公路桥梁建设的资源、能源消耗巨大，在施工中，如果不重视节约资源和保护环境，不仅会给周围环境带来巨大的破坏，还会制约工程建设的发展。在这样的背景下，绿色施工技术诞生，并越来越受到人们的重视，在公路桥梁施工中的运用范围越来越广泛。本节介绍了绿色施工的概念，指出了绿色施工在公路桥梁施工中运用的现实意义，并提出了相应的策略，希望引起人们对这一问题的进一步重视，能够对公路桥梁施工中更好地运用绿色施工技术发挥指导作用。

一、绿色施工的概念与内涵

（一）绿色施工的概念

绿色施工是近年来在施工中出现的新理念和新方法，它的诞生与人们的节能环保意识的增强密切相连。它是指在工程施工中，倡导资源节约、环境保护的理念，并根据施工的实际情况，采取相应的措施，以提高资源、能源利用效率，保护周围环境，进而达到提高工程建设质量和效益的目的。在公路桥梁施工中，运用绿色施工方法和理念逐渐成了一种趋势，主要是通过充分利用施工材料、资源、能源等，尽量降低公路桥梁工程建设的成本消耗，保护好周围环境，以取得更好的经济效益和社会效益，促进公路桥梁施工的发展和进步，为人们的出现和经济社会的发展创造良好的条件。

（二）绿色施工的整体结构

事实上，在绿色施工背景下，公路桥梁施工中有很多的细节需要处理，但从整体上来看，主要包括以下几项内容：施工组织与管理、工程废料处理与运用、噪声污染控制、光污染控制、水污染控制、资源与能源节约等等。只有从上述方面入手，做好其中的每一项工作，才能更好地落实绿色施工理念，提高公路桥梁工程建设质量和效益。

二、在公路桥梁施工中运用绿色施工的意义

在公路桥梁施工中，绿色施工就是在保证项目工程质量和施工进度的前提下，运用先进的施工工艺和施工方法，加强施工管理工作，提高资源、能源利用效率，保护周围生态环境，提高公路桥梁工程建设质量和效益。同时，运用绿色施工还能够提高工程使用寿命，改进传统施工方法和施工工艺，提高公路桥梁工程施工管理水平。绿色施工不仅对公路桥梁施工有着重要的作用，对整个社会也有十分积极的影响。它能够促进所有项目工程建设的发展，带动整个社会节能环保意识的增强。只有树立起绿色施工理念，重视绿色施工技术的运用，才能提高施工单位的影响力和竞争力，促进工程项目建设的发展和效益的提高。

三、绿色施工背景下的公路施工技术

（一）加强施工管理

加强施工管理具体指：加强组织管理，建立领导团队，对施工人员进行管理，严格遵守相关规章制度，认真履行自己的职责，将绿色施工理念和方法运用到施工中；加强规划管理，根据绿色施工要求，制订完善的公路桥梁施工方案和计划，对需要采取的措施进行明确和规定；加强施工过程管理，做好施工材料的采购工作，运用节能环保型材料，重视材料预算，避免浪费，提高材料利用效率；加强人员管理，对施工人员进行培训，增强员工绿色施工意识，落实绿色施工理念，促进施工的顺利进行。

（二）重视环境保护，避免环境污染和生态破坏

加强扬尘处理，土方作业时需将道路硬化，将裸露土覆盖，如果风力过大，最好停止作业，并对作业区适量的洒水，减少灰尘的出现。运输土方和材料的时候，需要封闭车辆容器，硬化道路；加工和搬运材料的时候，适量洒水降尘。重视垃圾处理工作，对垃圾进行回收再利用，或者设置封闭式垃圾容器，清理公路施工现场垃圾，确保现场干净整洁，避免带来环境污染问题；重视固体废弃物的处理，公路施工中会产生工程弃土和建筑垃圾，施工单位应该加强监控和处理，工程建设完成之后清理好施工现场的固体废弃物。

（三）节约并充分利用施工材料，避免材料浪费

节约施工材料是绿色施工的规范与要求，所以，公路桥梁施工中，必须充分利用施工材料，避免浪费。加强材料管理，规范材料进场、报关、出库管理，完善相关制度。合理使用施工材料，尽量减少废料的产生，对于一些材料还可以经过加工处理，实现二次利用。这是节约施工材料的重要方式，落实了绿色施工的理念和要求，在公路施工中值得运用和推广。

（四）注重废水处理，节约用水并充分利用水资源

公路施工中需要利用的水资源主要包括自来水、地下水。在用水方面应该落实节约原则，对水资源的消耗进行限量控制。做好废水的处理和利用工作，避免出现水污染的情况，对车辆的冲洗尽可能使用循环水资源，以实现节约用水的目的；做好施工现场用水器具的检查工作，发现漏水的情况应该及时处理，尽量减少水资源的浪费，节约用水。

（五）制定能源消耗指标，促进资源节约和能源的充分利用

为了更好地节约能源，在公路施工过程中，需要制定相应的能源消耗指标，并作为施工的约束条件，以达到降低能源消耗，提高能源利用效率的目的。同时，还要注重设备的更新，采用先进的节能设备。施工中合理选择施工工艺，提高能源的利用效率，尽可能降低能源消耗，实现低能耗。此外，在公路工程施工现场照明灯具的选择上，应该选用节能型灯具，以降低能耗，节约成本，提高工程建设效益，落实绿色施工理念。

（六）节约土地并做好土地保护工作

公路工程施工过程中，在修建施工人员的住房和办公场所时，应该严格落实节约原则，可以重复利用的材料，尽量重复利用，以节约资源，降低公路工程建设成本。对生活和生产垃圾，需要进行集中处理，避免对周围环境带来破坏。在施工过程中，如果为了施工的需要而必须修建临时设施，则需要根据工程建设的需要，科学合理地规划临时设施，实现对土地资源的有效利用，尽可能减少占用农田土地的情况，实现对当地土地资源的有效利用，并节约施工材料，提高施工材料利用率，保护好周围的环境。此外，施工前还需要调查好施工地区的地质情况，提出科学的施工策略，施工之后妥善恢复，减少地质条件的侵害。对危险品、化学剂的使用应该进行严格控制，采取必要的防水措施，避免污染地下水。公路施工的时候还要尽量考虑运用周围的荒地，施工材料存放和施工人员宿舍尽可能使用附近荒地，尽量减少土地资源浪费。

四、绿色施工背景下的桥梁施工技术

（一）水污染控制

混凝土搅拌站设置沉淀池，污水汇入沉淀池经处理达标之后重新排放，对可重新利用的在施工中力求再利用；生活用水采用隔油池等进行处理，并严格执行污水处理标准。

（二）光污染控制

桥梁施工应该减少对周围居民的光污染。工地上设置夜间挡光板，并控制照明灯的照

射角度，室外照明灯加设灯罩，将透光集中在施工方向；电焊作业的时候需要采取遮挡措施，避免光外泄；特殊工点需要设置大型照明灯具的时候，调整好灯光的投射角，避免影响周围居民的生活。

（三）噪声污染控制

桥梁施工中，需要选用低噪声、低振动的机械设备，采用围封或遮挡的方式遮住噪声源，尽量降低噪声。钢管、扣件、模板等材料尽量在白天进场，材料及混凝土运输车辆尽量低速慢行进场，对现场施工的机械进行合理的安排，尽可能将噪声污染大的机械布置到远离居民区的位置，以最大限度地降低噪声带来的污染。

（四）节能及资源的有效利用

对施工机械、临时设施、生活和办公区采用相应的节能措施，施工现场采用节能灯具和器具，严格控制能耗。塔吊、电梯、架梁吊机等设备尽量选用节能高效设备，以尽量节约能源，降低能耗。

在公路桥梁施工中，运用绿色施工的重要作用是不言而喻的。今后在施工过程中，需要树立节能环保意识，积极采取相应的策略，将绿色施工技术更好地运用到公路桥梁施工中。此外，还应该重视对施工经验的总结，加强科研工作，推动绿色施工技术的发展与创新。在公路桥梁施工过程中更加注重环保，更加节约水资源、土地资源、施工材料等，提高公路桥梁工程质量和效益，为人们的出行和促进经济、社会的发展提供便利。

结　语

现阶段，虽然我国道路桥梁施工技术的水平较之前已经有了明显的提高，但是现存的急需解决的问题也有很多。尽管，施工技术专业人员已经研究并提出了一些新型的施工技术，但这些施工技术并没有被完全应用到实际的施工过程中，新型施工技术的实用性也遭到了质疑，因此，还需要科研人员更加深入的探索，不断完善施工技术。毋庸置疑，我国的道路桥梁施工技术的发展势头还是很乐观的，更多的高科技和高水平的施工技术也会随之产生，并被应用到我国的道路桥梁工程建设之中。

现阶段，我国的道路桥梁建设虽然在发展过程中取得了一定的成果，但施工技术相较一些发达国家而言，还比较滞后，我国的道路桥梁建设想要取得更好的发展，必须朝着节能化、智能化的方向发展，不断优化施工技术，不断创新施工材料。目前，我国道路桥梁施工技术的节能化水平和智能化水平并不是很高，所以，在未来我国道路桥梁智能化与节能化的发展空间还是非常大的，实现道路桥梁发展的节能化与智能化，对我国的社会经济发展也会起到至关重要的作用。